하나님 나라로 본 창세기 2

하나님 나라로 본 창세기 2

유석영 지음

하나님 나라 성경 주해 시리즈 02

Genesis 2:
Fellow Workers of
God's Kingdom

창세기 12~50장: 아브라함, 이삭, 야곱, 요셉의 4대 인물

 진리의 일꾼

추천사

유석영 목사님의 『하나님 나라로 본 창세기 2』는 소위 '족장 이야기'로 분류되는 창세기 12~50장의 내용을 분석하고, 각 단락에 대한 주해와 적용점을 체계적으로 정리하여 독자들에게 전달하고 있습니다.

본서는 단순히 해석과 주해의 결과만 제시하고 있지 않습니다. 저자는 성경을 제대로 해석하고 본질적인 메시지를 찾을 수 있는 시각을 어떻게 가져야 할지 안내하고 있습니다. 이러한 성경 해석 방법론은 창세기에만 적용되는 것이 아니라 성경의 다른 책에도 두루 적용될 수 있는 해석 방식이기 때문에 그 자체로도 가치 있는 내용이라 생각합니다.

저자가 강조하는 성경 해석 방식은 '숲 보기' '나무 보기' '원독자 관점에서 읽기' '문법적 관찰' '성령의 감동' 등입니다. 성경은 우리가 상상할 수 없는 수천 년 전에 기록된 책이기에 이러한 일련의 성경 읽기 방법론은 고대의 글쓰기 방식과 언어를 이해하는 데 큰 도움이 될 것입니다. 무엇보다 중요한 것은 성경이 일반적인 책이 아니라 성령의 감동으로 기록된 책이자 시대를 초월하는 메시지를 전달하고 있기 때문에 성령의 인도하심과 감동이 성경 읽기의 중요한 방법 가운데 하나라는 중요한 사실을 일깨워 줍니다.

나아가 저자는 성경 읽기에 있어 '하나님 나라'라는 관점을 중요한 주제로 제시하고 있습니다. 66권의 성경은 긴 세월 동안 수많은 저자에 의해 작성되었기 때문에 각각의 책마다 다채로운 문체적 특징과 주제를 드러냅

니다. 그래서 성경을 읽다 보면 그 중심 내용이 무엇인지 혼동될 수 있습니다. 이러한 가운데 저자가 설명하는 '하나님 나라' 관점은 길을 잃지 않고 성경을 통전적으로 이해시켜 주는 내비게이션이 됩니다. 본서에서 저자가 안내하는 방식에 따라 창세기를 읽다 보면 창세기뿐만 아니라 성경 전반에 대한 이해의 폭을 넓힐 수 있으리라 확신합니다.

김경식 | 감리교신학대학교 객원교수

머리말

본서는 필자가 계획하고 있는 성경 66권에 대한 '적용적 주해와 설교'의 다섯 번째 책입니다. 요한계시록을 시작으로 마태복음, 로마서, 아가서 등 네 권의 주해서가 발간되었습니다. 적용적 주해와 설교라고 명명한 데에는 본서가 주해에만 머무르지 않고 주해를 통한 설교적 적용과 삶의 적용을 목적으로 하고 있기 때문입니다. 그래서 적용을 의미하는 '애플리케이션(application)'과 주해를 의미하는 '엑스포지션(exposition)'을 합성한 '애플리포지션(appliposition)'이라는 조어를 붙였습니다.

주해의 목적이 본문의 의도를 정확히 밝혀내어 설교를 돕기 위함이라면, 모든 설교는 적용을 향해 달려가야 합니다. 말씀을 듣는 성도들의 삶을 변화시키기 위해서는 적용의 중요성을 아무리 강조해도 지나치지 않을 것입니다. 유명한 설교학자인 시드니 그레이다누스(Sidney Greidanus)는 "설교자는 주해할 때부터 적용을 염두에 두고 해야 한다"라고 말하였습니다.[1] 적용이 그만큼 중요합니다. 또한 적용이 제대로 되기 위해서는 정확한 주해가 필수적입니다.

본서는 필자의 「하나님 나라 성경 세미나-창세기」 강의를 녹취한 내용

---

[1] 이우제, "Sidney Greidanus의 설교 연구: 현대설교의 한계를 극복하는 대안을 중심으로", 「복음과 실천신학」 제27권, 2013 봄호, p. 356에서 재인용.

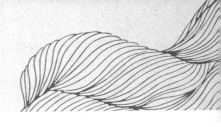

을 기초로 하였습니다. 구어체를 문어체로 바꾸는 과정에서 수정 작업을 거치고 내용을 대폭 보완하였습니다.

「하나님 나라 성경 세미나」는 전국의 많은 목회자와 성도들이 대전과 서울에서 한 달에 한 번씩 모여 이틀 동안 성경 66권을 한 권씩 공부하는 성경 연구 모임입니다. 필자는 성경 66권을 한 권도 빠짐없이 연구하여 설교와 삶에 적용하고자 하는 목표를 가지고 있습니다.

본서의 특징

첫째로, 히브리식 문장 구조인 '키아즘(Chiasm)'을 통해 신비로운 창세기의 구조를 밝혀 구조에 담긴 하나님의 의도를 드러내고자 하였습니다. 구조에도 메시지가 있기 때문입니다.

둘째로, 성경의 절대 주제인 하나님 나라(왕, 땅, 백성)의 관점에서 창세기를 살펴보았습니다. 성경은 아무렇게나 쓰인 책이 아닙니다. 성경 66권 전체가 하나님 나라를 말하며, 특히 창세기는 '하나님 나라의 시작'을 알리는 책입니다. 하나님께서 우주 만물과 시간과 공간, 역사와 사람을 창조하신 이유도 하나님 나라를 시작하시기 위함입니다. 이렇게 하나님 나라의 관점을 가져야 성경이 제대로 보이게 됩니다. 그렇지 않으면 성경의 통일성과 유기성에 눈을 뜨지 못하고, 따라서 우리의 신앙도 지극히 개인적 축복에만 국한되는 한계를 지니게 되는 것입니다.

셋째로, 하나님 나라의 동역자들에 대하여 초점을 맞추었습니다. 하나님 나라는 반드시 하나님 나라의 동역자들을 통해 세워집니다. 하나님은 홀로 모든 것을 이루실 능력이 있지만, 그렇게 하지 않으십니다. 그 과정에서 (하나님은) 반드시 하나님 나라의 동역자들을 부르시고, 그들을 친히 빚어 가면서 동역하게 하십니다.

그러므로 성경을 볼 때 '하나님 나라의 시작과 완성'이라는 관점 위에 '동역자를 부르심과 빚으심 그리고 사명'이라는 관점을 더한다면, 성경 해석이 풍성해지고, 구원 받은 성도들의 삶의 의미와 목적이 더욱 분명해집니다.

넷째로, 앞에서 이미 밝힌 것처럼 본서는 설교적 적용과 삶의 적용에 중점을 두었습니다.

마지막으로, 창세기 본문을 강해하기 전에 먼저 '성경을 보는 눈'에 대해 강의했습니다. 성경을 수십 번 혹은 수백 번을 읽어도 성경의 의미가 열리지 않는 것은 성경을 보는 눈에 대한 이해가 없어서라고 생각하기 때문입니다. 그래서 성경을 어떻게 봐야 하는지에 대한 성경 해석적 접근을 먼저 하였음을 미리 밝혀 둡니다.

필자가 어려울 때마다 늘 곁에서 위로가 되어 주며 인생길의 벗이 되어 준 아내와 아들 은찬, 은혁, 필자를 낳아 주시고 목회자가 되기까지 기도해 주신 부모님 유백현 장로님과 김명자 권사님, 응원해 주신 형제들, 그리고 무엇보다도 개척 때부터 지금까지 부족한 목회자인 저를 품어 주시고 어려운 고비마다 아픔과 기쁨을 함께한 세종그나라교회의 사랑하는 모든 성도들께 진심으로 감사를 드립니다.

또한 그동안 필자의 강의에 참석해 성경의 진리 앞에서 함께 웃고 울었던 전국의 많은 목회자님께도 진심으로 감사드립니다. 아무쪼록 본서를 통해 창세기의 말씀이 살아서 움직이는 은혜가 있기를, 목회와 신앙, 교회를 새롭게 하는 하나님의 도구로 쓰임 받기를 기도합니다.

2024년 3월

유석영

차례

창세기 12장

아브람의 소명과 본성

키아즘 구조로 보는 아브라함 이야기[2]

[A] 11:27-32 데라의 후예
  [B] 12:1-9 아들에 대한 약속과 아브라함의 여정 시작
    [C] 12:10-20 사라를 누이라 속임/이방의 환경, 하나님의 보호
      [D] 13:1-8 소돔에 거하는 롯
        [E] 14:1-24 소돔과 롯에 관계하는 아브라함
          [F] 15:1-16:16 아브라함을 향한 언약(횃불언약, 하나님 편)
            [G] 16:1-16 육신의 자녀 이스마엘 출생
          [F'] 17:1-18:15 아브라함을 향한 언약(할례언약, 사람 편)
        [E'] 18:16-33 소돔과 롯과 관계하는 아브라함
      [D'] 19:1-38 소돔에서 탈출하는 롯
    [C'] 20:1-38 사라를 누이라 속임/이방의 환경, 하나님의 보호
  [B'] 21:1-22:29 아들의 탄생과 아브라함의 여정의 절정
[A'] 22:20-24 나홀의 후예

나홀의 후예

하나님의 천지 창조와 함께 시작된 창세기의 주요 관심사는 하나님의 백성인 이스라엘이 태동되는 과정입니다.[3] 아담의 선악과 범죄 이후 뱀의 머리를 깨뜨릴 여자의 후손을 보내시기 위하여 하나님의 거대한 역사가 시작되었습니다. 이 일을 위해 하나님은 아브라함을 선택하여 언약을 맺으시고, 이삭과 야곱 그리고 야곱의 열두 아들을 통해 이스라엘이라는 하나님

---

2 D. A. Dorsey의 연구를 기초로 B. K. Waltke가 세부적으로 분류한 동심원적 구조에 송제근과 필자의 신학적 견해를 추가했다. 송제근, "창세기의 구조와 신학", 「그 말씀」(두란노, 2003년 1월).

3 기동연, 『아브라함아! 너는 내 앞에 행하여 완전하라』(서울: 생명의양식, 2013), pp. 11-12.

의 백성을 만드셨습니다. 그리고 이스라엘을 애굽에서 구원하셔서 그들로 하여금 가나안 땅을 정복하게 하시고, 그들을 제사장 나라로 삼아 열방과 민족을 하나님 나라로 부르실 것입니다.

창세기의 후반부인 4대 족장(아브라함, 이삭, 야곱, 요셉) 이야기는 이스라엘 민족이 어떻게 태동되었는지와 그 배경에 관한 내용을 담고 있습니다. 우리는 앞으로 창세기 12~25장을 통해 이스라엘의 처음 조상인 아브라함의 이야기를 자세히 살펴볼 것입니다. 아브라함에 대해 자세히 살펴보면 자연히 왜 하나님이 이스라엘을 택하셨는지, 왜 언약을 맺으셨는지, 그 언약의 목적은 무엇인지, 이스라엘의 정체성과 사명은 무엇인지, 그들이 가나안 땅에 세우게 될 하나님 나라는 어떤 나라여야 하는지 알게 될 것입니다. 그러므로 창세기의 4대 족장사(族長史)는 단지 4명의 인생사가 아니라 하나님의 백성으로 부르심을 받은 이스라엘에 대한 이야기입니다. 이제 아브라함의 이야기를 통해 하나님의 목적과 계획에 집중해 봅시다.

이삭에 대한 부분을 제외하고 아브라함 족장에 대한 이야기가 중점적으로 기록된 창세기 12~22장을 키아즘 구조로 분석해 보면 아브라함 이야기의 중심이 창세기 15~17장임을 알 수 있습니다. 창세기 15장은 횃불언약이고, 17장은 할례언약입니다. 두 언약이 곧 핵심입니다. 이 구조는 아브라함과 언약을 맺으시고 그 언약을 이루어 가시는 하나님의 신실하심과 언약의 파트너인 아브라함의 삶의 목적이 하나님과 맺은 언약을 신실하게 지키는 것임을 드러냅니다.

1. 아브람이 아브라함이 되기까지

아브라함 이야기는 창세기 12장부터 25장까지 꽤 긴 분량입니다. 아브라함은 소위 믿음의 조상이자 신앙의 모델로 잘 알려져 있습니다. 하지만 그런 위대한 믿음의 자리에 가기까지는 그에게도 수많은 세월이 필요했습니다. 아브라함이 처음부터 위대한 믿음의 소유자였다는 생각은 큰 오해입니다. 하나님은 오랜 세월을 통해 아브라함을 믿음의 사람으로 빚으신 것입니다. 이제 본격적으로 '아브람을 아브라함으로 다듬어 가시는 하나님의 손길'을 살펴봅시다.

노아와 아브람의 비교

노아의 이야기와 아브람의 이야기에는 비슷한 점이 많습니다. 온 인류가 물 심판으로 인해 멸망한 후 하나님께서 노아와 언약을 맺으신 것처럼 바벨탑 사건으로 온 인류가 하나님의 심판을 받은 뒤에 아브람과 언약을 맺으셨습니다. 또 홍수 이후에 노아를 통해 완전히 새로운 역사를 시작하신 것처럼 창세기 11장의 바벨탑 사건 이후에 마찬가지로 아브람을 통해 온 세상에 완전히 새로운 역사를 시작하십니다.

아담의 타락으로 인해 혼돈과 무질서에 빠진 온 세상을 하나님께서 노아를 통해 재창조하신 것처럼 바벨탑의 범죄로 인해 또 한 번 혼돈과 무질서로 잠식당한 세상을 아브람을 통해 재창조하시려는 것입니다. 하나님은 노아와 무지개언약을 맺으심으로 그를 온 세상의 복의 통로로 삼으신 것처럼 아브람과의 언약을 맺으심으로 온 세상의 복의 통로로 삼고 계십니다.

노아와 아브람의 유사점[4]

창세기의 저자는 노아와 아브라함 모두 그들의 전 생애를 기록하지 않았습니다. 노아는 480세에 갑자기 등장하고, 아브람도 75세가 되던 해에 갑자기 등장합니다. 노아의 첫 500년과 아브람의 첫 75년에 대해서 자세히 기록되어 있지 않다는 점 또한 유사합니다. 또 노아와 아브람에게 예고나 준비 없이 하나님의 명령이 갑자기 임하는 것도 동일합니다. 그리고 노아의 홍수 이후 새로운 역사와 창조가 시작되었던 것처럼 창세기 12장에서의 아브람에 부르심 이후로 '이스라엘 민족의 역사와 창조'가 시작되고 있습니다.

노아(창 8:15-9:9)	아브람(창 12:1-7)
하나님이 노아에게 말씀하여 이르시되(8:15)	여호와께서 아브람에게 이르시되(12:1)
방주에서 나오고(8:16)	너의 고향과 친척과 아버지의 집을 떠나(12:1)
노아가 함께 방주에서 나오고(8:18)	아브람이 여호와의 말씀을 따라갔고(12:4)
노아가 여호와께 제단을 쌓고(8:20)	여호와께 그가 그 곳에서 제단을 쌓고(12:7)
하나님이 노아에게 복을 주시니(9:1)	내가 … 네게 복을 주어(12:2)
생육하고 번성하여 땅에 충만하라(9:1)	너로 큰 민족을 이루고(12:2)
내가 내 언약을 너희와 너희 후손과 … 세우리니(9:9)	내가 이 땅을 네 자손에게 주리라(12:7)

2. 아브람을 부르시는 하나님

여호와께서 아브람에게 이르시되 너는 너의 고향과 친척과 아버지의 집을 떠나

---

4   송병현, 『엑스포지멘터리 창세기』(서울: 국제제자훈련원, 2010), pp. 248-249.

내가 네게 보여 줄 땅으로 가라 (창 12:1)

　창세기 12장은 하나님이 아브라함을 부르시는 소명장(召命章)입니다. 언뜻 보면 하나님이 아브람을 하란에서 부르시는 것처럼 보이지만, 앞서 설명한 대로 여러 정황상 아브람은 갈대아 우르에서 부름을 받았을 것입니다. 그러니까 창세기 12장 1~3절의 내용은 하란의 일이 아니라 갈대아 우르에서의 부르심이라고 볼 수 있습니다. 그것이 아니라면 아브람은 하란에서 하나님의 음성을 다시 들었을 수도 있습니다.

　나훔 사르나(Nahum M. Sarna)는 갈대아 우르에 살던 아브람의 아버지 데라가 이미 여호와를 믿는 자였다고 주장합니다. 만일 그렇다면 데라는 갈대아 우르 사람들이 섬겼던 달신(月神)인 '신(Sin-아카드어)' 또는 '난나르(Nannar-수메르어)'를 섬기는 동시에 여호와를 섬기는 혼합주의 신앙을 가진 자였을 것입니다(수 24:2-3). 데라가 혼합주의 신앙을 가진 자였을 것이라는 개연성은 데라의 딸과 손녀의 이름에서 드러납니다. 데라의 딸 사래는 달의 신, 곧 신의 아내에게 붙이는 호칭입니다. 또 데라의 아들 하란의 딸인 밀가(Milcah)라는 이름도 달의 신의 딸에게 붙이는 호칭이었습니다. 그러므로 데라(아브람을 포함하여)가 얼마나 달신인 신을 깊이 섬겼는지 알 수 있습니다. 이는 비록 데라가 아브람과 함께 갈대아 우르를 떠났지만, 달의 신에 대한 숭배의 중심지였던 하란에 정착했다는 것에서도 알 수 있습니다.[5]

　한편 빅터 매튜스(Victor H. Matthews)와 브루스 월트키(Bruce K. Waltke)는 갈대아 우르가 유프라데스강 남쪽에 위치한 수메르의 도시 우르로 추정하고

5　기동연, 『아브라함아! 너는 내 앞에 행하여 완전하라』(서울: 생명의양식, 2013), p. 14.

있습니다.[6]

왜 아브람이었을까?

바벨탑 심판 사건 이후로 하나님은 온 세상에 흩어진 인류 가운데 한 사람, 곧 갈대아 우르의 아브람을 선택하십니다. 이것은 구속의 역사를 이루시기 위해 창세기 3장 15절에서 약속한 여자의 후손인 예수 그리스도를 이 땅에 보내시려고 한 민족을 만드시려는 것입니다. 이미 하나님은 아브람을 통해서 만들어질 이스라엘을 바라보고 계신 것입니다. 그런데 그 한 사람은 왜 아브람이었을까요? 노아의 아들인 셈의 후손 중에서 선택하신 것이라 해도 그렇습니다. 셈의 후손이 얼마나 많았습니까? 꼭 아브람이어야 할 특별한 이유는 없었습니다.

성경은 아브람이 하나님의 선택을 받을 만한 남다른 자격이 있다고 말하지 않습니다. 물론 남다른 자격이 있었다는 기록도 없습니다. 오히려 아브람은 갈대아 우르에서 아버지와 함께 우상을 섬기던 자였으며, 75세까지도 자식이 없는 자였을 뿐입니다.

> 여호수아가 모든 백성에게 이르되 이스라엘의 하나님 여호와께서 이같이 말씀
> 하시기를 옛적에 너희의 조상들 곧 아브라함의 아버지, 나홀의 아버지 데라가
> 강 저쪽에 거주하여 다른 신들을 섬겼으나 (수 24:2)

---

6   송병현, 『엑스포지멘터리 창세기』(서울: 국제제자훈련원, 2010), p. 243.

하나님이 아브람을 선택하신 이유

첫째, 앞서 말한 것처럼 하나님이 아브람을 선택하시고 부르신 것은 아브람의 자격이나 조건, 인간으로서의 됨됨이가 남달라서가 아닙니다. 오히려 성경은 아브람이 갈대아 우르에서 달의 신 난나르를 섬기는 우상 숭배자임을 폭로합니다. 이는 오직 하나님의 주권적 선택이고 오직 하나님의 의지일 뿐 아니라 하나님의 은혜였습니다.

둘째, 불임 부부인 아브람과 사래를 선택하신 것은 하나님이 앞으로 하실 일과 하나님이 어떤 분이신지를 드러내기 위함이었습니다. 나아가 전능하신 하나님이심을 드러내는 것을 넘어 하나님의 구속 역사가 어떤 방법으로 이루어질 것인지 알려 주시려는 계획이었습니다.

오직 은혜입니다

아브람은 자신의 자격이나 공로가 아닌 오직 하나님의 은혜와 주권적 선택으로 인해 부르심을 받고 구원을 받았습니다. 마찬가지로 나도 오직 하나님의 은혜로 구원받은 자임을 고백하고 있습니까? 은혜로 구원을 받은 자임을 아는 자들은 결코 자기 자랑이 있을 수 없습니다.

가라

하나님은 아브람에게 고향과 친척과 아버지의 집을 떠나라고 하십니다. 개역개정 성경에는 "고향과 친척과 아버지의 집을 떠나 내가 네게 보여 줄 땅으로 가라"라고 기록되어 있지만, 원문에는 제일 먼저 나오는 단어가 '가라'입니다. 가라는 히브리어 '알라크(לֶךְ‎)'인데, 명령형입니다. 문장에서 제일 처음 나오는 단어는 강조의 의미입니다. 창세기 12장 1~3절에서 명령형 동사는 두 개입니다. 첫째는 '가라'이고, 둘째는 '복이 되라'입니다. 이것을 원저자(원독자) 관점에서 볼 필요가 있습니다.

창세기의 1차 저자인 모세가 1차 독자인 광야의 이스라엘 백성들에게 이 두 개의 명령형 동사를 통해 전달하려던 메시지는 무엇일까요? 이스라엘 백성들은 아브라함처럼 400년 동안 살던 애굽에서 떠나 하나님이 약속하신 가나안 땅으로 '가서' 거기에서 '복이 되어야' 한다는 것입니다.

앞으로 본서에서는 4대 족장(아브라함, 이삭, 야곱, 요셉)을 중심으로 주해하면서 계속해서 그들의 이야기를 통해 모세가 이스라엘 백성들에게 무엇을 전달하고자 하는지에 대해 집중할 것입니다. 이것을 원독자 또는 원저자 관점의 해석이라고 합니다.

고향과 친척과 아버지의 집을 떠나

하나님은 아브람에게 고향, 친척, 아버지의 집을 떠나라고 하십니다. 당시 우르와 하란은 종교적 · 정치적 중심지이자 상업이 번창해 경제적 입지 조건이 매우 좋은 곳이었습니다.[7] 아브람에게 고향, 친척, 아버지의 집은 그동안 의지하면서 힘이라고 여겼던 것들, 그를 지켜 주었던 안전지대였습니다. 재미있는 것은 하나님이 아브람에게 떠나라고 하신 것이 고향, 친척, 아버지의 순서입니다. 큰 단위에서 작은 단위로 좁혀 들어가고 있음을 알 수 있습니다. 즉 하나님의 요구가 아브람에게 있어 애착이 강한 것을 향해 가고 있습니다.

하나님께서는 이 모든 것에서 떠나라고 하십니다. 단순히 장소의 이동을

---

7   강규성, 『창조주 하나님의 방문』(서울: 예영비앤피, 2010), p. 69.

말하는 것이 아닙니다. 그동안 아브람의 삶을 지탱해 준 보호막을 버린다는 의미입니다. 이제부터는 하나님만 의지하며 살라는 것입니다. 하나님은 아브람에게 고향, 친척, 아버지의 집보다 더 큰 힘이 되어 주실 것입니다.

여기서 우리가 주목해야 할 점은 하나님께서 부르신 세 명의 족장들이 자의든 타의든 고향을 떠나게 된다는 것입니다. 아브람은 하나님의 명령을 따라 고향인 갈대아 우르를 떠났고(창 12:1), 야곱은 형 에서의 장자권을 갈취한 일로 인해 아버지의 집을 떠나야 했으며(창 28:2), 요셉은 형들의 시기와 미움으로 인해 애굽의 종으로 팔려 가게 됨으로써 고향을 떠났습니다(창 37:28).[8]

이는 부름을 받아 쓰임을 받는 하나님의 종들은 자신이 의지하고 있던 모든 것을 버리고 하나님만 의지해야 한다는 것을 의미합니다. 이에 대해 존 세일해머(John H. Sailhamer)는 아브함이 갈대아 우르를 떠나 가나안 땅에 정착하는 것은 훗날 이스라엘이 바벨론의 포로가 되어 70년을 살다가 하나님의 은혜로 다시 가나안 땅으로 귀환하게 되는 것을 암시한다고 주장합니다.[9]

내가 너에게 보여 줄 땅으로

하나님은 아브람에게 '보여 줄 땅'이라고 하십니다. '이미 보여 준 땅'이 아닙니다. 하나님은 미리 다 보여 주고 가라고 하신 것이 아닙니다. 아브람에게 앞으로 보여 줄 땅입니다. 그러므로 아브람에게는 하나님을 향한 믿음과 신뢰가 필요합니다.

'보이다'는 히브리어로 '라아(ראה)'인데, 너로 보게 할 땅이라고 해석할 수

---

8 김의원, 『창세기 연구』(서울: 기독교문서선교회, 2013), p. 221.
9 송병현, 『엑스포지멘터리 창세기』(서울: 국제제자훈련원, 2010), p. 245.

있습니다. 문법적으로는 미완료 히필형(imperfect hiphil)입니다. 히필형은 사역 능동태로서 '내가 너로 보도록 하다'라는 뜻입니다. 그리고 미완료형이란 것은 본 문맥에서 미래적 의미입니다. 그러니까 '내가 너에게 앞으로 보여 줄 그 땅으로 가라'는 것입니다. 아브람은 자신이 어디로 가야 하는지 몰랐지만, 하나님을 믿고 그의 말씀에 순종했습니다. 히브리서 기자는 이 장면을 이렇게 묘사합니다.

믿음으로 아브라함은 부르심을 받았을 때에 순종하여 장래의 유업으로 받을 땅에 나아갈새 갈 바를 알지 못하고 나아갔으며 (히 11:8)

아브람처럼 그리스도인들도 앞이 보이지 않은 불확실한 미래를 하나님께 맡기고, 하나님의 선하신 인도를 믿고 사는 자들이어야 합니다.

하나님의 인도하심을 받으려면 믿음이 필요합니다

나를 향한 하나님의 인도는 보여 준 땅이 아니라 앞으로 보여 줄 땅입니다. 우리는 하나님께서 먼저 미래의 일을 보여 주시면 순종하겠다고 요구하지만, 하나님은 당신을 믿고 한 걸음씩 나아가라고 하십니다. 하나님을 따라가는 삶은 믿음을 요구합니다. 나는 내 앞길을 인도하시는 하나님을 향한 절대 믿음이 있습니까?

3. 아브라함과 맺은 언약(1차)

내가 너로 큰 민족을 이루고 네게 복을 주어 네 이름을 창대하게 하리니 너는 복이 될지라 너를 축복하는 자에게는 내가 복을 내리고 너를 저주하는 자에게는 내가 저주하리니 땅의 모든 족속이 너로 말미암아 복을 얻을 것이라 하신지라 (창 12:2-3)

하나님은 아브라함에게 복을 주시겠다고 약속하십니다. 아브라함 인생 전체에서 하나님은 총 6번의 언약을 맺으십니다. 창세기 12장에서의 복은 큰 민족과 창대한 이름과 땅의 복입니다.

내가 너로 큰 민족을 이루고

하나님은 75세까지도 자식 한 명 없는 아브람에게 큰 민족을 이루도록 하겠다고 말씀하십니다. 실제 이 약속이 이루어지는 것은 400년이 흘러 출애굽기에서 성취됩니다. 이는 단지 육신적인 히브리 민족만 말하는 것이 아니라 유대인이든 헬라인이든 하나님의 은혜를 붙드는 모든 믿음의 자손들을 말합니다.

네 이름을 창대하게

하나님은 아브람의 이름을 창대하게 하겠다고 말씀하십니다. 아브람의 이름을 높여주겠다는 것입니다. 아브람의 평생에 하나님께서 그를 이방인들 가운데 높여주신 일들이 있었습니다. 그러나 이것은 그 이상의 약속입니다. 아브람은 로마서에서 믿음의 조상이라고 일컬어집니다. 그는 유대인과 헬라인을 포함하여 온 세상의 그리스도를 믿는 모든 자의 모델입니다. 여기서 중요한 것은 아브람이 스스로 이름을 내는 것이 아니라 하나님이 아브람의 이름을 창대하게 하시겠다는 것입니다.

묵상과 삶의 적용

높이는 분은 하나님입니다

나를 높이는 분은 하나님입니다. 나를 창대케 하는 것은 내가 아니라 하나님입니다. 나는 그저 하나님의 말씀과 인도하심에 순종하는 것뿐입니다. 그다음은 하나님이 하시는 일입니다.

너는 복이 될지라

본 구절의 원문은 명령형인데, 우리로 하여금 가서 복이 되라고 하시는 말씀입니다. '복이 되라'는 명령은 해도 되고 안 해도 되는 것이 아닙니다. 반드시 복이 되어야만 하는 명령입니다. 아브람이 복이 될 수 있는 것은 하나님이 아브람에게 주신 복 때문입니다. 또한 아브람이 복이 되어야 하는 이유는 땅의 모든 족속이 아브람 안에서 복을 얻을 수 있기 때문입니다.

12장 3절을 보면 "너를 축복하는 자에게는 내가 복을 내리고 너를 저주하는 자에게는 내가 저주하리니"라고 기록하고 있습니다. "너를 저주하는 자를 내가 저주하리라"라는 구절에서 먼저 나온 '저주하다'는 원문에서 '칼랄(קלל)'입니다. 칼랄은 '하찮다, 보잘것없다'라는 의미입니다. 두 번째로 나오는 '저주하다'라는 단어는 '아라르(ארר)'입니다. 이 말씀은 하나님께서 단지 아브람을 책임지시겠다는 것 이상의 의미입니다.

이 말씀은 아브람에게 복이라고 하는 자는 하나님께서 그에게 동일한 복을 주고, 아브람의 삶을 보면서 '그게 무슨 복이야'라고 하면서 하나님이 주시는 복을 시시하게, 또는 하찮게 여기는 자를 하나님이 저주하시겠다는 뜻입니다.

이 말씀은 그 의미가 깊습니다. 눈에 보이게 화려한 우르를 떠나서 척박한 땅이지만 하나님의 약속이 있는 땅에서 그분을 믿고 동행하면서 사는 삶을 복이라고 여기고, 나아가 그 가치를 아는 자들을 축복하시는 하나님입니다. 다시 말해 하나님이 아브람을 통해 하실 일에 동참하는 자들은 복을 받을 것이지만, 그것을 대적하고 저주하는 자들은 저주를 받을 것입니다. 바꿔 말하면 '너를 소홀히 여기는 자는 내가 반드시 축복의 자리로부터 제외할 것이다'라는 말씀입니다.[10]

땅의 모든 족속이 너로 말미암아 복을 얻을 것이라

"땅의 모든 족속이 너로 말미암아 복을 얻을 것이라"는 말씀은 아브람을 부르신 하나님의 목적을 드러냅니다. 여기에는 세상 모든 족속을 부르고자

---

10 앨런 로스, 김창동 역, 『창조와 축복』(서울: 디모데, 2007), pp. 386, 389.

하시는 하나님의 선교가 담겨 있습니다. 주석가들 사이에서 "땅의 모든 족속이 너로 말미암아 복을 얻을 것이라"에 대한 해석은 나뉩니다. 첫째로 대부분은 이 문장을 수동태로 인식하여 '그들이 네 안에서 복을 얻을 것이다'라고 해석합니다. 둘째는 클라우스 베스터만(Claus Wetermann)처럼 이 문장을 재귀형으로 보고 '그들이 스스로 자신들을 축복할 것이다'라고 해석하는 학자들도 있습니다. 셋째로는 이 문장을 중간태로 간주하여 '그들이 네 안에서 복을 찾을 것이다'라고 해석하기도 합니다. 고든 웬함(Gordon J. Wenham)도 세 번째 해석을 지지하면서 이 주장이 점차 힘을 얻는 추세입니다.[11] 하나님은 아브람 안에서, 아브람을 통해 온 세상 모든 족속에게 복 주시고자 하십니다. 다시 말해 아브람이 복이 되어 모든 족속이 복을 얻게 되는 것, 즉 하나님의 통치 아래 거하려는 것입니다.[12]

재미있는 것은, 창세기 12장 1~3절에서 복이라는 말이 5번 나옵니다. 그런데 앞의 1~11장에서는 저주라는 말이 5번 나옵니다. 이는 선악과 범죄 이후 저주를 받은 인류에게 복을 주시고자 하는 하나님의 은혜를 의미합니다.

하나님과 아브라함이 맺은 총 6번의 언약의 핵심은 '땅, 민족, 천하 만민의 복'입니다. 아브라함이나 이스라엘에게 약속하신 복은 천하 만민의 복의 통로입니다. 그러나 이스라엘은 이런 하나님의 의도를 전혀 깨닫지 못했습니다. 아니면 깨달았다 하더라고 하나님의 말씀에 순종치 않았습니다. 그래서 나라가 멸망하게 되는 하나님의 심판을 받게 된 것입니다(북이스라엘 B.C. 722년 멸망, 남유다 B.C. 586년 멸망).

---

11 송병현, 『엑스포지멘터리 창세기』(서울: 국제제자훈련원, 2010), p. 251.
12 강규성, 『창조주 하나님의 방문』(서울: 예영비앤피, 2010), p. 70.

천하 만민의 복

오늘날 대부분 사람은 '천하 만민의 복'에서 오직 '복'에만 꽂혀 있습니다. 그런데 실제 그 복이 목적하고 있는 것은 '모든 민족, 천하 만민'입니다. 사람들은 아브라함의 복을 거부가 되는 복이라고 이해합니다. 그러나 아브라함의 복은 아브라함만의 복이 아닙니다. 아브라함에게서 주신 복이 흘러넘쳐 '천하 만민의 복'이 되게 하는 것이 하나님의 목적인 것입니다.

한 교회가 성장해야 하는 이유는 무엇입니까? 하나님께서 지상의 한 교회를 성장시키시고, 영혼들을 그 교회에 보내시고, 재정을 넉넉하게 하시는 이유는 이 복을 흘러 내보내서 모든 민족이 예수라는 참 복을 함께 누리게 하라는 선교적 사명 때문입니다. 수많은 영혼을 살리라고 하시는 것입니다. 그래서 하나님의 백성은 복 그 자체에 집중하는 것이 아니라 '천하 만민, 모든 족속'의 복에 집중해야 합니다. 성경이 어디에 방점을 찍고 있는지 놓치면 안 되는 것입니다.

4. 여호와의 말씀을 따라갔고

이에 아브람이 여호와의 말씀을 따라갔고 롯도 그와 함께 갔으며 아브람이 하란을 떠날 때에 칠십오 세였더라 아브람이 그의 아내 사래와 조카 롯과 하란에서 모은 모든 소유와 얻은 사람들을 이끌고 가나안 땅으로 가려고 떠나서 마침내 가나안 땅에 들어갔더라 (창 12:4-5)

구약을 연구할 때 그 사람의 이름이나 지명의 의미를 파악하는 것은 매우 유용합니다. 때로 저자는 이름과 지명의 뜻을 통해 메시지를 전달하려는 경우가 있기 때문입니다.

아브람의 아버지 데라는 '지체하다'라는 의미입니다. 아브람은 아버지 데라(תֶּרַח, 지체)가 죽자 하란을 떠나게 됩니다. 이 대목에서 베스터만을 비롯한 많은 학자들은 아브람이 하란을 떠난 시기가 그의 아버지 데라가 죽은 후라고 주장합니다. 반면에 케네스 터너(Kenneth J. Turner)는 창세기 11장 26절과 12장 4절의 연수를 계산해 보면 데라는 그의 아들이 자신을 떠난 후에도 족히 60년은 더 살았을 것으로 추정할 수 있다고 말합니다.[13] '하란(חָרָן)'은 '바싹 마른, 열매 없는'이란 뜻입니다. 지명에도 의미가 담겨 있습니다. 하나님의 말씀에 온전히 순종치 않으면, 내 안의 데라가 처리되지 않으면 마르고 열매 없는 땅 하란의 삶을 경험하게 되는 것입니다.

부분적 순종도 순종인가?

하나님이 아브라함에게 갈대아 우르에서 '고향, 친척, 아버지의 집을 떠나가라'라고 하셨을 때 아브람은 부분적으로만 순종했습니다. 조카 롯을 데리고 떠납니다. 왜일까요? 일찍 죽은 하란의 아들인 롯을 차마 두고 갈 수 없었기 때문일까요? 이유가 무엇이든지 간에 이것은 온전한 순종이 아니었습니다.

부분적인 순종의 결과로 후에 아브람은 롯으로 인한 아픔을 겪습니다. 아브람에게 있어서 어쩌면 롯은 거의 아들과 같은 존재였을 것이기에 인간적으로는 이해할 수 있습니다. 그러나 인간적인 것이 하나님의 뜻에 순종하는 것보다 더 중요한 것은 아닙니다.

---

13 김의원, 『창세기 연구』(서울: 기독교문서선교회, 2013), p. 253.

내 안의 데라는 무엇입니까?

아브라함이 데라와 함께 갈대아 우르를 떠나 하란에서 얼마간 머물렀다가 데라가 죽은 뒤에 세겜 땅으로 옮겨옵니다. 이때 데라, 세겜, 하란의 의미를 아는 것이 중요합니다.

하란은 '바싹 마르다, 건조하다'라는 뜻이고, 데라는 '멈추다, 지체시키다'라는 뜻입니다. 하란에서 데라가 죽으므로 하나님은 아브라함을 가나안 땅으로 움직이십니다. 데라는 아브라함의 길을 지체시키는 것을 의미합니다. 데라가 죽자 아브라함은 다시 하나님의 길을 진행합니다. 내 안에 데라가 있는 이상 나의 영적 진보와 성장은 지체될 뿐입니다. 그래서 바싹 마르고 건조한 영적 상태의 삶을 살게 되는 것입니다. 즉 내 안의 데라가 처리되지 않는 이상 나는 항상 바싹 마르고 건조하기 때문에 열매 없는 하란을 살게 될 것입니다. 그래서 인물과 지명의 뜻이 매우 중요합니다.

내가 하나님께 나아가고자 할 때 방해하고 지체시키는 '나의 데라'는 무엇입니까? 내 안의 데라는 나의 영적 성장과 순종을 방해하는 것들입니다. 그것이 물질에 대한 욕심일 수도 있고, 교만일 수도 있고, 육신의 정욕일 수도 있습니다. 내 안에 데라가 제거되지 않으면 우리는 여전히 바싹 마르고 열매 없는 '하란' 땅에서 살게 된다는 것입니다. 나의 데라는 무엇입니까?

5. 가나안(세겜) 땅에 들어가다

아브람이 그 땅을 지나 세겜 땅 모레 상수리나무에 이르니 그 때에 가나안 사람이 그 땅에 거주하였더라 (창 12:6)

세겜은 '어깨'란 뜻입니다. 세겜은 요셉의 뼈가 묻힌 곳이면서 여호수아가 여리고성 전투와 아이성 전투 후에 하나님과 언약을 맺은 곳이기도 합니다. 세겜 땅을 중심으로 그리심산과 에발산이 있습니다. 훗날 그리심산에서 여섯 지파가 축복을 선포했고, 에발산에서는 다른 여섯 지파가 저주를 선포했습니다. 또 여호수아가 모세의 명을 받아 지정한 6개의 도피성 중 하나이기도 합니다. 한편, 6개의 도피성 이름은 모두 예수님의 구속 사역을 상징하고 있습니다.[14] 그래서 세겜은 이스라엘 역사에서도 중요한 장소입니다.

아브람은 세겜 땅 모레 상수리나무에 이르렀습니다. 히브리어 '모레(מוֹרֶה)'는 '선생'을 의미합니다. 유추해 보면 이 장소가 가르침이 베풀어졌던 고대 사원이거나 가나안 제사장들에 의해 신탁이 선언된 장소, 또는 신성화된 나무 그 자체를 가리키는 것으로 볼 수 있습니다.[15] 이는 가나안 땅의 모든 주민이 그 땅의 신들을 섬기는 곳에서 아브람 홀로 여호와 하나님을 예배하면서 여호와의 이름을 세겜 땅에 선포해야 함을 의미합니다.

내가 이 땅을 네 자손에게 주리라 하신지라

여호와께서 아브람에게 나타나 이르시되 내가 이 땅을 네 자손에게 주리라 하신지라 자기에게 나타나신 여호와께 그가 그 곳에서 제단을 쌓고 (창 12:7)

아브람은 하나님의 말씀을 좇아 하란을 떠나 세겜에 들어갔습니다. 그러나 이곳은 이미 가나안 주민이 살고 있는 땅이라서 아브람이 발붙일 만큼의 땅도 허락되지 않았습니다.

---

14 이에 대한 자세한 내용은 필자의 『한눈에 보는 성경 관통 1: 구약편 창세기~에스더』 (서울: 진리의일꾼, 2023)을 참조하라.
15 앨런 로스, 『창조와 축복』(서울: 디모데, 2007), p. 392.

그러나 여기서 발 붙일 만한 땅도 유업으로 주지 아니하시고 다만 이 땅을 아직 자식도 없는 그와 그의 후손에게 소유로 주신다고 약속하셨으며 (행 7:5)

그런데도 하나님은 아브람에게 "내가 이 땅을 네 자손에게 주리라"라고 하십니다. 오래전 갈대아 우르에서 하나님이 보여 줄 땅이라고 하신 곳이 바로 가나안이었던 것입니다. 만일 하나님이 아브람에게 그가 가야 할 땅이 가나안이라고 미리 알려 주셨다면 어떠했을까요? 그리고 아브람이 한 걸음 한 걸음 순종해서 세겜에 도착하니까 '바로 이 땅이다'라고 말씀하십니다.

그렇습니다. 하나님은 항상 한 걸음씩 인도하십니다. 모든 미래를 미리 보여 주지 않으십니다. 우리로 하여금 한 걸음 한 걸음마다 하나님을 의지하라고 말씀하시는 것입니다.

벧엘에 제단을 쌓고 하나님의 이름을 부름

거기서 벧엘 동쪽 산으로 옮겨 장막을 치니 서쪽은 벧엘이요 동쪽은 아이라 그가 그 곳에서 여호와께 제단을 쌓고 여호와의 이름을 부르더니 (창 12:8)

아브람은 세겜에서 벧엘로 옮긴 후 그곳에 제단을 쌓고 여호와의 이름을 불렀습니다. 필자가 이미 말한 것처럼 인간의 타락 이후 세상에는 두 계열이 존재합니다. 하나는 자신을 위해 성을 쌓는 계열이고, 또 하나는 인생을 전폭적으로 하나님께 맡기고 예배의 제단을 쌓는 계열입니다. 제단을 쌓고 하나님의 이름을 부른다는 것은 하나님을 의지하고 기도하고 예배한다는 의미입니다. 아브람이 가나안의 세겜에서 제단을 쌓고 하나님께 예배

드린 것을 원저자^(원독자) 관점에서 생각해 봅시다. 저자인 모세는 훗날 가나안 땅에 들어갈 이스라엘 백성들이 그곳에서 가장 먼저 해야 할 일이 바로 하나님께 예배하는 것임을 가르치고자 한 것입니다.

움베르토 카수토(Umberto Cassuto)는 이에 대해 아브람이 벧엘에서 처음으로 제단을 쌓고 여호와의 이름을 불렀다는 것은 단지 예배를 드렸다라는 의미 그 이상이라고 합니다. 가나안 땅은 하나님의 땅이며, 하나님이 그 땅을 자신에게 주셨음을 알리는 행위였을 가능성이 높다고 주장합니다. 모레 상수리나무와 벧엘은 가나안의 신전이 있었던 곳입니다. 그런 장소 인근에 하나님의 제단을 쌓았다는 것은 그 땅의 주인이 가나안의 신들이 아니라 하나님임을 선포하는 것입니다. 고대 메소포타미아인들은 전쟁에서 승리한 후 그 땅에 기념비를 세우고, 그 땅의 신전에 자신이 믿는 신의 신상을 세워 신의 도움으로 그 땅을 정복했음을 선포했습니다. 칼뱅도 아브람이 벧엘에서 제단을 쌓은 것은 이런 의미일 가능성이 높다고 말합니다.[16]

약속의 땅에 임한 기근 때문에 남방으로 옮겨가다

> 점점 남방으로 옮겨갔더라 그 땅에 기근이 들었으므로 아브람이 애굽에 거류하려고 그리로 내려갔으니 이는 그 땅에 기근이 심하였음이라 (창 12:9-10)

아브람은 하나님의 명령에 순종하여 세겜 땅에 도착했습니다. 그런데 세겜에 기근이 임했습니다. 하나님의 약속이 있는 땅에도 기근이 왔습니다. 하나님이 가라고 한 땅이고 복 주시겠다 약속하신 땅에 기근이 웬 말입니

---

16 기동연, 『아브라함아! 너는 내 앞에 행하여 완전하라』(서울: 생명의양식, 2013), p. 42.

까? 어쨌든 약속의 땅에 기근이 왔습니다. 아브람이 세겜 땅에서 제사를 드린 후 경험한 첫 사건은 기근입니다. 여러분이 아브람이라면 하나님께 어떻게 반응하겠습니까? 아브람은 이 상황을 쉽게 납득할 수 있었을까요? 아브람에게 있어 기근은 하나님의 말씀에 순종하여 가나안 땅에 온 이후 처음으로 당하는 어려움이었습니다.

순종했는데 왜 고난이 올까요?

하나님의 자녀들이 하나님의 명령에 순종했음에도 기근과 고난과 아픔은 있을 수 있습니까? 성경 전체의 결론은 하나님이 약속하신 그 땅에도 기근과 고난이 있을 수 있다는 것입니다. 하나님께 순종했다 하더라도, 하나님을 믿고 의지했다 하더라도 하나님 자녀의 삶에는 고난이 있습니다. 일반적으로 사람들이 하나님께 기대하는 것은 축복과 대박과 형통입니다. 그러나 순종의 결과가 기근일 수도 있다는 것을 알아야 합니다. 그래서 목회자들은 성경을 제대로 풀어주어야만 합니다.

6. 애굽으로 내려간 아브람

세겜 땅에 기근이 임하자 아브람은 기근을 피하기 위해 남방으로 내려갑니다. 당장의 위기를 피하기 위해 점점 남방으로 옮겨간 것입니다. 아브람이 처음부터 애굽으로 갈 생각을 한 것이 아니라 조금씩 현실에 밀려서 내려간 것입니다. 그리고 "아브람이 애굽에 거류하려고"에서 '거류하다'는 히브리어 '구르(גּור)'인데, '잠시 머물다, 한시적으로 머물다'라는 뜻입니다. 아브람은 애굽에 잠시 머물려고 했던 것입니다. 그러나 비록 힘들다고 해도 약속의 땅에 머물러 있어야만 했습니다. 하나님의 약속을 믿고 잠시의 기근을 견뎌야 했습니다. 그러면 하나님이 어떤 방법으로도 아브람을 지켜 주셨을 것이기 때문입니다.

빅터 해밀턴(Victor P. Hamilton)은 아브람이 기근을 피해 애굽으로 내려간 것은 아무런 문제가 아니라고 주장합니다. 그 근거로 훗날 야곱도 기근을 피해 애굽으로 내려갔기 때문입니다.[17] 그러나 야곱은 하나님의 명령을 받아 애굽으로 내려간 것이고, 아브람은 하나님의 말씀이 없었음에도 자기 생각대로 애굽으로 내려간 것입니다.

그들이 바로의 세력 안에서 스스로 강하려 하며 애굽의 그늘에 피하려 하여 애굽으로 내려갔으되 나의 입에 묻지 아니하였도다 (사 30:2)

점점의 유혹

신자도 마찬가지입니다. 나는 아브람처럼 현실적인 문제와 환경 때문에 하나님이 기뻐하시는 말씀의 자리, 기도의 자리, 예배의 자리, 사명의 자리를 벗어나 점점 애굽으로 향하고 있지는 않습니까? 죄의 자리로 단번에 떨어지는 것이 아닙니다. 내가 있어야 할 자리가 어디입니까? 내가 조금씩 타협하고 있는 영역은 무엇입니까?

아브람의 실수인가, 본성인가?

그가 애굽에 가까이 이르렀을 때에 그의 아내 사래에게 말하되 내가 알기에 그

---

17 앞의 책, p. 44.

대는 아리따운 여인이라 애굽 사람이 그대를 볼 때에 이르기를 이는 그의 아내
라 하여 나는 죽이고 그대는 살리리니 원하건대 그대는 나의 누이라 하라 그러
면 내가 그대로 말미암아 안전하고 내 목숨이 그대로 말미암아 보존되리라 하니
라 (창 12:11-13)

아브람과 사래의 나이 차이는 아홉 살입니다. 그렇다면 이 당시 사래의
나이는 66세입니다. 그럼에도 사래는 아름다웠습니다. 남편 아브람은 아내
사라가 아리따운 여인이기에 애굽 남자들이 아내를 탐내면서 자신을 죽일
지도 모른다고 두려워했습니다. 그래서 남들에게는 아내가 아닌 누이동생
이라고 말할 것을 미리 당부합니다. 아브람은 참한 아내의 남자로서는 너
무나 치졸한 자입니다. 자신이 살겠다고 아내를 누이라고 속이다니 말입니
다. 아브람은 자신의 얄팍한 꾀로 상황을 모면하려고 했지만, 이것이 하나
님의 약속과 사래에게 큰 위기를 가져오게 되었습니다.

대부분 사람은 이 단락에서 보인 아브람의 모습을 두고 실수로 평가합
니다. 과연 아브람의 실수일까요? 필자는 이 사건을 아브람의 본색이 드러
나는 사건으로 봅니다. 반면에 하나님의 구속사에서 위기를 촉발한 아브람
의 거짓말을 긍정적인 차원에서 해석하고 그를 옹호하려는 학자들도 많습
니다. 필론, 아우구스티누스, 마르틴 루터, 빅터 해밀턴 등이 그렇게 주장하
며, 특히 유명한 구약신학자 고든 웬함은 아내 사래를 누이라고 속인 아브
람의 행동은 문제를 해결하기 위한 시간 벌이용이었다고 주장합니다.[18]

또 혹자는 이런 아브람의 행동을 두고 하나님과 맺은 언약 때문이라고
도 합니다. 즉 아브람 자신이 죽임을 당하면 자신을 통해 큰 민족이 나올

---

18 앞의 책, p. 46.

것이라는 하나님의 약속이 이루어질 수 없기 때문에 하나님의 약속이 이루어지기 위해서라도 아내를 포기하고 자신의 생명을 지켜야 했다는 것입니다. 다른 견해로는 아브람이 아내를 포기하게 된 이유가 조카 롯 때문이었을 것이라고 추측하기도 합니다. 마치 자신의 아들처럼 키워온 조카 롯을 언약의 상속자로 여겼기 때문이라는 것입니다.[19]

만일 이런 주장들을 받아들인다면 사래의 억울한 희생을 못 본 체하면서까지 언약을 이루시려는 무정한 하나님으로 만드는 것입니다. 또 이 주장을 받아들인다면 언약을 위해서 인간의 기본적인 도리마저 무시하는 비도덕적 행위가 정당화될 수 있다는 결론이 나오게 됩니다. 또한 아브람은 자신에게 큰 민족을 이루게 하시겠다는 하나님의 약속이 조카 롯이나 자신의 종인 엘리에셀이 아니라 자신의 아들을 통해 이루어져야 함을 아직 모르고 있는 것입니다.

필자는 이러한 주장에 전혀 동의하지 않습니다. 필자가 보기에 이 사건의 원인은 기근이 아니라 하나님을 온전히 믿지 못하는 아브람의 불신앙 때문입니다. 물론 아브람이 여호와 신앙을 가진 지 얼마 되지 않은 시점이라 할지라도 약속의 땅에서 하나님을 믿고 인내했더라면 하나님은 기근 속에서도 아브람과 그의 식솔들을 지키셨을 것입니다. 아브람은 이 사건을 통해 언약을 맺으신 분도 하나님이시고, 그 언약의 성취를 주도하시는 분도 자신이 아니라 하나님이심을 배워야 했습니다. 만일 이 사건이 아브람의 신앙 초기이고 아직 성숙하지 못해서 그런 것이라고 양보한다 해도 훗날 창세기 20장에서 보여 주는 아브라함의 모습은 전혀 변한 것이 없습니다. 창세기 20장이면 그가 하나님을 만나고 수십 년이 지난 후입니다. 20장

19 김의원, 『창세기 연구』(서울: 기독교문서선교회, 2013), p. 276.

에서 아브라함은 블레셋의 왕 아비멜렉 앞에서 자신의 생명을 위해 아내를 한 번 더 누이라고 속이게 됩니다.

> 하나님이 나를 내 아버지의 집을 떠나 두루 다니게 하실 때에 내가 아내에게 말하기를 이 후로 우리의 가는 곳마다 그대는 나를 그대의 오라비라 하라 이것이 그대가 내게 베풀 은혜라 하였었노라 (창 20:13)

이 두 번의 사건은 아브람의 본성이 어떠한지, 그의 인간됨이 어떤 수준인지를 드러냅니다. 성경이 이런 아브람의 약점을 가감 없이 드러내고 폭로하는 데에는 이유가 있습니다.

아브람의 죄성과 하나님의 은혜

12:1-11 (a)	아브람이 받은 3대 약속과 복(땅, 민족, 복)
12:12-21 (a′)	아내를 누이라 속이는 아브람(본성이 드러난 사건)

아브라함의 이야기는 창세기 12장에서부터 시작합니다. 창세기 12장에는 두 가지 사건이 나옵니다. 첫 번째 사건은 아브라함을 부르시고 3대 축복, 즉 땅과 후손과 복의 약속을 하십니다. 두 번째 사건은 아브라함이 자신의 목숨을 건지고자 바로에게 아내를 누이라 속이면서 사례를 빼앗기지만, 하나님의 간섭하심으로 되찾는 사건입니다. 이때 애굽의 바로는 아브람에게 많은 가축을 하사합니다.

구속사의 위기와 하나님의 개입

아브람이 자신의 아내 사래를 바로 왕에게 빼앗길 뻔했던 사건은 단순한 사건이 아닙니다. 이는 하나님의 구속사에서 매우 심각한 위기입니다. 사탄은 하나님의 언약 성취에 있어서 중대한 역할을 하게 될 사래를 바로 왕에게 보내어 하나님의 구속 사역을 원천적으로 막으려고 했습니다. 그러나 하나님은 구속사가 이대로 끝나는 것을 허락하지 않으셨습니다. 하나님은 스스로 구속의 역사를 보존하셨습니다. 사탄의 방해와 인간의 실패가 아무리 크다 하더라도 하나님의 계획과 목적은 반드시 이루어지고야 맙니다.

특강

구조에도 메시지가 있다

디모데전서 3장 16절에서 "모든 성경은 하나님의 감동으로 된 것"이라고 말씀합니다. 사람이 썼지만, 성령의 감동하심이 있었다는 것을 전적으로 인정해야 합니다. 그러므로 성경의 순서에도 의도가 있습니다. 그렇다면 모세가 성령의 감동 안에서 단락을 배치할 때도 의도가 있음을 알 수 있습니다. 이것을 구조신학이라고 합니다. 다시 말해 구조에도 메시지가 있는 것입니다.

브루스 월트키는 아브라함 이야기의 구조를 다음과 같이 표현하고 있습니다.[20]

A 데라의 족보 (11:27-32)
  B 믿음으로 과거를 버려두다 (12:1-9)
    C 사라와 바로 (12:10-20)
      D 롯이 소돔에 정착하다 (13:1-18)
        E 아브라함이 롯을 위해 군사적으로 중재하다 (14:1-24)
          F′ 언약과 이스마엘 (15:1-16:16)
          F′ 언약과 이삭 (17:1-18:15)
        E′ 아브라함이 롯을 위해 기도로 중보하다 (18:16-33)
      D′ 롯이 소돔에서 탈출하다 (19:1-38)
    C′ 사라와 아비멜렉 (20:1-18)
  B′ 믿음으로 미래를 버려두다 (21:1-22:19)
A′ 나홀의 족보(22:20-24)

또 다른 시도로 데이비드 도시(David Dorsey)는 다음과 같은 구조를 제안합니다.[21]

---

20 Bruce Waltke and Cathi Fredericks, *Genesis: A Commentary*, Zondervan, 2001.
21 David A. Dorsey. *The Literary Structure of the Old Testament: A Commentary on*

A 서론(12:1-9)

  B 아브람이 사라에 대해 거짓말을 하다 (12:10-20).

    C 롯이 소돔에 정착하다 (13:1-18)

      D 아브람이 롯과 소돔을 위해 중재하다 (14:1-24)

        E 아들에 대한 약속(15:1-21)

          F 이스마엘의 탄생 (16:1-16)

            G 할례 언약 (17:1-21)

          F′ 이스마엘과 아브람이 할례를 받음 (17:22-27)

        E′ 아들에 대한 약속 (18:1-15)

      D′ 아브람이 소돔과 롯을 위해 중재하다 (18:16-33)

    C′ 롯이 소돔에서 도망하다 (19:1-38)

  B′ 아브라함이 사라에 대해 거짓말을 하다 (20:1-18).

A′ 결론 (21:1-7)

원저자 모세의 의도

창세기의 최초 독자들은 출애굽 2세대들입니다. 창세기는 이들에게 히브리 민족의 뿌리와 정체성이 어디에 있는지 밝히려는 목적이 있습니다. 그런데 모세는 후손들에게 히브리 민족의 조상인 아브람의 부끄러운 치부를 왜 두 번이나 드러내고 있을까요? 선조의 치부를 가려도 부족할 텐데 말입니다. 왜일까요?

모세가 의도적으로 두 사건을 이런 순서로 배치하는 이유를 살펴봅시다.

아브라함이 하나님의 3대 축복과 약속을 받은 단락 이후에 아브라함의 치부(죄성/본성)가 드러나는 단락이 연결됩니다. 이것은 아브라함이 과연 하나님께로부터 축복과 약속을 받을 만한 자격과 조건 그리고 인간적 탁월함

Genesis-Malachi, Baker Academic, 2004.

이 있는지 드러내고자 하는 것입니다. 모세는 이 구조를 통해 아브람의 본성이 어떤 자인지를 보이고 그가 하나님의 복을 받을 자격이 없는 자임을 보여 주고 있습니다. 그렇다면 그가 하나님의 3대 축복과 약속을 받은 것은 그저 하나님의 은혜일 뿐입니다. 즉 아브람은 하나님의 부르심을 받을 만한 남다른 자격과 조건이 없었음에도 하나님의 은혜로 부름을 받은 것입니다. 필자는 이것이 구조 안에서 말하고 싶은 원저자 모세의 의도라고 생각합니다.

창세기 12장의 이 두 단락은 13장의 사건과 맥으로 이어집니다. 다시 말해 창세기 13장에서 아브람이 롯에게 땅에 관한 선택권을 양보하는 것도 전 단락과 깊이 연관되어 있는 것입니다.

아브람을 향한 하나님의 주도권과 개입

여호와께서 아브람의 아내 사래의 일로 바로와 그 집에 큰 재앙을 내리신지라 … 바로가 사람들에게 그의 일을 명하매 그들이 그와 함께 그의 아내와 그의 모든 소유를 보내었더라 (창 12:17, 20)

매튜스가 제안한 창세기 12장 10절부터 13장 1~2절까지의 키아즘 대칭 구조를 살펴보면 이 단락의 중심 메시지가 무엇인지 바로 알 수 있습니다.[22]

---

22 송병현, 『엑스포지멘터리 창세기』(서울: 국제제자훈련원, 2010), p. 262.

a. 아브라함이 애굽으로 내려감(12:10)
   b. 아브람이 사래에게 명령함(12:11-13)
      c. 바로의 사래 탈취와 하나님의 개입(12:14-17)
   b′ 바로가 아브람과 자신의 부하들에게 명령함(12:18-20)
a′ 아브람이 가나안으로 올라옴(13:1-2)

위의 구조를 보면 아브람이 애굽으로 내려갔다가 하나님의 구속사에 큰 위기를 초래한 후 다시 가나안으로 올라오는 사건의 중심에는 하나님의 개입하심(c)에 있음을 알 수 있습니다. 하나님의 개입하심이 하나님의 구속사와 사래의 위기를 막으셨습니다. 이처럼 앞으로 약 100년간 아브람의 신앙 여정에 순간마다 하나님의 간섭하심이 있을 것을 예고합니다.

사래를 궁에 들인 일로 인해 바로와 그 집에는 큰 재앙이 내리게 됩니다. 바로[23]는 사래가 아브람의 아내인 것을 알게 되고 사래를 아브람에 돌려보냅니다. 그리고 사래를 궁으로 데리고 올 때 아브람에게 하사한 양과 소와 노비와 암수 나귀와 낙타를 다시 빼앗지 않고 그대로 보냅니다. 아브람은 하나님의 개입으로 아내와 재산까지도 지키게 됩니다.

사고는 아브람이 쳤는데 이 모든 일을 하나님이 홀로 수습하십니다. 오히려 아브람에게 물질적 축복을 더하여 주십니다. 이번 사건으로 인해 하나님은 아브람으로 하여금 더 큰 부를 취하여 세겜 땅으로 올라오게 하신 것입니다. 이 경험은 앞으로 아브람의 신앙생활에 있어서 지대한 영향을 끼치게 됩니다. 아브람은 자신이 저지른 일에 하나님께서 어떻게 개입하고 수습하시는

---

23 이 당시의 바로는 아마 이집트 제1중간기의 제11왕조 3대 통치자였던 인테프 2세
    (B.C. 2117~2069)일 것으로 추정된다. 김의원, 『창세기 연구』(서울: 기독교문서선
    교회, 2013), p. 273.

지 경험하면서 하나님을 더 알게 되고 더 신뢰하게 되었을 것입니다.

하나님이 어떤 분이신지 알아가는 것이 얼마나 중요합니까? 또한 이번 사건을 통해 알 수 있는 것은 아브람의 인생을 주도하시고 언약을 이루는 분이 하나님이시라는 것입니다. 아브람이 아니라 하나님이 아브람의 인생과 언약의 성취를 주도해 나가십니다. 그렇습니다. 우리의 인생을 주도하시는 분은 우리가 아니라 하나님 자신이십니다. 이것이 우리에게 얼마나 큰 위로인지 모릅니다. 우리의 넘어짐과 실패에도 하나님은 우리를 주도하십니다.

나의 허물에도 불구하고 나를 책임지시는 하나님

그럼에도 불구하고 나를 책임지시는 하나님이 계시기에 우리가 신앙생활을 하고 인생을 살아가면서 하나님과 이웃을 위해 산다고 고백합니다. 하지만 실제로는 너무나 많은 사고를 치고 많은 사람에게 상처를 주며 삽니다. 잘해 보려고 하면 할수록 실수만 합니다. 그런 일이 반복될수록 자신에 대한 실망과 자책감이 나를 괴롭혀 자포자기로 이끌어 갑니다. 그러나 그럼에도 불구하고 아브람을 책임지신 하나님을 기억하십시오. 아브람의 연약함에도 불구하고, 아브람의 악함에도 불구하고, 아브람의 한계에도 불구하고 책임지시는 하나님이 나 또한 책임지신다는 사실을 믿어야 합니다.

훗날의 출애굽 사건을 예고하다

아브람이 애굽에 들어갔다가 하나님의 도움으로 큰 재물을 얻고 가나안으로 돌아오는 사건은 훗날 이스라엘 백성의 출애굽 사건을 미리 보여 줍니다. 창세기 12장에서 아브람이 애굽 땅으로 내려갔다가 바로에게 재물을 얻어 다시 가나안 땅으로 복귀하는 장면은 훗날 야곱의 후손 70명이 애굽으로 내려가서 400년 동안 살다가 하나님이 개입하셔서 애굽에서 나올 때 재물을 얻어 다시 가나안으로 돌아오는 장면과 오버랩됩니다. 창세기 12장은 이미 이스라엘 백성의 출애굽을 예고하고 있습니다.[24]

아브람과 사래의 애굽 체류와 구원 (창 12:17-13:2)	이스라엘의 애굽 체류와 출애굽 (창 42:5; 출 1:11, 16; 11:1-12:38)
창 12:10 "그 땅에 기근이 들었으므로 아브람이 애굽에 거류하려고 그리로 내려갔으니"	창 42:5 "이스라엘의 아들들이 양식 사러 간 자 중에 있으니 가나안 땅에 기근이 있음이라"
창 12:12 "나는 죽이고 그대는 살리리니"	출 1:16 "아들이거든 그를 죽이고 딸이거든 살려두라"
창 12:15 "그 여인을 바로의 궁으로 이끌어들인지라"	출 1:11 "감독들을 그들 위에 세우고 그들에게 무거운 짐을 지워 괴롭게 하여"
창 12:17 "여호와께서 … 바로와 그 집에 큰 재앙을 내리신지라"	출 11:1 "여호와께서 모세에게 이르시기를 내가 이제 한 가지 재앙을 바로와 애굽에 내린 후에야"
창 12:18 "바로가 아브람을 불러서 이르되"	출 12:31a "바로가 모세와 아론을 불러서 이르되"
창 12:19b "네 아내가 여기 있으니 이제 데려가라"	출 12:32 "너희가 말한 대로 너희 양과 너희 소도 몰아가고"
창 12:20 "바로가 사람들에게 그의 일을 명하매 그들이 그와 함께 그의 아내와 그의 모든 소유를 보내었더라"	출 12:33 "애굽 사람들은 … 그 백성을 재촉하여 그 땅에서 속히 내보내려 하므로"
창 13:1 "아브람이 애굽에서 그와 그의 아내와 모든 소유와 … 네게브로 올라가니"	출 12:37 "이스라엘 자손이 라암셋을 떠나서 숙곳에 이르니"
창 13:1 "롯과 함께"	출 12:38 "수많은 잡족과 … 그들과 함께 하였으며"
창 13:2 "아브람에게 가축과 은과 금이 풍부하였더라"	출 12:35, 38 "이스라엘 자손이 모세의 말대로 하여 애굽 사람에게 은금 패물과 의복을 구하매 … 양과 소와 심히 많은 가축이"

---

24 마이클 헌트(Michal E. Hunt). www.AgapeBibleStudy.com.

소금이 소금 되지 못하면 세상에서 부끄러움을 당합니다

하나님의 구속사가 중단될 위기 앞에서 하나님이 개입하시고 간섭하시므로 상황을 역전시키셨습니다. 그러나 이 과정에서 아브람의 거짓말과 어리석은 행동으로 인해 바로 왕과 이방인들에게 책망을 받게 되어 수치와 부끄러움을 당하게 됩니다. 마찬가지로 오늘날 신자들이 세상에서 소금으로서의 역할을 하지 않으면 세상의 손가락질을 당하게 됩니다. 소금이 소금의 맛을 잃을 때 어찌 되겠습니까? 나는 어떻습니까? 가정, 학교, 직장, 사회, 교회에서 소금으로 살고 있습니까?

너희는 세상의 소금이니 소금이 만일 그 맛을 잃으면 무엇으로 짜게 하리요 후에는 아무 쓸 데 없어 다만 밖에 버려져 사람에게 밟힐 뿐이니라 (마 5:13)

아브람과 롯의 결별

창세기 13장을 키아즘 대칭 구조로 분석해 보면 다음과 같습니다.[25]

---

a. 아브람이 벧엘에서 롯과 함께 제단을 쌓음(13:3-7)
  b. 아브함의 롯을 향한 제안: 땅에 대해(13:8-9)
    c. 롯이 소돔을 선택함(13:10-13)
  b′. 하나님의 아브람을 향한 약속: 땅에 대해(13:14-17)
a′. 아브람이 헤브론에서 홀로 제단을 쌓음(13:18)

위의 구조를 보면 13장의 중심 메시지는 롯이 소돔 땅을 택한 장면입니다(c). 이제는 아브람과 롯이 확실하게 분리되었고, 롯이 언약의 상속자가 될 수 없다는 것을 분명하게 드러냅니다.

다시 쌓은 제단

그가 네게브에서부터 길을 떠나 벧엘에 이르며 벧엘과 아이 사이 곧 전에 장막 쳤던 곳에 이르니 그가 처음으로 제단을 쌓은 곳이라 그가 거기서 여호와의 이름을 불렀더라 (창 13:3-4)

아브람은 애굽에서 나와 벧엘과 아이 사이 곧 전에 장막을 쳤던 곳이자 처음으로 제단을 쌓은 곳인 세겜으로 돌아왔습니다. 그리고 거기서 다시 하나님의 이름을 불렀습니다. 하나님의 이름을 부른다는 것은 하나님께 예배를 드렸다는 의미이며, 하나님을 의지했다는 뜻입니다. 그가 애굽으로 내려간 기간 동안 하나님의 이름을 불렀다는 기록이 없습니다. 그는 위기

---

25 김의원, 『창세기 연구』(서울: 기독교문서선교회, 2013), p. 280.

를 통해 다시 하나님만 의지하는 법을 배운 것입니다.

목자들의 다툼

가나안 땅은 물이 귀합니다. 그러니 아브라함과 롯의 목자들이 서로 자신의 가축에게 물을 먹이는 문제로 다툼이 일어났습니다. 그들의 소유가 많아서 동거하기가 어려워진 것입니다. 또한 가나안 사람과 브리스 사람도 그 땅에 거주했기 때문에 가축들이 먹을 물이 문제가 된 것입니다.

내 삶에 뭔가 예기치 않은 문제가 생긴다는 것은 하나님의 사인(sign)입니다. 하나님은 이제 아브람에게 온전한 순종을 원하십니다. 하나님은 처음부터 고향, 친척, 아버지의 집을 떠나라고 요구하셨습니다. 그러나 아브라함은 조카 롯을 데리고 왔습니다. 이제는 롯을 떠나보낼 때가 되었습니다. 스스로 하지 못하니 하나님이 직접 개입하시는 것입니다.

1. 성장한 아브람

아브람이 롯에게 이르되 우리는 한 친족이라 나나 너나 내 목자나 네 목자나 서
로 다투게 하지 말자 네 앞에 온 땅이 있지 아니하냐 나를 떠나가라 네가 좌하면
나는 우하고 네가 우하면 나는 좌하리라 (창 13:8-9)

이때 아브람이 롯에게 해결책을 제시하게 됩니다. 아브람은 "나나 너나
내 목자나 네 목자나 서로 다투게 하지 말자 네 앞에 온 땅이 있지 아니하
냐 나를 떠나가라 네가 좌하면 나는 우하고 네가 우하면 나는 좌하리라"라
고 말합니다. 롯에게 선택권을 먼저 양보하는 아브람을 볼 수 있습니다. 이
런 그의 태도는 창세기 12장의 전 단락, 즉 애굽에서 경험한 하나님의 구원
과 연결하여 이해할 때 그 의미가 깊어집니다.

아브람은 얼마 전 애굽에서 아내를 영원히 빼앗길 뻔한 위기에서 하나님
의 개입을 통해 하나님의 구원을 경험했습니다. 하나님이 어떤 분이신지 경
험한 것입니다. 하나님이 누구인지 아는 만큼 그는 성장하게 됩니다. 창세기
12장에서 하나님이 어떤 분이신지 경험한 아브람은 영적으로 크게 성장하게
됩니다. 13장에서 롯에게 선택권을 양보하는 것이 그 증거입니다.

성장한 아브람은 롯에게 땅의 선택권을 양보합니다. 그리고 인생을 전폭
적으로 하나님께 맡깁니다. 이런 양보가 어떻게 가능했을까요? 12장에서
자신의 죄악에도 불구하고 하나님이 책임져 주심을 경험했기 때문입니다.
사람의 흥망성쇠가 오직 하나님께 있음을 깨달은 것입니다. 그래서 이때
아브람은 롯에게 "나를 떠나가라"라고 말합니다. 하나님의 책임지심을 알
게 된 아브람은 롯에게 관용을 보입니다. 그렇습니다. 예수 그리스도를 믿
는 신자는 다른 자들에게 믿음의 관용을 보여야 하는 자입니다.

너희 관용을 모든 사람에게 알게 하라 주께서 가까우시니라 (빌 4:5)

또한 창세기 13장의 내용을 원독자(원저자) 관점에서 볼 필요가 있습니다. 이 기사를 읽고 있는 원독자들은 애굽을 나와 광야 길을 가고 있는 이스라엘 백성들입니다. 그들은 광야 40년 내내 물로 인해 늘 하나님과 모세에게 원망하고 불평했던 자들입니다. 그들은 물로 인해 생긴 갈등에서 롯과 다투지 않고 자신의 권리를 양보한 아브람을 보면서 무엇을 깨달아야 했을까요?

그들은 므리바(מְרִיבָה, '다툼'이라는 뜻)에서 물이 없다고 하나님(모세)과 다투었던 자신들의 모습을 보게 되었을 것입니다. 모세는 이 기사를 통해 이스라엘 백성들이 자신들의 모습을 보고 회개하기를 바랐을 것입니다.

롯의 선택

이에 롯이 눈을 들어 요단 지역을 바라본즉 소알까지 온 땅에 물이 넉넉하니 여호와께서 소돔과 고모라를 멸하시기 전이었으므로 여호와의 동산 같고 애굽 땅과 같았더라 그러므로 롯이 요단 온 지역을 택하고 동으로 옮기니 그들이 서로 떠난지라 (창 13:10-11)

롯은 자신을 평생 아버지처럼 키워준 아브람에게 땅의 선택권을 양보하는 것이 도리였습니다. 그런데 롯은 아브람의 제안을 받자 주저함 없이 눈을 들어 요단 지역을 바라봅니다. 그리고 자신의 눈에 보이는 좋은 땅, 요단 지역의 소알을 먼저 선택했습니다. 그 이유는 소알의 온 땅에 물이 넉넉했기 때문입니다. 소알은 소돔과 고모라 인근에 접한 지역입니다.

그런데 창세기의 저자는 소돔과 고모라가 "여호와께서 소돔과 고모라를 멸하시기 전이었으므로 여호와의 동산 같고 애굽 땅과 같았더라"라고 묘사합니다. 이는 롯이 소알을 선택한 것이 단지 물이 넉넉했기 때문만 아니라 소알이 속한 소돔과 고모라의 화려함에 매혹되었기 때문이라고 암시합니다. 고모라(עֲמֹרָה, [아모라])는 '포악, 침수'라는 뜻입니다. 겉으로만 화려하게 보일 뿐, 포악한 죄악의 도시이자 하나님의 심판으로 침몰할 도시임을 롯은 보지 못한 것입니다.

아브람의 선택

결국 롯은 소알에서 소돔과 고모라로 옮겨갔습니다. 반면에 아브람은 척박하지만 하나님의 약속이 있는 땅인 가나안에 머뭅니다.

창세기 12~13장의 이야기를 문맥으로 연결해 보면 아브람이 영적으로 점점 성장해가고 있음을 알 수 있습니다. 애굽에서 무엇인가 깨달은 것입니다. 하나님이 어떤 분이신지 배운 것입니다. '내 인생을 책임져 주시는 분이 계시는구나! 내 실수와 허물에도 불구하고 오히려 복으로 돌려주시는

묵상과 삶의 적용

나는 무엇을 선택하고 있습니까?

롯은 하나님의 약속이 아닌 눈에 좋아 보이는 것을 선택했습니다. 반면 아브람은 눈에 좋아 보이는 것이 아닌 하나님의 약속을 선택했습니다. 당장은 롯의 선택이 옳아 보였습니다. 하지만 나중에는 롯의 선택으로 인해 하나님의 불 심판을 받아 전 재산을 잃고 소돔과 고모라에서 빈손으로 나와야만 했습니다. 나는 선택의 기로에서 무엇을 중요하게 여기는 자입니까? 하나님의 약속입니까? 당장의 유익입니까?

분이 하나님이시구나'라는 것을 경험한 것입니다. 그래서 눈에 보이는 좋은 땅을 포기하고 약속의 땅에 머무는 선택을 할 수 있었습니다. 이렇듯 창세기 12장과 13장에서 3개의 본문을 연결해 하나의 맥으로 볼 수 있어야 합니다.

결국 소돔 땅으로 간 롯

롯은 처음에는 물이 넉넉해 보이는 소알에 정착했습니다. 그러나 결국에는 장막을 옮겨 소돔까지 이르게 됩니다. 롯이 처음부터 소돔과 고모라로 들어가려고 했던 것은 아닙니다. 점점 죄악의 땅 소돔까지 끌려 들어간 것입니다. 소돔 사람들은 하나님 앞에서 악한 큰 죄인이었습니다.

죄의 세력의 역사도 이와 같습니다. 그러므로 음란이든, 물질에 대한 탐욕이든, 교만이든, 무엇이든지 처음부터 끊어내야 합니다. 조금씩 허용하기 시작하면 점점 죄악에 사로잡히게 됩니다. 베드로 사도는 소돔 땅에 정착한 롯의 영적 상태가 어떠했는지를 두고 다음과 같이 묘사합니다.

소돔과 고모라 성을 멸망하기로 정하여 재가 되게 하사 후세에 경건하지 아니할 자들에게 본을 삼으셨으며 무법한 자들의 음란한 행실로 말미암아 고통 당하는 의로운 롯을 건지셨으니 (이는 이 의인이 그들 중에 거하여 날마다 저 불법한 행실을 보고 들음으로 그 의로운 심령이 상함이라) (벧후 2:6-8)

롯은 소돔에 살면서 그곳 사람들의 죄악으로 인해 심령이 상하게 되었습니다. 이는 하나님의 기준이 아니라 자신의 눈에 좋아 보이는 것을 선택한 사람들의 영적인 상태를 드러냅니다.

2. 아브람과 맺은 언약(2차)

롯이 아브람을 떠난 후에 여호와께서 아브람에게 이르시되 너는 눈을 들어 너 있는 곳에서 북쪽과 남쪽 그리고 동쪽과 서쪽을 바라보라 보이는 땅을 내가 너와 네 자손에게 주리니 영원히 이르리라 내가 네 자손이 땅의 티끌 같게 하리니 사람이 땅의 티끌을 능히 셀 수 있을진대 네 자손도 세리라 너는 일어나 그 땅을 종과 횡으로 두루 다녀 보라 내가 그것을 네게 주리라 (창 13:14-17)

롯이 아브람을 떠난 후에

롯이 아브람을 떠난 후에 하나님은 아브람에게 두 번째로 나타나십니다. 롯이 떠난 후 허전한 아브람의 마음을 이해하시는 하나님께서 아브람의 마음을 당신의 말씀으로 채우십니다. 또한 아브람이 부분적인 순종이 아닌 완전한 순종을 드리게 되자 하나님이 다시 임하십니다. 그리고 아브람에게 두 번째로 언약을 맺으십니다.

하나님은 아브라함에게 눈을 들어 '동서남북을 바라보라. 보이는 땅을 너와 네 자손에게 주겠다'라고 말씀하십니다. 동서남북은 하나님 나라의 선교 지역인 온 세상을 의미합니다. 여기서 주목할 점은 "눈을 들어"입니다. 롯이 눈을 들어서 바라본 곳은 육신의 눈에 보기 좋은 땅인 소알이었습니다. 그러나 아브람이 눈을 들어 바라본 곳은 하나님의 약속과 축복이 있는 땅 가나안이었습니다. 우리의 눈이 어디를 바라보는가에 따라 우리의 미래와 영원한 운명이 결정됩니다. 신자는 눈을 들어 썩어질 세상이 아닌 썩지 않을 영원한 기업인 하나님 나라를 바라보는 자들이어야 합니다.

또한 동서남북을 바라보는 것은 고대 근동 문화에서는 재산의 권리를 이양할 때 사용하는 법률적 용어였습니다.[26] 그리고 아브람이 보는 것만큼 그에게 주시겠다고 하십니다. 여기에 중요한 메시지가 있습니다. 교회가 온 세상을 향한 더 큰 비전을 가져야 합니다. 다음 세대에게 더 큰 세계, 더 큰 비전을 보게 하는 것이 중요합니다. 보는 것만큼 살게 되어 있습니다. 그리고 "두루 다녀 보라 내가 그것을 네게 주리라"라고 하십니다. 보는 만큼, 다닌 만큼 주시겠다고 하십니다.

자손(제라)은 단수다

하나님이 말씀하신 자손이라는 단어가 '제라(זרע)'인데, 단수형으로 씨, 후손, 자손이라는 의미입니다. 이 말은 하나님이 아브람에게 반복적으로 약속하신 "네 자손으로 말미암아 천하 만민이 복을 받으리라"(창 26:4b)라는 말씀에서의 자손과 같은 단수입니다. 전체 이스라엘 백성을 말하는 것이 아니라 한 사람을 말합니다. 즉 메시아인 예수 그리스도라는 한 씨를 통해 천하 만민이 복을 받을 것이라고 말씀하고 계십니다.

헤브론에서 제단을 쌓다

이에 아브람이 장막을 옮겨 헤브론에 있는 마므레 상수리 수풀에 이르러 거주하며 거기서 여호와를 위하여 제단을 쌓았더라 (창 13:18)

아브람이 장막을 세겜에서 헤브론의 마므레 상수리 수풀로 옮기고 하나

---

26 앞의 책, p. 285.

님을 위해 제단을 쌓았습니다. 헤브론^(חֶבְרוֹן)은 '연합'이라는 뜻입니다. 헤브론은 이스라엘의 신앙적 성지입니다. 여기에 아브라함의 아내 사라가 묻혔고, 갈렙이 "이 산지를 지금 내게 주소서"^(수 14:12)라고 말한 곳도 헤브론이며, 도피성 중의 하나가 이곳일 뿐 아니라 다윗이 7년 6개월을 통치한 곳도 이곳입니다.

하나님을 위한 제단을 쌓으십시오

아브람은 하나님을 위한 제단을 쌓았습니다. 제단은 나를 위해 쌓는 것이 아닙니다. 제단과 예배는 하나님을 위한 것입니다. 많은 사람이 제단과 예배를 하나님이 아닌 자신을 위해 쌓고 있는 것은 아닐까요? 나는 누구를 위한 제단을 쌓고 있습니까?

롯을 구한 아브라함

1. 남방 왕들과 북방 왕들의 전쟁

당시에 시날 왕 아므라벨과 엘라살 왕 아리옥과 엘람 왕 그돌라오멜과 고임 왕 디달이 소돔 왕 베라와 고모라 왕 비르사와 아드마 왕 시납과 스보임 왕 세메벨과 벨라 곧 소알 왕과 싸우니라 이들이 다 싯딤 골짜기 곧 지금의 염해에 모였더라 이들이 십이 년 동안 그돌라오멜을 섬기다가 제십삼년에 배반한지라 (창 14:1-4)

창세기 14장은 전쟁 이야기입니다. 당시 팔레스타인 땅을 중심으로 남방 다섯 나라의 왕들은 북방 왕 그돌라오멜에게 12년 동안 조공을 바치고 있다가 13년째 되던 해에 조공을 중단하고 배반을 했습니다. 그러자 그돌라오멜이 4개 연합군을 이루어서 남방 왕들을 공격했습니다. 남방 다섯 나라 연합군은 싯딤 골짜기에서 진을 치고 싸웠지만, 결국 4명의 북방 왕들에게 패했습니다. 그리고 남방 왕 중 하나인 소돔과 고모라의 왕은 산으로 도망가게 됩니다.

포로로 잡힌 롯

네 왕이 소돔과 고모라의 모든 재물과 양식을 빼앗아 가고 소돔에 거주하는 아브람의 조카 롯도 사로잡고 그 재물까지 노략하여 갔더라 (창 14:11-12)

승리를 거둔 북방 왕 그돌라오멜이 본국으로 돌아갈 때 소돔과 고모라의 모든 재물과 양식을 빼앗고, 소돔에 거주하는 사람들을 포로로 잡아갔습니다. 이때 아브람의 조카 롯도 포로로 끌려가게 됩니다.

육체의 소욕을 따라 사는 삶의 결과

롯은 하나님의 약속이 있는 가나안 땅을 떠나 눈에 보기에 화려한 땅을 좇아 소돔과 고모라를 선택했습니다. 그러나 결국에는 북방 왕 그돌라오멜의 포로가 되고 말았습니다. 롯이 포로로 끌려간 것은, 눈에 보이는 좋은 땅만 선택할 뿐 아니라 하나님의 말씀을 붙들기보다 욕심, 야망, 정욕을 좇아간 삶의 결과가 어떤 것인가를 보여 줍니다. 신자는 눈에 보이는 것을 좇아 사는 자가 아니라 하나님의 말씀과 약속을 믿고 사는 자들입니다. 나는 어떻습니까?

롯을 구출하는 아브람

아브람이 그의 조카가 사로잡혔음을 듣고 집에서 길리고 훈련된 자 삼백십팔 명을 거느리고 단까지 쫓아가서 그와 그의 가신들이 나뉘어 밤에 그들을 쳐부수고 다메섹 왼편 호바까지 쫓아가 모든 빼앗겼던 재물과 자기의 조카 롯과 그의 재물과 또 부녀와 친척을 다 찾아왔더라 (창 14:14-16)

얼마 전 롯이 뒤도 돌아보지 않고 자신의 곁을 떠났을 때 아브람의 마음은 어떠했을까요? 아브람을 떠나간 롯으로 인해 마음의 공허함도 분명 컸을 것입니다. 그런 상태에서 아브람은 롯이 포로로 잡혀갔다는 소식을 듣게 됩니다. 만일 내가 아브람이라면 어떻게 반응했을까요? 아브람처럼 롯을 구하려고 불구덩이에 뛰어들었을까요? 아니면 속으로 통쾌해했을까요?

조카 롯이 포로로 잡혔다는 소식을 듣자마자 아브람은 조카 롯을 구하기 위해 집에서 훈련된 자 318명을 거느리고 단까지 쫓아가서 롯을 구출해 냈습니다. 왜일까요? 남쪽 헤브론에서 북쪽 단까지는 가까운 거리가 아닌

데다 상대는 네 나라의 연합군이었습니다. 게다가 아브람에게는 겨우 한 가문의 사병들만 있었습니다. 롯을 구한다는 것은 생명을 걸어야 하는 일이며, 무모한 일이기까지 합니다. 그러나 아브람은 기습전을 통해 큰 승리를 거두었고, 빼앗겼던 재물과 조카 롯을 비롯해 그의 재물과 부녀와 친척들을 모두 찾아오게 되었습니다.

본문을 보면 아브람의 마음에는 롯을 향한 미움이나 섭섭함이 조금도 없습니다. 평생을 아버지처럼 키워준 자신에게 상처를 준 조카 롯을 미워하거나 괘씸하게 여길 수도 있으련만, 그런 기미가 전혀 보이지 않습니다. 오히려 목숨을 걸고 롯을 구출합니다. 아브람은 이제 미움보다 사랑이 더 큰 사람이 되었습니다. 창세기 12장 이후로 아브람은 신앙적·인격적으로 계속 성장하고 있습니다. 용서의 사람, 사랑의 사람으로 계속 자라고 있습니다.

반면 혹자들은 아브람이 롯을 구출한 이유는 여전히 롯을 자신의 상속자로 보고 있기 때문이라고 주장합니다. 그래서 롯이 죽임을 당하면 아브람에게는 상속자가 끊어지는 것이기 때문에 롯을 구출했다는 것입니다.[27]

나는 용서의 사람입니까?

나는 나를 아프게 하고 상처를 준 자들에 대해 어떻게 대하고 있습니까? 그들을 용서하고 있습니까? 원수까지라도 사랑하라는 주님의 명령을 실천하고 있습니까? 원수를 사랑한다는 것이 가능하려면 무엇이 필요합니까? 내가 아브람이었다면 어떤 반응을 보였을까요?

---

27 앞의 책, p. 292.

12~14장에 나타난 아브람의 성장

12장의 아브람은 자기 생명을 부지하기 위해 치졸한 모습까지 보여 주었습니다. 그러나 13장에서 아브람은 물질을 포기하는 성숙한 모습을 보입니다. 그리고 하나님을 더욱 신뢰하는 아브람의 모습을 보입니다. 14장에서 아브람은 훨씬 더 성숙한 모습을 보여 줍니다. 롯을 용서하고 구출하는 아브람의 모습에서 볼 수 있습니다. 그가 하나님을 알아갈수록 계속 영적으로 자라고 있는 모습을 보여 줍니다. 이렇게 문맥의 흐름을 한눈에 보는 안목이 필요합니다. 성경의 큰 숲, 큰 그림을 먼저 파악해야 그다음에 나무들도 볼 수 있습니다.

2. 소돔 왕과 멜기세덱

전쟁에서 돌아오는 아브람을 두 왕이 맞이합니다. 소돔 왕과 멜기세덱입니다. 소돔 왕은 산으로 도망가 있다가 아브람이 소돔의 백성들을 다 되찾아오니까 그제야 나와서 아브람을 영접합니다. 기회주의자의 모습을 보이는 비겁한 왕입니다.

멜기세덱과의 만남

살렘 왕 멜기세덱이 떡과 포도주를 가지고 나왔으니 그는 지극히 높으신 하나님의 제사장이었더라 그가 아브람에게 축복하여 이르되 천지의 주재이시요 지극히 높으신 하나님이여 아브람에게 복을 주옵소서 너희 대적을 네 손에 붙이신 지극히 높으신 하나님을 찬송할지로다 하매 아브람이 그 얻은 것에서 십분의 일을 멜기세덱에게 주었더라 (창 14:18-20)

살렘 왕 멜기세덱(מלכי־צדק, 의의 왕)은 떡과 포도주를 가지고 나왔습니다. 그는 지극히 높으신 하나님의 제사장이었습니다. 도대체 멜기세덱은 누구이며, 왜 떡과 포도주를 가지고 나왔을까요? 이에 대해서는 히브리서에 잘 나타나 있습니다.

이 멜기세덱은 살렘 왕이요 지극히 높으신 하나님의 제사장이라 여러 왕을 쳐서 죽이고 돌아오는 아브라함을 만나 복을 빈 자라 아브라함이 모든 것의 십분의 일을 그에게 나누어 주니라 그 이름을 해석하면 먼저는 의의 왕이요 그 다음은 살렘 왕이니 곧 평강의 왕이요 아버지도 없고 어머니도 없고 족보도 없고 시작한 날도 없고 생명의 끝도 없어 하나님의 아들과 닮아서 항상 제사장으로 있느니라 이 사람이 얼마나 높은가를 생각해 보라 조상 아브라함도 노략물 중 십분의 일을 그에게 주었느니라 (히 7:1-4)

히브리서 기자는 멜기세덱을 "의의 왕이요, 평강의 왕이요, 아버지와 어머니도 없고 족보도 없으며, 시작과 끝이 없으며, 하나님의 아들과 닮은 영원한 제사장"으로 묘사합니다. 사람 가운데 이런 존재는 없습니다. 그렇다면 멜기세덱은 신적 존재입니다. 또한 그가 떡과 포도주를 가지고 나왔다는 것은 장차 십자가에서 찢기실 예수님의 살과 피를 상징합니다. 바로 예수 그리스도의 십자가와 부활 사건을 예표하는 것입니다. 많은 학자들은 멜기세덱을 신약 시대에 오실 예수 그리스도께서 미리 현현하신 사건으로 보고 있습니다. 창세기의 저자도 이 멜기세덱을 지극히 높으신 하나님의 제사장임을 밝힙니다.

아브람을 축복하는 멜기세덱

멜기세덱은 "천지의 주재이시요 지극히 높으신 하나님이여 아브람에게 복을 주옵소서 너희 대적을 네 손에 붙이신 지극히 높으신 하나님을 찬송할지로다"라고 아브람을 축복합니다. 멜기세덱이 아브람에게 분명히 가르치는 것이 있습니다.

첫째, 하나님은 천지의 주재이시자 지극히 높으신 하나님이심을 선포합니다. 천지의 주재는 천지를 창조하시고 주관하시는 주권자라는 뜻입니다. 지극히 높으신 하나님은 '엘엘욘(אֵל עֶלְיוֹן)'으로서 가장 높은 자란 뜻입니다. 멜기세덱은 아브람에게 하나님을 창조주이자 가장 높으신 분으로 선포하고 있습니다. 여호와 하나님이 애굽의 바로보다, 북방 왕 그돌라오멜보다, 그 어떤 세상 왕보다 지극히 높으신 분이심을 가르칩니다.

둘째, 하나님이 너희 대적을 네 손에 붙이셨음을 선포합니다. 멜기세덱은 '아브람, 네가 대적을 물리친 것이 아니라 하나님께서 대적을 너의 손에 붙이셨다는 것을 알아야 한다'라고 가르칩니다. 다시 말해 아브람의 실력으로 물리친 것이 아니라는 것입니다. 왜냐면 하나님이 대적을 아브람 손에 붙이셨기 때문입니다.

셋째, 멜기세덱은 아브람에게 하나님을 찬송하라고 합니다. 이는 영광을 아브람이 아닌 하나님께로 돌릴 것을 가르치는 것입니다. 영광은 사람이 아닌 오직 하나님만 받으셔야 하기 때문입니다.

최초의 십일조를 드리다

아브람은 멜기세덱의 축복을 받고 난 후 십 분의 일을 멜기세덱에게 드립니다. 성경에 나오는 최초의 십일조입니다. 여기서 십일조의 근본정신이

묵상과 삶의 적용

십일조의 의미

십일조는 단지 십 분의 일이라는 액수를 말하는 게 아닙니다. 한 달 동안 먹고 살 수 있는 물질을 주신 하나님을 인정하고 물질의 주인이 하나님이심을 인정하는 신앙고백입니다. 즉 물질의 공급처가 하나님이심을 고백하는 것입니다. 십일조를 드림은 물질을 하나님처럼 여기는 탐심을 내려놓는 훈련이요, 물질의 주인이 하나님이심을 고백하는 훈련입니다. 나는 십일조 훈련을 잘하고 있습니까?

무엇인지 잘 드러납니다. 십일조는 교회의 운영비나 목회자의 생활비 차원이 아닙니다. 아브람은 전쟁을 통해 얻은 전리품의 십 분의 일을 드렸습니다. 이것은 전쟁의 승리가 자신의 힘이 아니라 하나님의 도움이었음을 고백한 신앙고백입니다. 그러므로 십일조는 신앙고백의 성격을 갖습니다.

물질을 내려놓는 아브람

> 소돔 왕이 아브람에게 이르되 사람은 내게 보내고 물품은 네가 가지라 아브람
> 이 소돔 왕에게 이르되 천지의 주재이시요 지극히 높으신 하나님 여호와께 내
> 가 손을 들어 맹세하노니 네 말이 내가 아브람으로 치부하게 하였다 할까 하
> 여 네게 속한 것은 실 한 오라기나 들메끈 한 가닥도 내가 가지지 아니하리라
> (창 14:21-23)

아브람을 만난 소돔 왕은 "사람은 내게 보내고 물품은 네가 가지라"고 제안합니다. 그러나 아브람은 물품을 취하지 않습니다. 그리고 "네 말이 내가 아브람으로 치부하게 하였다 할까 하여 네게 속한 것은 실 한 오라기나 들메끈 한 가닥도 내가 가지지 아니하리라"라고 말합니다. 아브람은 어마어마한 전리품을 포기합니다. 이것이 쉬운 결정일까요? 그리고 이 전리품들은 자신이 생명을 걸고 얻은 것들이 아닌가요? 당연히 아브람의 권리입니다. 이것은 탐심이 아닙니다. 아브람은 당연한 자신의 권리마저도 내려놓고 있습니다.

아브람은 어떻게 물질의 욕심을 이길 수 있었을까요? 그것은 바로 창세기 12장에서 하나님의 책임지심을 경험했기 때문입니다. 12장에서 아브람은 자신의 이기심으로 인한 아내의 위기를 더 큰 축복으로 바꾸어 주신 하

나님을 경험한 후에 물질의 욕심을 내려놓기 시작합니다. 왜냐면 하나님이 책임져 주실 것을 믿는 믿음이 생긴 것입니다. 내가 움켜잡지 않아도 하나님이 책임지심을 깨달았기 때문입니다. 내가 움켜쥐는 것보다 하나님이 주시는 것이 더 큰 것을 알았기 때문입니다.

돈을 사랑함은 우상숭배이자 탐심입니다

성경은 신자가 오직 하나님만을 사랑하라고 가르칩니다. 돈은 필요의 대상이지만, 사랑의 대상이 아닙니다. 돈을 사랑함은 일만 악의 뿌리입니다(딤전 6:10). 내가 사랑하는 것이 돈입니까, 하나님입니까?

전쟁에 동행한 자들에 대한 배려

오직 젊은이들이 먹은 것과 나와 동행한 아넬과 에스골과 마므레의 분깃을 제할지니 그들이 그 분깃을 가질 것이니라 (창 14:24)

아브람은 자신과 전쟁에 동행해서 도와주었던 아넬과 에스골과 마므레에게 전리품의 분깃을 챙겨 줍니다. 이 사람들은 아브람 곁에서 살았던 자들입니다. 여기에 중요한 메시지가 있습니다. 아브람이 이방 땅 헤브론에서 살았지만, 그들에게는 객이나 다름없는 아브람을 위해 목숨 걸고 전쟁에 동참한 이웃을 얻었다는 것입니다. 이는 아브람이 이웃의 인정을 받고 있으며, 선한 영향력을 끼쳤다는 것을 의미합니다. 단지 전리품 때문에 이 전쟁에 동참하기에는 너무 위험한 전쟁이었기 때문에 그들의 동참은 그 이상의 의미를 가집니다. 그만큼 아브람이 주변 사람들에게 인정을 받고 있었음을 의미합니다.

또한 아브람의 전쟁에 동참한 아모리 족속들이 전리품을 받았다는 것은 아브람에 대한 하나님의 말씀이 성취되었음을 의미합니다. 하나님은 아브람을 축복하는 자를 축복하시겠다고 말씀하셨습니다. 아모리 족속들은 아브람을 돕고 그를 축복했기 때문에 하나님이 주시는 복을 함께 누릴 수 있었던 것입니다.

소금과 빛으로 살고 있습니까?

아브람과 같이 신자의 삶도 이러해야 합니다. 우리가 살고 있는 이웃에게 선한 영향력을 끼쳐야 합니다. 우리가 어떻게 살았는가는 우리가 위기를 만났을 때 주위 사람들의 반응을 보면 알 수 있습니다. 나는 소금과 빛으로 살아가고 있습니까? 신자가 일상의 삶 속에서 '소금'으로 살 때 '빛'처럼 영향력을 발휘할 수 있습니다. 나는 '소금과 빛'처럼 살고 있습니까?

이스라엘은 아브람의 승리를 통해 배워야 합니다

북방 왕들과의 전쟁에서 이긴 아브람의 승리를 보는 광야의 이스라엘 백성들은 이 기사를 읽으면서 무엇을 깨달아야 했을까요? 그것은 훗날 그들의 군사력이 가나안 족속들에 비해 턱없이 부족할지라도 하나님이 함께하시면 얼마든지 가나안 족속들과의 전쟁에서 승리할 수 있다는 것입니다. 이렇듯 창세기의 사건과 기사들이 원독자인 광야의 이스라엘에게 어떤 의미로 다가왔을지를 살펴본다면 좀 더 깊이 성경을 볼 수 있습니다.

횃불언약

아브라함과 이삭 이야기를 키아즘 구조로 분석해 보면 그 중심은 창세기 15장의 횃불언약과 17장의 할례언약입니다. 횃불언약과 할례언약은 모두 복음과 구속이 무엇인지를 상징합니다. 아브라함의 인생 중심에 두 언약이 있다는 것은 하나님이 아브라함의 인생을 언약 중심으로 인도하고 계시다는 것입니다. 나아가 아브람의 인생이 언약을 이루는 인생, 즉 아브라함은 전 인생을 통해 언약을 이루어 가는 사명이 있음을 말하고 있습니다.

1. 승리 뒤에 찾아오는 절망과 하나님의 위로

이 후에 여호와의 말씀이 환상 중에 아브람에게 임하여 이르시되 아브람아 두려워하지 말라 나는 네 방패요 너의 지극히 큰 상급이니라 (창 15:1)

'이 후에'는 북방 왕들을 물리치고 롯을 구하고 난 다음을 말합니다. 이때 하나님의 말씀이 임하여 "두려워하지 말라"고 하십니다. 왜 하나님은 아브람에게 두려워하지 말라고 하셨을까요? 사실 그돌라오멜과의 전쟁은 물리적으로는 승리할 수 있는 전쟁이 아니었습니다. 아브람이 롯을 향한 사랑의 힘에 붙들려 죽기를 각오하고 싸웠고, 하나님이 아브람에게 승리를 주셨던 것입니다. 그런데 롯을 구하고 나자 아브람은 그돌라오멜이 보복해 올까 봐 두려움에 휩싸이게 된 것입니다.

방패와 상급이 되시는 하나님

두려워하는 아브람에게 하나님은 "나는 네 방패요 너의 지극히 큰 상급이니라"라고 하십니다. 하나님께서 친히 '나는 너의 방패'라고 하신 것은, 하나님이 아브람에게 친히 방패가 되셔서 모든 대적으로부터 지키시겠다는 것입니다. 여기서 한 가지 재미있는 것은 저자가 일종의 언어유희를 사용하고 있다는 점입니다. 창세기 14장 20절에서 "너희 대적을 네 손에 붙이신 지극히 높으신 하나님"에서 '붙이신'은 히브리어로 '미겐(מגן)'입니다. 15장 1절에서 "나는 네 방패요"에서 방패는 히브리어로 '마겐(מגן)'입니다. 즉 아브람에게 대적을 미겐(붙이다)하신 하나님은 아브람의 마겐(방패)이 되십니다.

또한 하나님께서 "너의 지극히 큰 상급"이라고 하신 것은 아브람이 물질에 대한 욕심을 내려놓은 것을 두고 하신 말씀입니다. 하나님이 상급을 주시겠다는 것과 당신이 아브람의 상급이라는 것은 하늘과 땅만큼 서로 다른 이야기입니다. 이는 아브람이 북방 왕과의 전투에서 승리의 대가인 전리품을 취하지 않았기 때문에 하나님이 친히 아브람의 상급이 되어 주시겠다는 것입니다.[28] 예수를 믿는 그리스도인들에게 예수님은 믿는 자의 방패이시며 상급이십니다.

큰 승리 후의 공허와 절망

아브람이 이르되 주 여호와여 무엇을 내게 주시려 하나이까 나는 자식이 없사오니 나의 상속자는 이 다메섹 사람 엘리에셀이니이다 아브람이 또 이르되 주께서 내게 씨를 주지 아니하셨으니 내 집에서 길린 자가 내 상속자가 될 것이니이다 (창 15:2-3)

---

28 차준희, 『창세기 다시보기』(서울: 대한기독교서회, 2002).

아브람은 하나님의 위로의 말씀에도 불구하고 "나는 자식이 없사오니 나의 상속자는 이 다메섹 사람 엘리에셀이니이다"라며 자신의 상황에 절망하면서 힘들어하는 모습을 보입니다. 창세기 12장에서 자신에게 후손을 주시겠다는 하나님의 약속이 아직도 이루어지지 않았기 때문에 아브람은 자신의 충실한 종인 엘리에셀을 상속자로 삼겠다는 생각을 하고 있었습니다.

이 단락에서 보이는 아브람은 창세기 14장에서 죽음을 각오하고 롯을 구출했을 때의 용맹했던 아브람과 마치 다른 사람처럼 보입니다. 자식이 없다는 것으로 인해 깊은 절망에 빠진 모습을 볼 수 있습니다. 그도 그럴 것이 그 당시에 자식이라는 것은 그 사람의 미래이기 때문입니다. 아브람은 보복에 대한 두려움뿐만 아니라 자식 없는 인생의 공허함 때문에 매우 지쳐 있었습니다. 더욱이 12장에서 하나님은 아브람에게 수많은 후손을 약속하지 않으셨습니까? 그래서 절망이 더 큰 것입니다. 하나님의 약속을 믿었기에, 하나님을 기대했기에 그 약속의 성취가 눈에 보이지 않으니 그만 지쳐 버린 것입니다.

승리, 그다음을 더 조심해야 합니다

아브람의 경우처럼 우리도 영적인 승리를 거둔 뒤에 더 조심하고 관리해야 합니다. 큰 승리 후에도 계속 내면을 채우는 일을 소홀히 하면 안 됩니다. 아브라함이 지금 느끼는 깊은 인생의 공허는 창세기 14장에서 아브람이 조카 롯을 구하기 위해 엄청난 힘을 쏟아낸 결과입니다. 승리 그다음을 더 조심해야 합니다.

네 몸에서 날 자가 네 상속자가 되리라

여호와의 말씀이 그에게 임하여 이르시되 그 사람이 네 상속자가 아니라 네 몸에서 날 자가 네 상속자가 되리라 하시고 (창 15:4)

아브람은 하나님께서 씨를 주지 아니하셨으므로 '내 집에서 길린 자'가 상속자가 될 것이라고 하면서 하나님께 원망하듯 말합니다. 이는 하나님이 왜 약속을 지키지 않으시는지에 대한 불만을 드러낸 것입니다. 그러자 하나님은 아브람에게 엘리에셀이 상속자가 아니라 아브람의 몸에서 날 자가 상속자가 될 것이라고 말씀하십니다. 즉 하나님이 약속을 지키지 않으시는 게 아니라 아직 하나님의 때가 아니라는 의미입니다. 하나님의 때는 아직 좀 더 남았습니다. 창세기 21장에서야 이삭이 태어나게 되는데, 아브람은 좀 더 연단을 받아야만 했습니다.

하나님의 때를 기다려야 합니다

신앙생활에 있어서 가장 어려운 것이 있다면 기다리는 것입니다. 기다린다는 것은 하나님을 향한 믿음과 신뢰가 없으면 불가능하기 때문입니다. 기다리지 못하면 포기하거나 하나님을 떠나거나 신앙이 망가져 버립니다. 나는 하나님을 신뢰하고 그분의 때를 기다리는 인내가 있습니까?

2. 아브람과 맺은 언약(3차)

그를 이끌고 밖으로 나가 이르시되 하늘을 우러러 뭇별을 셀 수 있나 보라 또 그에게 이르시되 네 자손이 이와 같으리라 (창 15:5)

하나님은 아브람과 3차 언약을 맺으십니다. 아브람을 이끌고 밖으로 나가십니다. 그리고 하늘의 뭇별을 보여 주십니다. 일종의 시청각 교육입니다. 하늘의 뭇별을 보여 주시면서 "네 자손이 이와 같으리라"라고 약속하십니다. 여기서 나오는 '자손'도 단수형입니다. 오직 한 씨, 예수 그리스도를 말씀하시는 것입니다. 예수 그리스도를 통해 구원받을 하나님의 자녀들이 하늘의 별만큼 많을 것이라는 의미입니다.

창세기의 이신칭의

아브람이 여호와를 믿으니 여호와께서 이를 그의 의로 여기시고 (창 15:6)

하나님은 아브람에게 그의 후손이 하늘의 별보다 많을 것이라고 약속하십니다. 이는 아브람의 현실과는 너무나 동떨어진 약속입니다. 하지만 아브람은 여호와 하나님의 말씀을 믿습니다. 아브람이 여호와를 믿으니 여호와께서 이것을 의로 여기십니다. 즉 창세기의 이신칭의(以信稱義)입니다. 하나님은 아브람이 무엇을 행했기 때문에 의로 여기신 것이 아니라 "아브람이 여호와를 믿으니" 그것을 보시고 의로 여기신 것입니다. 즉 아브람이 하나님의 약속을 전적으로 믿고 신뢰하니 하나님이 아브람의 믿음을 보시고 그를 의롭다 하신 것입니다. 하나님은 당신을 온전히 믿고

신뢰하며, 하나님의 약속의 말씀을 전적으로 의지하는 믿음의 사람들을 의롭다고 하십니다.[29]

또한 의(צָדַק, 체데크)는 법정적 용어이기도 하지만, 동시에 관계의 개념이기도 합니다. 의는 단지 도덕적 의로움을 말하는 것이 아니라 하나님과 사람 사이, 사람과 사람 사이의 관계에서 성실함을 인정받은 것입니다.[30] 그러므로 하나님께서 아브람의 믿음을 보시고 의롭다 하신 것에는 앞으로 아브람이 하나님과의 관계에서 요구되는 책임을 성실히 이행해야 한다는 의미도 담겨 있습니다. 로마서의 '이신칭의' 개념이 이미 구약 창세기에서부터 나오는 것입니다.

구약은 행위가 의라면, 신약은 믿음이 의입니까?

구약이나 신약 모두 죄인이 의로워지는 방법은 한 가지입니다. 오직 은혜와 믿음입니다. 많은 그리스도인이 흔히 오해하는 것이 있습니다. 구약의 구원은 율법을 지키는 행위의 의였는데, 이것이 불가능해지자 하나님이 신약시대에는 믿음을 통한 의로 구원 방법을 변경하셨다는 것입니다. 이는 성경을 완전히 잘못 해석한 것입니다. 구약은 '행위의 의'로 의롭다 함을 받고 구원받는다고 말하지 않습니다. 구약의 율법은 의를 요구하지만, 인간이 결코 행위로는 의로워질 수 없는 존재임을 폭로하는 기능을 가집니다. 그러므로 율법은 사람의 죄인 됨을 폭로함으로써 하나님의 은혜의 의를 의지하게 하는 것입니다.

사도 바울은 로마서 4장에서 아브람이 의롭다 함을 받은 것이 창세기 17장의 할례 때인가, 아니면 15장의 믿음의 때인가를 논하면서 의롭다 함의 시기를 정리합니다(이에 대한 자세한 설명은 필자의 『하나님 나라로 본 로마서』를 참조하십시오).

---

29 강규성, 『창조주 하나님의 방문』(서울: 예영비앤피, 2010), p. 92.
30 차준희, 『창세기 다시보기』(서울: 대한기독교서회, 2002). p. 88.

아브람을 우르에서 이끌어 내신 여호와

> 또 그에게 이르시되 나는 이 땅을 네게 주어 소유를 삼게 하려고 너를 갈대아인
> 의 우르에서 이끌어 낸 여호와니라 (창 15:7)

아브람이 하나님과 그분의 약속을 믿자 하나님은 이를 그의 의로 여기
시면서 이렇게 말씀하십니다. "나는 이 땅을 네게 주어 소유를 삼게 하려고
너를 갈대아인의 우르에서 이끌어 낸 여호와니라." 이 문장은 고대 근동에
서 계약을 맺을 때 계약 당사자 간 관계를 밝히는 일종의 역사적 서언에 해
당됩니다. 훗날 시내산에서 하나님과 이스라엘이 공식적인 언약(십계명)을
맺을 때도 이런 형식의 역사적 서언이 사용되었습니다.

> 나는 너를 애굽 땅, 종 되었던 집에서 인도하여 낸 네 하나님 여호와니라 (출
> 20:2)

아브람을 갈대아 우르에서 이끌어 내신 분은 바로 하나님이십니다. 아브
람이 스스로 우르를 떠난 것이 아닙니다. 우리 인생을 이끄시는 분은 하나
님이십니다. 그래서 하나님의 인도하심을 따라 사는 것이 최선입니다.

하나님께서 갈대아 우르에서 이끌어 내신 이유는 가나안 땅을 아브람
에게 소유로 주시기 위함이었습니다. '소유로 주다'는 히브리어로 '야라쉬
(ירש)'인데, 이는 그 지역의 현 주민들을 몰아내서 그 지역을 차지하는 것을
의미합니다. 그러므로 아브람에게 주시고자 하는 땅은 거저 주어지는 땅이
아니라 정복을 통해 얻는 땅입니다. 이후 여호수아서에서 보듯이 이스라엘
백성의 정복 전쟁을 예고하고 있습니다.

아브람의 질문

> 그가 이르되 주 여호와여 내가 이 땅을 소유로 받을 것을 무엇으로 알리이까
> (창 15:8)

아브람은 하나님께 가나안 땅을 소유로 받을 수 있다는 것을 무엇으로 알 수 있는지 묻습니다. 이것은 하나님을 향한 불신앙이 아닙니다. 바로 전에 하나님을 믿어 의로 여기심을 받은 아브람이 하나님을 불신한다고 볼 순 없기 때문입니다.

5가지의 제물

> 여호와께서 그에게 이르시되 나를 위하여 삼 년 된 암소와 삼 년 된 암염소와 삼
> 년 된 숫양과 산비둘기와 집비둘기 새끼를 가져올지니라 (창 15:9)

하나님은 아브람에게 삼 년 된 암소와 삼 년 된 암염소와 삼 년 된 숫양과 산비둘기와 집비둘기 새끼를 가져오게 하셨습니다. 그리고 그 중간을 마주 대하여 놓지만, 새는 쪼개지 말도록 하셨습니다(산비둘기와 집비둘기를 쪼개지 않은 이유는 아마 너무 작아서일 것입니다). 3년 된 암소, 3년 된 암염소, 3년 된 숫양, 산비둘기, 집비둘기 모두 5가지의 희생제물이 동원됩니다.

희생제물이 5종류라는 것은 의미가 있습니다. 창세기 1~11장까지 저주(ארר, 아라르)라는 말이 5번 등장합니다. 그런데 12장 1~3절에서 하나님이 아브람을 부르실 때 하신 말씀 중 '복(ברך, 바라크)'이 5번 나옵니다. 그리고 15장의 횃불언약에서 드려진 희생 짐승이 다섯 종류입니다. 이는 5번의 저주

(아라르)가 복(바라크)으로 바뀌는 일은 희생제물의 죽음 때문입니다. 다시 말해 죄악의 저주를 짊어질 대속 제물의 희생이 저주를 복으로 바꾸는 것입니다.

고대 근동에서의 계약 체결

아브람이 그 모든 것을 가져다가 그 중간을 쪼개고 그 쪼갠 것을 마주 대하여 놓고 그 새는 쪼개지 아니하였으며 (창 15:10)

이 당시 고대 근동 지역에서 당사자들이 계약을 맺을 때 계약의 내용을 반드시 지키겠다는 맹세의 표시로 희생 짐승을 반으로 쪼개 놓고 계약 쌍방이 쪼갠 고기 사이를 걸어갔습니다. 이것은 만일 어느 한쪽이 계약을 지키지 않으면 이 짐승처럼 쪼개져서 죽게 될 것임을 약속하는 것입니다. 하나님은 당시의 이러한 계약 문화를 십분 활용하여 아브람과 언약을 맺으실 뿐만 아니라 이 과정에서 복음이 무엇인지, 하나님이 하실 일이 무엇인지, 하나님이 어떤 분이신지, 예수 그리스도를 통한 구속이 무엇인지를 예표하고 계십니다.

3. 홀로 걸어간 하나님의 횃불

해가 져서 어두울 때에 연기 나는 화로가 보이며 타는 횃불이 쪼갠 고기 사이로 지나더라 (창 15:17)

이 단락에서 하나님과 아브람이 맺은 언약에는 특이한 점이 있습니다. 언약의 쌍방 당사자인 하나님과 아브람은 쪼개진 짐승 사이로 함께 걸어가야 하는데, 이상하게도 하나님을 상징하는 횃불만 홀로 쪼개진 고기 사이를 지나가게 됩니다. 그래서 이것을 하나님의 '일방적 언약'이라고 부릅니다. 아브람이 이 언약을 지키든 못 지키든 상관없이 하나님은 이 언약을 반드시 책임지고 이루시겠다는 것입니다. 사실 창조주 하나님이 피조물이자 죄로 인해 타락한 인간과 언약을 맺어야 할 이유는 전혀 없습니다. 이는 죄인들을 사랑하셔서 그들을 구원하시려는 하나님의 긍휼과 열심 때문입니다.

묵상과 삶의 적용

횃불언약에 담긴 하나님의 열심

횃불언약은 하나님의 일방적 언약입니다. 아브람이 실패해도 하나님의 의지와 열심으로 성취하시겠다는 선언입니다. 이런 하나님의 열심 때문에 오늘의 내가 존재하는 것입니다. 우리는 연약하여 넘어지고 실패할 수 있습니다. 아니, 실패해 왔습니다. 그러나 하나님의 열심 때문에 다시 일어날 수 있습니다. 언약에 신실하신 하나님이 나를 반드시 그분이 원하시는 자리에까지 이르게 하실 것입니다. 또한 횃불언약에서 하나님만 쪼갠 고기 사이를 걸어가신 일은 이 기사를 읽는 1차 독자인 광야의 이스라엘에게 큰 의미가 있습니다. 그들로 하여금 하나님께서 조상들에게 하신 약속을 반드시 이루실 것이라는 믿음과 확신을 갖게 해 주었을 것입니다.

솔개의 방해

솔개가 그 사체 위에 내릴 때에는 아브람이 쫓았더라 해 질 때에 아브람에게 깊

은 잠이 임하고 큰 흑암과 두려움이 그에게 임하였더니 (창 15:11-12)

솔개가 짐승의 사체에 내려앉아서 쪼아 먹으려고 할 때 아브람이 쫓아 냈습니다. 솔개는 희생 고기를 노린 것입니다. 이것은 앞으로 하나님의 약속이 이루어지는 과정에서 사탄의 방해가 있을 것임을 암시합니다. 예수 그리스도를 통한 구원이 이루어지고 하나님 나라가 세워지는 일은 쉽게 되는 게 아니라 많은 사탄의 방해와 공격을 이겨내야만 합니다. 그리고 해가 질 무렵에 아브람에게 깊은 잠이 임하고 큰 흑암과 두려움이 임하게 됩니다.

4. 아브람 후손들의 출애굽 예언

여호와께서 아브람에게 이르시되 너는 반드시 알라 네 자손이 이방에서 객이 되어 그들을 섬기겠고 그들은 사백 년 동안 네 자손을 괴롭히리니 그들이 섬기는 나라를 내가 징벌할지며 그 후에 네 자손이 큰 재물을 이끌고 나오리라 너는 장수하다가 평안히 조상에게로 돌아가 장사될 것이요 네 자손은 사대 만에 이 땅으로 돌아오리니 이는 아모리 족속의 죄악이 아직 가득 차지 아니함이니라 하시더니 (창 15:13-16)

하나님은 아브람에게 "네 자손이 이방에서 객이 되어 그들을 섬기겠고 그들은 사백 년 동안 네 자손을 괴롭히리니 그들이 섬기는 나라를 내가 징벌할지며 그 후에 네 자손이 큰 재물을 이끌고 나오리라"라고 예고하십니다. 이는 아브람에게 400년 후에 있을 출애굽 사건을 예고하신 것입니다.

하나님이 말씀하신 바와 같이 실제로 이스라엘은 400년 동안 애굽의 노예로 고통을 당하다가 출애굽할 때 큰 재물을 가지고 나오게 됩니다. 400년 동안의 고난에 대한 보상을 한 번에 받게 하신 것입니다. 물론 이처럼 많은 재물을 주신 것은 나중에 성막을 짓게 하시기 위함이었습니다.

하나님은 아브람의 후손들인 이스라엘 백성이 4세대 만에 애굽에서 가나안 땅으로 돌아올 것을 말씀하십니다. 그런데 왜 4대 만에 돌아올까요? 그것은 가나안 땅 아모리 족속의 죄에 대한 심판 때문입니다. 그들의 죄가 관영할 때까지입니다. 하나님은 당신의 거룩한 군대인 이스라엘 백성을 투입해서 가나안 땅 아모리 족속의 죄악을 심판하시는 것입니다. 그러므로 이스라엘 백성의 가나안 땅 입성은 죄악에 대한 정복을 의미합니다. 하나님은 공의의 하나님이십니다. 가나안 족속이 의로운데도 강제로 땅을 빼앗아 이스라엘에게 주시는 게 아닙니다. 가나안 족속들은 그들의 죄악 때문에 하나님의 심판을 받는 것입니다.

출애굽의 예표

해가 져서 어두울 때에 연기 나는 화로가 보이며 타는 횃불이 쪼갠 고기 사이로 지나더라 (창 15:17)

이 단락에서 보이는 단어들은 후에 있을 출애굽기의 구름기둥과 불기둥을 암시합니다. '연기'는 광야의 구름기둥, '화로'는 광야의 불기둥을 예표합니다. 이것은 하나님께서 출애굽 시에 이스라엘을 구름기둥과 불기둥으로 인도할 것을 미리 보여 주시는 것입니다.

아브라함, 이삭, 야곱, 요셉의 가계도[31]

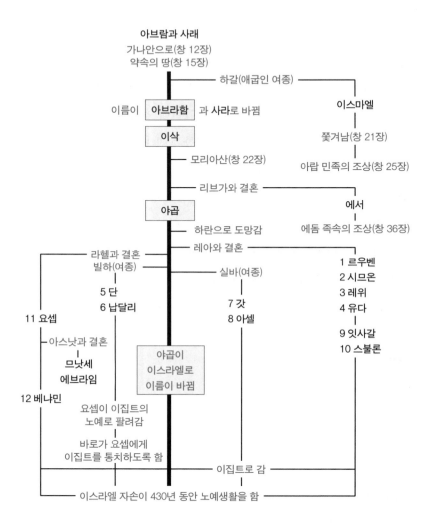

31 로즈북 편집부, 조미나 역, 『차트와 지도로 보는 성경』(서울: 꿈을이루는사람들,
    2009), p. 53.

　　하나님은 아브람에게 "내가 이 땅을 애굽 강에서부터 그 큰 강 유브라데까지 네 자손에게 주노니"(창 15:18)라고 하십니다. 요한계시록 9장의 6번째 나팔재앙 때 2만 명의 기병이 모이는 곳도, 16장의 6번째 대접재앙 때 아마겟돈 전쟁이 벌어지는 장소도 유프라테스강입니다. 그러면 왜 성경은 하나님 백성들의 땅의 경계를 유프라테스강으로 묘사하는 것일까요?

　　여섯 나팔재앙이나 여섯 대접재앙 모두 유프라테스강에서 전쟁이 일어나기 때문에 세대주의(世代主義, dispensationalism) 종말론에서는 마지막 제3차 세계대전이 유프라테스에서 일어날 것이라고 문자적으로 해석합니다. 과연 그럴까요? 물론 그럴 수도 있습니다. 그러나 유프라테스강에 대한 구약적 배경에서의 의미를 잘 살펴보아야 합니다. 구약에서 유프라테스강을 어떤 의미로 사용하고 있을까요? 그 단서가 창세기 15장 18절입니다.

　　15장의 문맥에서 유프라테스강이란 하나님이 아브람에게 주신 하나님의 땅의 동쪽 경계선입니다. 유프라테스를 기준으로 경계선 안쪽은 하나님 백성의 땅이고, 그 밖은 세상 백성의 땅입니다. 그래서 경계선인 유프라테스는 하나님 나라와 세상 나라의 영적 전쟁터입니다. 요한계시록 16장에서 이 유프라테스강이 말랐다는 것은 문자적 의미가 아니라 하나님의 백성과 세상 백성의 구별이 사라졌다는 의미입니다. 이렇게 구약은 신약으로, 신약은 구약으로 풀어나가야 합니다. 즉 성경은 성경으로 풀어야 합니다.

아브람과 사래의 불신앙

아브람의 불신앙

아브람의 아내 사래는 출산하지 못하였고 그에게 한 여종이 있으니 애굽 사람이요 이름은 하갈이라 사래가 아브람에게 이르되 여호와께서 내 출산을 허락하지 아니하셨으니 원하건대 내 여종에게 들어가라 내가 혹 그로 말미암아 자녀를 얻을까 하노라 하매 아브람이 사래의 말을 들으니라 아브람의 아내 사래가 그 여종 애굽 사람 하갈을 데려다가 그 남편 아브람에게 첩으로 준 때는 아브람이 가나안 땅에 거주한 지 십 년 후였더라 (창 16:1-3)

창세기 15장에서 아브람은 하나님의 약속을 믿음으로 하나님께 의롭게 여김을 받았습니다. 그러면 이제 아브람이 할 일은 하나님의 약속이 성취될 때를 기다리면 됩니다. 사람이 기다린다는 것이 얼마나 어렵습니까? 기다림은 믿음을 요구합니다. 그런데 창세기 16장에서 아브람은 85세에 아내 사래의 몸종 하갈을 취해 86세에 이스마엘을 낳습니다. 이 당시 본처가 자녀를 낳지 못하면 첩을 취해 아들을 낳는 것이 당시 문화로서는 당연한 일이었습니다. 그러나 이것은 당시의 문화적 상황 이상으로 중요한 메시지가 있습니다.

아브람과 사래는 자신들의 씨를 통해 큰 민족을 이루시겠다는 하나님의 약속을 믿지 못한 것으로 보입니다. 그래서 인간적인 방법으로 후사를 보려고 했습니다. 특히 사래가 아브람에게 한 말을 보면 믿음이 흔들리고 있음을 알 수 있습니다. 여기서 사래의 말을 자세히 보면 아직까지 자식을 주시지 않은 하나님에 대한 실망과 불만을 드러내고 있음을 알 수 있습니다.

여종에게 들어가 자식을 보자는 아내의 말을 아브람은 단호하게 거부하지 못합니다. 단지 정욕의 차원이 아닙니다. 그도 아들을 낳고 싶었습니다. 하나님의 약속보다 인간적인 방법이 더 빨라 보였습니다. 결국 여종 하갈을 통해 첫아들을 낳게 됩니다. 그러나 하나님은 이 일을 기뻐하지 않으셨습니다. 이 일로 아브람과 사래는 앞으로 많은 고통을 겪게 됩니다.

믿음의 사람도 흔들립니다

창세기 15장에서 믿음으로 하나님을 기쁘시게 한 아브람이 바로 그다음 16장에서는 사래의 말에 흔들리고 있습니다. 오늘 아무리 믿음으로 충만했다 할지라도 내일은 흔들릴 수 있는 것이 사람입니다. 믿음의 사람이라고 늘 승리하고 담대한 것은 아닙니다. 필자는 16장의 아브람이 너무나 안쓰럽습니다. 혹자는 아브람을 불신앙으로 정죄할지 모르지만, 아브람이 이해가 됩니다. 필자도 이럴 때가 너무나 많았기 때문입니다. 15장의 아브람보다 16장에서의 흔들리는 아브람을 통해 나의 모습을 보기 때문입니다. 나는 언제 흔들렸던 경험이 있습니까? 흔들리는 나의 모습을 보면서 어떤 생각이 들었습니까?

기다림이 얼마나 어렵습니까?

아브람이 갈대아 우르를 떠나 가나안 땅에 온 지 10년이 지났습니다. 후손을 주시고 큰 민족을 주시겠다는 창세기 12장의 10년 전 약속, 13장의 약속, 최근인 15장의 약속 또한 이루어지지 않고 현실은 여전히 똑같습니다. 아니, 더 나빠지기 시작했습니다. 아브람과 사래가 점점 나이가 들면서 임신 가능성이 줄어들고 있기 때문입니다. 부부는 10년 동안 하나님의 약속이 이루어질 것을 고대했습니다. 기다리고 기다려도 응답은 오지 않고, 상황은 더욱 나빠집니다. 이럴 때 인내한다는 것이 얼마나 어려운 일인지 모릅니다. 경험한 사람만이 알 수 있습니다. 내가 기다리고 있는 하나님의 약속은 무엇입니까?

하갈의 교만과 학대

아브람이 하갈과 동침하였더니 하갈이 임신하매 그가 자기의 임신함을 알고 그의 여주인을 멸시한지라 사래가 아브람에게 이르되 내가 받는 모욕은 당신이 받아야 옳도다 내가 나의 여종을 당신의 품에 두었거늘 그가 자기의 임신함을 알고 나를 멸시하니 당신과 나 사이에 여호와께서 판단하시기를 원하노라 아브람이 사래에게 이르되 당신의 여종은 당신의 수중에 있으니 당신의 눈에 좋을 대로 그에게 행하라 하매 사래가 하갈을 학대하였더니 하갈이 사래 앞에서 도망하였더라 (창 16:4-6)

하갈이 임신하게 되자 그때부터 여주인 사래를 멸시하기 시작합니다. 여종에게 모욕을 당한 사래는 남편 아브람에게 이 사실을 알렸고, 아브람의 묵인 아래 하갈을 학대했습니다. 하갈은 이 학대를 이기지 못하고 광야로 도망갔습니다. 하갈(רַגָּה)의 이름이 가진 뜻은 '도망자'입니다. 하갈은 참으로 어리석은 여자입니다. 겸손하게 사래를 섬겼으면 되는데 교만으로 고통을

교만하면 끝입니다

하갈은 자신이 얻은 복과 기회를 교만으로 날려 버렸습니다. 교만은 하나님의 은혜를 거두게 합니다. 나는 하나님이 주신 영육 간의 복을 겸손함으로 누리고 있습니까? 내가 교만한 자인지 주변 사람들에게 물어보십시오. 교만의 여부에 대해 자신은 모르기 때문입니다. 교만은 입 냄새와 같습니다. 입 냄새는 나만 못 느낄 뿐이지, 모든 사람이 느끼고 불쾌해합니다. 나는 겸손한 자입니까?

자초했기 때문입니다.

하갈을 찾아오신 하나님

여호와의 사자가 광야의 샘물 곁 곧 술 길 샘 곁에서 그를 만나 이르되 사래의
여종 하갈아 네가 어디서 왔으며 어디로 가느냐 그가 이르되 나는 내 여주인 사
래를 피하여 도망하나이다 여호와의 사자가 그에게 이르되 네 여주인에게로 돌
아가서 그 수하에 복종하라 (창 16:7-9)

하갈은 도망가는 길에서 광야의 샘물, 술 길 샘 곁에서 하나님의 사자를
만나게 됩니다. 하나님은 죄인을 찾아오시는 분이십니다. 이때 하나님의
사자는 "네가 어디서 왔으며 어디로 가느냐"라고 묻습니다. 이것은 하나님
의 사자가 몰라서 묻는 게 아닙니다. 즉 '하갈아, 너의 위치가 어디냐?'라는
메시지입니다. 하갈은 여주인 사래를 무시하고 멸시할 위치가 아닙니다.
사람은 하나님께서 허락하신 자신의 위치를 지켜야 합니다.

권위 아래서 순종을 훈련하십시오

하갈은 자신보다 위의 권위인 사래의 수하에서 복종하는 법을 배워야 했습니다. 하나님
은 우리를 당신이 허락하신 권위 아래에서 순종하는 법을 배우고 훈련하기를 원하십니
다. 하나님이 여호수아를 사용하신 것도 모세의 권위 아래서 순종함을 배웠기 때문입니
다. 내게 허락된 위의 권위가 마음에 들든, 들지 않든 나는 권위에 순종해야 합니다. 이것
이 하나님의 법칙입니다. 나는 누군가의 권위 아래서 어떤 자세를 보이고 있습니까?

하갈을 향한 하나님의 처방: 복종하라

하나님은 하갈에게 "네 여주인에게로 돌아가서 그 수하에 복종하라"라고 하십니다. 하나님은 하갈의 교만한 태도를 기뻐하지 않으셨습니다. 하나님이 나에게 남들보다 더 주신 것이 무엇이든지 그것으로 없는 자를 멸시한다면 하나님의 은혜가 보류됩니다.

이방인을 향한 하나님의 축복

여호와의 사자가 또 그에게 이르되 내가 네 씨를 크게 번성하여 그 수가 많아 셀 수 없게 하리라 여호와의 사자가 또 그에게 이르되 네가 임신하였은즉 아들을 낳으리니 그 이름을 이스마엘이라 하라 이는 여호와께서 네 고통을 들으셨음이 니라 (창 16:10-11)

하나님은 하갈과 그에게서 태어날 아들에게도 "내가 네 씨를 크게 번성하여 그 수가 많아 셀 수 없게 하리라"고 하십니다. 하나님은 아브람이 인간적인 방법으로 낳은 아들마저도 축복하십니다. 이스마엘을 낳은 것이 하나님의 방법이 아니라고 해서 그를 저주하거나 모른 체하지 않으셨습니다. 후에 하갈의 아들 이스마엘은 12명의 아들을 낳았고, 이들은 오늘날의 중동 민족으로 발전하게 됩니다.

하나님은 이스라엘만의 하나님이 아닙니다. 마찬가지로 히브리인만의 민족 신이 아닙니다. 하나님은 온 세상의 창조주요, 온 세상의 유일하신 하나님이십니다. 그러므로 하갈의 아들인 이스마엘의 후손들을 축복하셨다는 것은 복음의 증인들이 왜 땅끝까지 하나님의 선교를 감당해야 하는지에 대한 근거입니다.

이스마엘: 하나님이 들으신다

> 그가 사람 중에 들나귀 같이 되리니 그의 손이 모든 사람을 치겠고 모든 사람의
> 손이 그를 칠지며 그가 모든 형제와 대항해서 살리라 하니라 (창 16:12)

하나님은 하갈에게 아들의 이름을 이스마엘이라고 지을 것을 말씀하십니다. 이스마엘(יִשְׁמָעֵאל)은 '하나님이 네 고통을 들으셨다'라는 뜻입니다. 하나님은 우리의 고통을 들으시는 분입니다. 이스마엘은 앞으로 들나귀 같은 삶을 살면서 모든 형제와 대항해서 살게 될 것이라고 말씀하십니다.

브엘라해로이: 살아 계셔서 감찰하시는 자의 우물

> 하갈이 자기에게 이르신 여호와의 이름을 나를 살피시는 하나님이라 하였으
> 니 이는 내가 어떻게 여기서 나를 살피시는 하나님을 뵈었는고 함이라 이러
> 므로 그 샘을 브엘라해로이라 불렀으며 그것은 가데스와 베렛 사이에 있더라
> (창 16:13-14)

하나님의 위로와 축복의 말씀이 끝나자 하갈의 눈이 열려 샘이 하나 보이게 됩니다. 하갈은 그 샘을 '브엘라해로이(בְּאֵר לַחַי רֹאִי)'라고 이름 붙였습니다. 이는 '살아 계셔서 나를 감찰하시는 자의 우물'이란 뜻입니다. 이 말은 세 단어가 합쳐져 생긴 말입니다. '베에르(בְּאֵר, 우물)'와 '하이(חַי, 살아 있는)'와 '로에(רֹאִי, 선견자)'의 합성어입니다.

이 샘은 없던 것이 갑자기 생긴 게 아니라 원래부터 거기 있었던 샘입니다. 그런데 처음부터 하갈의 눈에는 보이지 않았습니다. 왜일까요? 하갈이 너무 자기의 문제에 빠져서 한과 절망에 매여 있다 보니 이 샘을 보지 못한 것입니다.

그렇습니다. 내 문제에 지나치게 빠져 있거나 내 안의 한과 상처로 눈이 가려져 있으면 하나님이 내게 준비하신 것들이 보이지 않습니다. 그런데 하나님께서 하갈의 마음을 터치하고 만지시니 하나님이 미리 준비해 놓으신 샘이 보이는 것입니다. 하나님은 우리의 모든 생각과 행위를 아시는 분이십니다.

여호와여 주께서 나를 살펴 보셨으므로 나를 아시나이다 주께서 내가 앉고 일어

하갈까지 돌보시는 하나님이라면

하갈은 자신의 죄악으로 인해 마땅히 당해야 할 고통이었지만, 그 고통을 들으시고 감찰하사 돌보시는 하나님을 경험했습니다. 하나님의 긍휼은 이런 교만한 하갈에게 조차 베풀어집니다. 잘한 것 하나 없이 잘못해서 쫓겨난 하갈, 하나님의 약속이 아닌 아브라함의 인간적 열심으로 낳은 이스마엘까지도 하나님이 돌보셨다면 하나님의 참 백성은 얼마나 돌보실 것입니까!

예수님도 같은 의미를 담아 비유로 말씀하셨습니다. 마태복음 6장에서 "공중의 새도 기르시나니 하물며 너희일까 보냐"라고 하셨습니다. 그러나 누가복음 12장에서는 공중의 나는 새를 정확하게 까마귀라고 표현하고 있습니다. 왜 누가는 굳이 '까마귀'라고 표현하고 있을까요? 이는 이렇게 부정한 새도 책임진다면 하나님의 참 자녀들은 얼마나 책임지시겠는가를 강조하는 표현입니다. 이런 것을 역설이라고 합니다. 나는 나를 살피시고 돌보시는 '브엘라해로이'의 하나님을 믿습니까?

섬을 아시고 멀리서도 나의 생각을 밝히 아시오며 나의 모든 길과 내가 눕는 것을 살펴 보셨으므로 나의 모든 행위를 익히 아시오니 여호와여 내 혀의 말을 알지 못하시는 것이 하나도 없으시니이다 (시 139:1-4)

키아즘 구조로 보는 아브라함 이야기 2

아브라함 이야기의 키아즘 대칭 구조에 대해서는 앞의 12장 주해에서 설명했습니다. 여기서는 아브라함에 대한 또 다른 구조를 소개하고자 합니다.[32]

a. 자손의 위기와 데라의 후손 11:27-32
  b. 하나님의 약속 12:1-3
    c. 사래와 애굽 왕 12:10-20
      d. 롯과 소돔 13-14장
        e. 횃불언약 15장
          f. 하갈과 이스마엘 16장
        e′. 할례언약 17장
      d′. 롯과 소돔 18-19장
    c′. 사라와 그랄 왕 20장
  b′. 하나님의 약속의 성취: 자손(이삭) 21장
a′. 자손의 위기와 데라의 후손 22장
  b″. 약속의 일부 성취: 땅(막벨라굴) 23장
a″. 자손의 위기와 데라의 후손 24:1-25:11

위의 구조을 살펴보면 12장에서 소개한 구조와 거의 비슷합니다. 이 구

---

32 기동연, 『아브라함아! 너는 내 앞에 행하여 완전하라』(서울: 생명의양식, 2013), p. 10.

조도 아브라함 이야기의 중심이 15~17장(e-f-e')임을 알 수 있습니다. e와 e'는 햇불언약과 할례언약이며, 이 두 언약이 아브람이 하나님을 끝까지 믿지 못하고 육신적인 힘으로 이스마엘을 낳는 사건(f)을 감싸고 있는 구조입니다. 즉 아브람이 인간적인 방법으로 하나님의 약속을 이루고자 하지만, 하나님은 당신의 때와 당신의 방법으로 스스로 언약을 이루시는 분임을 강조합니다. 아브라함의 불신앙으로 인한 실수와 실패에도 불구하고 언약에 신실하신 하나님은 자신의 언약을 스스로 이루십니다.

창세기 17장

할례언약

1. 아브람의 99세에 임하신 하나님

13년은 하나님의 침묵인가, 아브람이 듣지 못한 것인가?

아브람이 구십구 세 때에 여호와께서 아브람에게 나타나서 그에게 이르시되 나는 전능한 하나님이라 너는 내 앞에서 행하여 완전하라 (창 17:1)

이스마엘을 낳았을 때 아브람은 86세였습니다(창 16:16). 그리고 하나님이 아브람에게 다시 나타나셨을 때는 아브람의 나이 99세였습니다. 그러니까 창세기 16장 16절과 17장 1절 사이에 13년의 기간이 흐른 것입니다.

본문에 나타난 문자적 정황으로 볼 때 하나님은 무려 13년 동안 아브람에게 한 번도 음성을 들려 주지 않으시고 나타나지도 않으셨습니다. 왜일까요? 그것은 아브람의 인간적인 열심, 인간적인 방법, 잔꾀, 계획이 죽을 때까지 기다리셨다고 볼 수 있습니다. 내 힘으로 해보겠다는 아브람의 육신적 열심이 죽을 때까지 하나님은 13년간이나 침묵하셨습니다.

그런데 과연 13년 동안 하나님이 정말 침묵하셨을까요? 하나님이 13년간 아무런 말씀도 안 하신 것이 아니라 수없이 많은 말씀과 음성을 들려주셨으나 아브람이 들을 귀가 없어서 듣지 못했던 것이 아닐까요? 하나님은 늘 말씀하시는 분입니다. 자녀들이 듣든지, 듣지 않든지 옳은 길로 인도하고자 말씀하시는 분입니다.

내 생각이 앞서면 하나님의 음성이 들리지 않습니다

13년 동안 아브람을 향한 하나님의 침묵 아닌 침묵은 우리에게 중요한 메시지를 전달합니다. 우리도 아브람처럼 하나님의 말씀에 불순종하고 신뢰하지 않는다면 하나님은 침묵하십니다. 더 정확하게 말하면 하나님이 아무리 말씀하셔도 우리에게 들리지 않는 것입니다. 나는 하나님의 말씀과 인도에 얼마나 예민하게 듣고자 하는 자세가 있습니까? 또 하나님의 말씀에 얼마나 순종하고 있습니까? 내가 하나님의 음성을 듣지 못하는 것은 하나님이 침묵하시기 때문에 그런 것입니까? 아니면 내가 하나님의 음성을 들을 수 있도록 준비된 마음과 귀가 없어서입니까?

엘샤다이: 나는 전능한 하나님이라

아브람이 99세가 되었을 때 하나님은 아브람에게 13년 만에 다시 나타나십니다. 이것은 아브람과 사래가 육신의 힘으로는 더 이상 자식을 낳을 수 없는 한계가 왔을 때 나타나신 것입니다.

그래서 하나님은 자신의 이름을 처음으로 '엘샤다이(אֵל שַׁדַּי),' 곧 전능한 하나님이라고 계시하십니다. 하나님의 새 이름이 계시될 때에는 매우 중요한 의미가 있습니다. 엘샤다이는 구약성경에서 총 48번 나오는데, 그 중 가장 많이 나오는 책이 욥기로서 31번 나옵니다. 이는 욥의 절망적인 상황과 무관치 않습니다. 창세기에서는 엘샤다이라는 이름이 6번 나옵니다(창 17:1; 28:3; 35:11; 43:14; 48:3; 49:25).

창세기 16장과 17장의 문맥에서 엘샤다이의 하나님은 아브람에게 '너와 네 아내는 더 이상 아이를 낳을 능력이 없지만, 나는 모든 상황을 역전시킬 수 있는 전능자다'라고 선포하는 것입니다. 한편 하나님께서 자신을 전능하신 하나님이라고 선포하시는 또 다른 이유는 하나님이 자신의 전능성을 아브람에게 알리고자 함이 아니라 오히려 하나님의 전능하심을 믿지 못하는 아브람을 책망하시려는 의도이기도 합니다.[33]

전능하신 하나님을 믿습니까?

하나님은 엘샤다이, 곧 전능하신 하나님입니다. 나의 모든 상황을 역전시킬 수 있는 능력이 있으십니다. 이것을 믿습니까? 믿는다면 더 이상 절망에 빠지지 말고 엘샤다이의 하나님을 붙잡고 일어서야 합니다.

내 앞에서 완전하라

하나님은 아브람에게 "내 앞에서 행하여 완전하라"라고 하십니다. 이 표현은 원래 신하가 왕에 대하여 절대적인 충성을 바치는 것을 일컫는 전문용어입니다.[34] 이때 '완전하라(תמים [타밈])'라는 말은 도덕적·윤리적인 완전을 말하는 게 아닙니다. 이때의 완전은 하나님을 향한 완전한 순종과 신뢰와 헌신을 의미합니다. 즉 타밈(완전하다)은 관계적 용어입니다. 아브람은 신뢰하는 믿음을 보여 주어야 합니다.

---

33 앞의 책, p. 193.
34 차준희, 『창세기 다시보기』(서울: 대한기독교서회, 2002). p. 93.

2. 아브람과 맺은 언약(4차)

내가 내 언약을 나와 너 사이에 두어 너를 크게 번성하게 하리라 하시니 아브람이 엎드렸더니 하나님이 또 그에게 말씀하여 이르시되 보라 내 언약이 너와 함께 있으니 너는 여러 민족의 아버지가 될지라 이제 후로는 네 이름을 아브람이라 하지 아니하고 아브라함이라 하리니 이는 내가 너를 여러 민족의 아버지가 되게 함이니라 내가 너로 심히 번성하게 하리니 내가 네게서 민족들이 나게 하며 왕들이 네게로부터 나오리라 내가 내 언약을 나와 너 및 네 대대 후손 사이에 세워서 영원한 언약을 삼고 너와 네 후손의 하나님이 되리라 내가 너와 네 후손에게 네가 거류하는 이 땅 곧 가나안 온 땅을 주어 영원한 기억이 되게 하고 나는 그들의 하나님이 되리라 (창 17:2-8)

하나님은 아브람과 4차 언약을 맺으십니다. "내가 내 언약을 나와 너 사이에 두어 너를 크게 번성하게 하리라"고 하십니다. 지난 13년간의 불순종과 무지함에도 불구하고 아브람에게 24년 전에 하신 하나님의 언약은 조금도 변하지 않았습니다. 이 언약은 아브람의 연약함이나 실패와 상관없이 하나님의 열심과 의지로 이루시겠다고 이미 창세기 15장의 횃불언약을 통해 선포하셨습니다. 여기서 우리가 주목할 점은 17장 전반부에서만 하나님을 의미하는 '내가' '나' '내'라는 1인칭 화법을 10번 이상 사용하고 있다는 사실입니다.[35] 이는 하나님께서 아브람과 맺으신 언약의 내용을 반드시 이루시겠다는 하나님의 의지를 드러내는 것입니다.

---

35 강규성, 『창조주 하나님의 방문』(서울: 예영비앤피, 2010), p. 98.

엎드린 아브람

하나님의 추상같은 임재와 명령 앞에 아브람이 엎드렸습니다. 육신의 행위를 말하는 것이 아닙니다. 그가 비로소 하나님께 굴복했다는 것입니다. 그동안 하나님과 아브람이 4번이나 언약을 맺기는 했지만, 이번에 처음으로 아브람이 하나님께 엎드립니다. 그동안에는 엎드렸다는 표현이 없었습니다.

너는 여러 민족의 아버지가 될지라

하나님은 아브람에게 "너는 여러 민족의 아버지가 될지라"라고 하시면서 그의 이름을 '아브라함(אברהם)'으로 바꾸십니다. 아브라함은 '열국의 아버지'란 의미입니다. 이름은 그 사람의 정체성과 사명이 담긴 것입니다. 이름이 바뀐다는 것은 그 사람의 인격, 정체성, 운명, 삶의 정체성이 모두 바뀌는 것입니다.

아브람에서 아브라함으로

아브람(אברם)은 '존귀한 아버지'라는 뜻입니다. 데라가 아들의 이름을 아브람이라고 지었을 때는 이 세상에서 존귀한 사람, 명성 있는 사람이 되라고 지었을 것입니다. 그러나 하나님은 아브람이 단지 개인적으로 존귀한 자가 되어 자신의 왕국을 위해 사는 자가 되는 것을 원치 않으셨습니다. 하나님은 그가 좀 더 크고 원대한 하나님의 비전에 동참하는 자가 되기를 원하셨습니다. 다시 말해 여러 민족의 아비, 열국의 아비가 되기를 원하신 것입니다. 그래서 열국을 낳고 생명의 복을 나누어 주는 믿음의 아버지로 살아가기를 바라신 것입니다. 또한 고대 근동의 문화에서 누군가에게 이름을 부여하는 것은 그에 대한 주권과 소유권을 갖는다는 의미이기도 합니다.[36] 아브라함은 전에도 그랬지만, 이제는 더더욱 하나님의 소유이자 하나님의 뜻대로 살아야 하는 존재가 된 것입니다.

정체성에서 사명이 나옵니다

아브라함의 이름의 의미를 통해 하나님이 아브라함을 어떤 존재로 바꾸셨는지, 어떤 사명을 주셨는지를 살펴보았습니다. 구원받은 신자는 '하나님의 자녀' '그리스도인'이라는 새 이름을 얻었습니다. 우리의 존재가 근본적으로 달라졌습니다. 그래서 살아가는 목적도, 사명도 달라졌습니다. 내가 누구인가를 알게 될 때 무엇 때문에 살아야하는 존재인지 알 수 있습니다. 즉 정체성에서 삶의 목적과 사명이 나오는 것입니다. 나는 예수 안에서 누구입니까? 나는 예수 안에서 어떻게 살아야 합니까?

나는 그들의 하나님이 되리라

하나님은 아브라함에게서 민족들이 나게 하며 왕들이 나올 것이라고 말씀하십니다. 여기까지는 그동안 하셨던 선언과 비슷합니다. 그런데 그다음 선언은 처음 등장하는 표현입니다. "네 대대 후손 사이에 세워서 영원한 언약을 삼고 너와 네 후손의 하나님이 되리라 … 나는 그들의 하나님이 되리라"라고 말씀하십니다. 여기에서 "나는 그들의 하나님이 되리라"라는 표현은 성경 전체에 걸쳐 하나님께서 하나님 나라를 세우시겠다는 하나님 나라 건설과 완성에 대한 전용 문구입니다.

---

36 앨런 로스, 『창조와 축복』(서울: 디모데, 2007), p. 483.

너희를 내 백성으로 삼고 나는 너희의 하나님이 되리니 나는 애굽 사람의 무거운 짐 밑에서 너희를 빼낸 너희의 하나님 여호와인 줄 너희가 알지라 (출 6:7)

나는 너희 중에 행하여 너희의 하나님이 되고 너희는 내 백성이 될 것이니라 (레 26:12)

내가 들으니 보좌에서 큰 음성이 나서 이르되 보라 하나님의 장막이 사람들과 함께 있으매 하나님이 그들과 함께 계시리니 그들은 하나님의 백성이 되고 하나님은 친히 그들과 함께 계셔서 (계 21:3)

내 언약을 지키고

하나님이 또 아브라함에게 이르시되 그런즉 너는 내 언약을 지키고 네 후손도 대대로 지키라 너희 중 남자는 다 할례를 받으라 이것이 나와 너희와 너희 후손 사이에 지킬 내 언약이니라 (창 17:9-10)

하나님은 아브라함에게 언약을 지키고 후손들도 언약을 대대로 지킬 것을 명하십니다. 그동안 하나님은 3번에 걸쳐(12장, 13장, 15장) 언약을 맺으셨지만, 이번에는 아브라함에게 언약을 지킬 것을 요구하십니다. 지금까지의 언약은 주로 하나님께서 일방적으로 언약을 이루실 것을 선포하는 것이었습니다. 그런데 앞으로의 언약은 그 내용은 동일하지만, 언약에 대한 아브람 쪽의 순종과 지킴을 강조하게 됩니다.

아브라함과 맺은 언약[37]

창 12:1-3	하나님은 아브람이 갈대아 우르에 살 때 땅과 자손과 복을 약속하시며, 그와 언약을 시작하셨다.
창 12:4, 5	아브람이 가족과 함께 하란에 와서 한동안 살았고, 75세에 떠났다.
창 13:14-17	롯이 아브람과 갈라선 후 하나님은 다시 아브람과 그의 후손에게 땅을 주시겠다고 약속하셨다.
창 15:1-21	아브람이 하나님 앞에 바친 희생 제물 사이로 하나님이 지나가셨을 때 이 언약은 확증되었다.
창 17:1-27	아브람이 99세 때 하나님은 아브람의 이름을 아브라함, 즉 '여러 민족의 아버지'로 바꾸시고 당신의 약속을 새롭게 하셨다. 언약의 증거로 할례를 행했다.
창 22:15-18	아브라함의 순종으로 언약이 확증되었다.

아브라함의 언약은 다른 언약의 기초입니다.
· 팔레스타인 언약에 나오는 땅에 대한 약속(신 30:1-10)
· 다윗 언약에 나오는 왕위 계승에 대한 약속(삼하 7:12-16)
· '옛' 언약과 '새' 언약에 나오는 복의 약속(출 19:3-6, 렘 31:31-40)

---

37 토머스 넬슨 출판사 엮음, 김창환 역, 『손에 잡히는 넬슨 성경개관』(서울: 죠이선교회출판부, 2003). p. 30.

할례의 영적 의미

하나님은 아브라함에게 "너희 중 남자는 다 할례를 받으라 … 너희는 포피를 베어라 이것이 나와 너희 사이의 언약의 표징이니라 … 난 지 팔 일 만에 할례를 받을 것이라 … 내 언약이 너희 살에 있어 영원한 언약이 되려니와 … 할례를 받지 아니한 남자 곧 그 포피를 베지 아니한 자는 백성 중에서 끊어지리니 …"(창 17:10-14)라고 하십니다.

하나님께서는 언약의 표징으로 아브라함 집안의 모든 남자와 후손에게 할례를 시행할 것을 명령하십니다. 할례는 단순히 남자의 성기 일부를 잘라서 위생상의 문제를 개선하는 차원이 아닙니다. 남자의 성기는 인간의 생명이 시작되는 곳입니다. 그러므로 인간 생명의 근원인 남성 성기의 일부를 자른다는 것은 성기 전체를 자른다는 상징적인 행위입니다. 하나님께서는 하나님의 백성이라면 반드시 할례를 받은 자여야 한다는 명령은 하나님 백성의 정체성이 무엇인지를 가르치시기 위함입니다.

할례는 나에게 생명을 낳을 수 있는 능력이 없다는 것을 항복하는 외적·상징적 의식입니다. 그래서 하나님의 백성들은 태어난 지 8일 만에 할례를 받음으로써 나의 힘과 생명으로 사는 존재가 아니라 하나님의 힘과 생명으로만 사는 존재임을 날마다 고백하는 것입니다. 나아가 나의 옛사람의 생명이 죽고 하나님의 생명으로만 사는 존재임을 고백하는 것입니다.

또 그 안에서 너희가 손으로 하지 아니한 할례를 받았으니 곧 육의 몸을 벗는 것이요 그리스도의 할례라 너희가 세례로 그리스도와 함께 장사되고 또 죽은 자들 가운데서 그를 일으키신 하나님의 역사를 믿음으로 말미암아 그 안에서 함께 일으키심을 받았느니라 (골 2:11-12)

또한 구약의 할례는 구속사적으로 그리스도의 할례, 즉 예수님과 함께 죽고 예수님과 함께 사는 세(침)례로 연결됩니다. 세(침)례는 신자가 언약의 백성임을 증거하는 표이며, 언약에 충실한 하나님의 백성으로 책임감 있게 살겠다는 고백입니다. 또한 세(침)례는 신자의 옛 습관과 죄악된 삶을 잘라내고 새 사람으로 하나님의 언약에 신실하고 충성된 종이 되겠다는 헌신의 고백입니다.[38]

할례의 의미가 어떤 것인지 깨달았다면 할례를 하지 않은 남자는 백성 중에 끊어지리라는 경고도 이해될 것입니다. 할례를 하지 않으면 하나님의 백성이 아닙니다. 즉 자신의 힘과 생명을 부인하고 하나님이 힘과 생명만을 의지하는 자가 하나님의 백성입니다. 당시 고대 근동 지역에서 할례는 결혼 적령기에 이른 남자들에게 행하던 의식이었습니다. 그런데 하나님은 생후 8일 만에 실시하라고 하십니다. 이는 언약 백성의 삶 전체가 요람에서 무덤까지 하나님께 바쳐졌음을 나타내는 신앙의 행위임을 드러냅니다.[39]

99세에 행한 할례의 의미

너희는 포피를 베어라 이것이 나와 너희 사이의 언약의 표징이니라 (창 17:11)

99세가 된 아브람에게 이제 아브라함이라는 새 이름을 주시고 할례를 명하십니다. 아브라함이라는 새 이름과 할례 요구는 무슨 관계가 있을까요? 아브라함은 열국의 아비이자 모든 민족의 아비로서 예전과 전혀 다른 존재로, 다른 삶의 목적으로 살도록 요구받았습니다. 그러기에 옛사람의 죽음을 의미하는 할례를 통해 아브람이라는 옛사람의 생명과 힘이 죽고 하나님의 생명과 힘으로만 사는 아브라함이라는 새 사람으로 살아가라는 하나님의 요구인 것입니다. 이제는 아브라함의 육신적 힘으로 할 수 있는 것은 아무것도 없음을 선언하는 것입니다.

---

38 강규성, 『창조주 하나님의 방문』(서울: 예영비앤피, 2010), pp. 101-102.
39 차준희, 『창세기 다시보기』(서울: 대한기독교서회, 2002). p. 96.

여리고성 정복에 앞서 할례를 명하신 이유

여호수아서에서 하나님은 이스라엘 백성들이 요단강을 건너 길갈에 진 치고 있을 때 할례를 요구하셨습니다. 이는 아주 위험한 명령이었습니다. 왜냐면 곧 이스라엘은 여리고성 전투를 앞두고 있었기 때문입니다. 여리고성 사람들은 이스라엘을 두려워하여 늘 경계하고 있었기에 이스라엘 군사들이 할례를 행한다면 그리 멀지 않은 거리에 있던 여리고성의 군사들이 이스라엘을 기습할 위험이 너무나 컸습니다. 이것을 너무나 잘 알고 계시는 하나님이 할례를 명하십니다. 왜일까요?

이는 곧 여리고성 정복이 이스라엘의 힘이 아닌 오직 하나님의 힘으로만 가능함을 가르치시기 위함이었습니다. 그렇습니다. 할례는 복음이 무엇인가를 가르칩니다. "너의 안에는 싸움을 이길 능력이 없다. 너의 의로는 안 된다. 하나님의 의, 하나님의 능력으로만 가능하다"라는 것을 알려 주는 것입니다. 그래서 창세기 17장 이후부터 벌어지는 놀라운 기적과 축복들은 아브라함에게서 나오는 게 아니라 하나님으로부터 나오는 능력임을 드러내는 것입니다.

하나님의 기적과 능력을 경험하려면

할례와 이삭의 출생은 매우 중요한 연관성을 갖고 있습니다. 99세의 아브라함에게 할례를 명하시고 1년이 지나나 100세에 이삭을 주십니다. 할례를 통해 아브라함의 육신적 생산 능력이 끝이 났음을 선언하시고 오직 하나님의 능력으로 이삭을 주신 것입니다. 우리의 삶에도 하나님의 기적과 능력을 경험하려면 우리도 자신의 모든 것에 할례를 행해야 합니다. 지식, 몸, 물질, 미래, 자녀 등 이 모든 분야에서 나는 거룩한 할례를 행하고 있습니까?

사래에서 사라로

하나님이 또 아브라함에게 이르시되 네 아내 사래는 이름을 사래라 하지 말고 사라라 하라 내가 그에게 복을 주어 그가 네게 아들을 낳아 주게 하며 내가 그에게 복을 주어 그를 여러 민족의 어머니가 되게 하리니 민족의 여러 왕이 그에게서 나리라 (창 17:15-16) •

하나님은 사래도 사라로 이름을 바꾸십니다. 사래(שָׂרָי)는 '존귀한 어머니'라는 의미이고, 사라(שָׂרָה)는 '모든 민족의 어머니'라는 뜻입니다. 아브라함과 마찬가지로 사라도 하나님께 새 이름을 받았습니다. 전술한 것처럼 이름은 그 사람의 정체성과 사명입니다. 사라도 이제 남편처럼 새 존재가 되어 인생의 새 정체성과 목적을 가지고 살아야 합니다. 아브라함과 사라는 열국의 아버지, 열국의 어머니입니다. 하나님께서는 당신의 힘과 능력으로 아브라함과 사라가 열국의 아버지와 어머니가 되게 하실 것입니다.

신자는 정체성과 삶의 목적이 바뀐 사람입니다

우리도 예수 믿기 전에는 존귀한 자로서 세상에서 잘 나가는 사람이 되기를 바랐습니다. 아브람과 사래가 되고 싶어 했습니다. 나 하나 잘살고 잘 먹고 존귀하게 되는 삶을 원한 것입니다. 그러나 예수 믿은 후 새로운 존재, 새로운 피조물이 되었습니다. 그리스도인, 하나님의 자녀, 하나님의 상속자라는 새로운 존재가 된 것입니다. 그러기에 그리스도인은 살아갈 이유도, 목적도, 방법도 달라진 사람들입니다. 이제 모든 사람을 살리는 고귀한 사명의 자리로 부르신 것입니다. 나는 예수를 믿고 난 후에도 여전히 예전의 삶과 자세로 살아가고 있지 않습니까?

아브라함과 사라의 차하크

아브라함이 엎드려 웃으며 마음속으로 이르되 백 세 된 사람이 어찌 자식을 낳을까 사라는 구십 세니 어찌 출산하리요 하고 (창 17:17)

하나님께서 아브라함에게 사라가 아들을 낳을 것을 말씀하시자 아브라함이 엎드려서 웃었습니다. '웃었다'는 히브리어로 '차하크(ṣāḥaq)'인데, '웃다, 비웃다'라는 뜻입니다. 아브람이 하나님의 말씀을 도저히 믿을 수 없었던 것입니다. 창세기 15장에서 하나님의 언약을 믿어 의로 여김을 받았던 아브람이 자신과 아내의 육신적 생산 능력이 완전히 끝난 지금은 하나님의 말씀을 비웃고 있는 것입니다.

그의 나이는 100세나 되었고 아내는 90세인데 어찌 자식을 얻을 수 있을까 생각하고 13년 전에 낳은 이스마엘이나 하나님 앞에서 살기를 원한다고 말했습니다. 그러자 하나님께서 "아니라 네 아내 사라가 네게 아들을 낳으리니 너는 그 이름을 이삭이라 하라"(창 17:19)라고 말씀하십니다. 이삭은 히브리어 '이츠하크(yiṣḥaq)'로서 '그가 (비)웃었다'라는 뜻입니다. 이는 이중적인 의미가 있습니다. 첫째, 아브라함이 하나님의 능력을 믿지 않고 비

우리의 비웃음을 웃음으로 바꾸시는 하나님

아브라함은 하나님의 약속을 들을 때 그것이 믿기지 않아서 비웃었습니다. 그러나 하나님은 이 '불신앙의 비웃음'을 '기적의 웃음'으로 바꾸셨습니다. 하나님은 나를 웃게 하실 수 있는 분입니다. 이것을 믿으십니까?

웃었다는 의미입니다. 둘째, 하나님이 아브람과 사라가 가졌던 평생의 한을 풀어주셔서 그들로 하여금 웃게 하셨다는 의미입니다.

3. 이스마엘의 후손을 향한 축복

이스마엘에 대하여는 내가 네 말을 들었나니 내가 그에게 복을 주어 그를 매우 크게 생육하고 번성하게 할지라 그가 열두 두령을 낳으리니 내가 그를 큰 나라가 되게 하려니와 (창 17:20)

하나님은 이스마엘에게 열두 두령을 주시고 생육하고 번성하여 큰 나라가 되게 하겠다고 약속하십니다. 이는 열방을 향한 하나님의 선교에 대한 분명한 선언인 것입니다. 이 본문을 원독자 입장에서 보면 이스라엘 백성들이 가진 자신들만이 유일한 하나님의 백성이라는 선민의식에 대한 경계입니다. 이스라엘은 선민의식에 빠지면 안 됩니다. 하나님이 이스마엘의 열두 후손들도 축복하셨다는 것을 잊지 말고 선교적 사명을 잘 감당하라고 하신 것입니다. 물론 이스라엘은 제사장 나라로서의 선교적 사명과 이 말씀의 깊은 의도를 깨닫지 못해 하나님의 심판을 받게 됩니다.

자기에게 말씀하신 대로 '이날에'

그 집의 모든 남자 곧 집에서 태어난 자와 돈으로 이방 사람에게서 사온 자가 다 그와 함께 할례를 받았더라 (창 17:27)

아브라함은 하나님이 자기에게 말씀하신 대로 이날에 바로 할례를 행합니다. 그는 지체하지 않았습니다. 그날 바로 순종했습니다. 중요한 것은 이스마엘도 할례를 받았고, 이방 사람에게서 사 온 자도 다 그와 함께 할례를 받았다는 사실입니다. 이스마엘과 이방 사람도 할례를 받았다는 것은 하나님께서 이스라엘 민족뿐만 아니라 이방인들을 하나님의 백성으로 삼으실 것을 암시합니다. 아브라함 안에서 많은 민족들이 하나님의 자녀가 될 것입니다. 아브라함으로 하여금 모든 민족의 아버지가 되도록 하겠다는 약속을 이루실 것에 대한 증표입니다.

이삭에 대한 약속과 아브라함의 중보기도

1. 중보자로의 부르심

창세기 18장과 19장은 소돔과 고모라의 죄악과 하나님의 심판 장면입니다. 12장부터 시작된 아브라함 이야기는 두 부분으로 나눌 수 있습니다. 전반부는 12~17장까지로 주로 아브람이 하나님과의 관계에서 성장하고 하나님을 알아가는 것입니다. 후반부는 18장 이후로 아브라함이 이웃과의 관계에서 그들을 위해 중보자의 사명을 감당한다는 내용입니다. 하나님의 관계가 온전하면 이웃과의 관계에서 열매가 나타납니다. 하나님 사랑과 이웃 사랑은 하나입니다. 소돔과 고모라에 대한 심판 이야기에서 아브라함은 이제 한 도시, 한 나라를 중보하는 자로 훈련받습니다. 하나님은 창세기 12장부터 아브람을 부르신 뒤로 그를 양육하고 훈련시켜 오셨습니다. 이제 아브라함은 새로운 단계로 초대되고 있습니다.

창세기 12장부터 17장까지의 세월은 24년입니다. 하나님은 아브라함을 24년 동안 양육하시고 훈련해 오셨습니다. 그동안 아브라함은 많은 사건을 경험하면서 하나님이 어떤 분이신지 알게 되었고, 그의 믿음도 많이 성장하였을 것입니다.

이제 하나님은 아브라함에게 다른 영역을 훈련하시려고 합니다. 그것은 한 나라와 도시를 위한 중보기도에 대한 가르침입니다. 아브라함은 이제 다른 영혼들을 위해 기도로 중보하는 중보자로서의 훈련을 받습니다. 그동안의 훈련이 아브라함의 내면을 다듬고 믿음을 세우는 과정이었다면 지금부터는 자신을 넘어서 다른 사람들, 한 도시, 한 나라를 살리는 일에 부름을 받습니다.

나의 기도의 지경은 넓혀지고 있습니까?

하나님이 아브라함을 하나님의 사람으로 빚어가듯이 나도 빚어 가십니다. 아브라함은 이제 자신만을 위한 신앙이 아니라 다른 영혼들을 품고 살리는 중보자로서의 삶을 요구 받습니다. 그래서 그의 기도의 지경은 달라져야 하고 넓어져야 합니다. 나의 기도의 영역은 어디까지입니까? 자신, 내 자식, 내 남편, 내 아내, 나의 미래, 내 사업에만 머물러 있지는 않습니까? 나의 기도의 지경을 넓히라는 하나님의 요구가 들리지 않습니까?

천사를 대접하다

여호와께서 마므레의 상수리나무들이 있는 곳에서 아브라함에게 나타나시니라 날이 뜨거울 때에 그가 장막 문에 앉아 있다가 눈을 들어 본즉 사람 셋이 맞은편에 서 있는지라 그가 그들을 보자 곧 장막 문에서 달려나가 영접하며 몸을 땅에 굽혀 이르되 내 주여 내가 주께 은혜를 입었사오면 원하건대 종을 떠나 지나가지 마시옵고 물을 조금 가져오게 하사 당신들의 발을 씻으시고 나무 아래에서 쉬소서 (창 18:1-4)

창세기 18장의 첫 단락은 아브라함이 하나님의 사자들을 영접하고 대접하는 장면입니다. 사람 셋^(천사들)은 소돔과 고모라의 죄악을 살펴보기 위해 가고 있었습니다. 아브라함은 그들을 보고 달려나가 몸을 굽혀 영접했고, 송아지를 잡아 그들을 대접했습니다. 히브리서를 보면 부지중에 나그네를 대접한 아브라함에 대해서 설명하고 있습니다.

손님 대접하기를 잊지 말라 이로써 부지중에 천사들을 대접한 이들이 있었느니라 (히 13:2)

아브라함은 나그네를 소홀히 대하지 않았습니다. 그런데 아브라함은 그들이 하나님의 천사들인 것을 전혀 알아채지 못했습니다.

2. 사라에게 아들이 있으리라

그들이 아브라함에게 이르되 네 아내 사라가 어디 있느냐 대답하되 장막에 있나이다 그가 이르시되 내년 이맘때 내가 반드시 네게로 돌아오리니 네 아내 사라에게 아들이 있으리라 하시니 사라가 그 뒤 장막 문에서 들었더라 (창 18:9-10)

아브라함에게 대접을 받은 하나님의 사자들은 아브라함에게 내년 이맘때에 아내 사라에게 아들이 있으리라고 선포합니다.

비웃는 사라

아브라함과 사라는 나이가 많아 늙었고 사라에게는 여성의 생리가 끊어졌는지라 사라가 속으로 웃고 이르되 내가 노쇠하였고 내 주인도 늙었으니 내게 무슨 즐거움이 있으리요 (창 18:11-12)

하나님의 사자들의 선포를 들은 사라가 속으로 웃었습니다. 그녀는 속으로 '나도 늙고 남편도 늙었는데 어떻게 아들을 낳을 수 있단 말인가'라고 생각하면서 웃었습니다. 앞에서 말한 대로 '웃었다'라는 단어는 히브리어 차하크(קחצ)로서 '웃다, 비웃다'라는 뜻입니다. 사라가 이렇듯 하나님의 사자들의 선포를 믿지 못하고 비웃는 이유는 자신이 임신할 수 없는 상태임을 너무나 잘 알기 때문입니다. 왜냐면 사라는 생리가 끊긴 지 오래전입니다.

여호와께 능하지 못한 일이 있겠느냐

여호와께서 아브라함에게 이르시되 사라가 왜 웃으며 이르기를 내가 늙었거늘 어떻게 아들을 낳으리요 하느냐 여호와께 능하지 못한 일이 있겠느냐 기한이 이를 때에 내가 네게로 돌아오리니 사라에게 아들이 있으리라 (창 18:13-14)

사라가 속으로 웃자 하나님의 사자가 말하기를, "여호와께 능하지 못한 일이 있겠느냐"라고 합니다. 사라의 속마음을 이미 간파한 것입니다. 사라는 자신의 웃음을 부인했지만, 하나님의 사자가 모를 리 없습니다.

하나님께는 능치 못한 일이 없습니다. 아브라함과 사라가 더 배워야 할 것이 있다면 바로 하나님은 전능하신 분이라는 사실입니다. 하나님은 사람이 아니십니다. 인간의 지혜나 능력으로 판단 받으실 분이 아닙니다. 하나님은 말씀으로 우주 만물을 창조하신 창조자요, 역사의 주권자이시며, 전능한 분이십니다.

로마서에서 바울은 전능하신 하나님을 이렇게 선포합니다.

기록된 바 내가 너를 많은 민족의 조상으로 세웠다 하심과 같으니 그가 믿은 바 하나님은 죽은 자를 살리시며 없는 것을 있는 것으로 부르시는 이시니라 (롬 4:17)

전능하신 하나님이 내 아버지이심을 믿습니까?

사라의 웃음에 담긴 불신앙은 남의 이야기가 아닙니다. 사라가 곧 나이기 때문입니다. 하나님께 능치 못할 일이 없습니다. 내가 아버지로 부르고 섬기는 하나님이 전능자이십니다. 나는 이것을 믿고 삽니까?

숨기지 않으시는 하나님

여호와께서 이르시되 내가 하려는 것을 아브라함에게 숨기겠느냐 (창 18:17)

천사들은 아브라함에게 소돔과 고모라의 심판을 알립니다. '하나님이 하시려는 일을 아브라함에게 어찌 숨기겠는가'라고 합니다. 아모스 선지자도 같은 말을 합니다.

주 여호와께서는 자기의 비밀을 그 종 선지자들에게 보이지 아니하시고는 결코 행하심이 없으시리라 (암 3:7)

하나님은 왜 아브라함에게 소돔과 고모라에 대한 심판을 미리 알려주시는 것일까요? 단지 소돔과 고모라의 멸망을 미리 알려주시는 것일까요? 심판과 멸망이 목적이라면 굳이 아브라함에게 알리실 필요가 없습니다.

여기에는 하나님의 깊은 의도가 있습니다. 하나님은 아브라함을 더 높고 깊은 차원으로 이끌어 가십니다. 그것은 중보자의 자리입니다. 이제 아브라함이 다른 사람들의 생명을 위해 기도하는 자로 부름을 받습니다. 하나님은 아브라함에게 소돔과 고모라에 대한 심판을 미리 알리심으로 그로 하여금 하나님의 심판을 막아서는 자로 세우기를 원하셨습니다. 왜냐하면 하나님의 목적은 심판이 아니라 구원과 회복이기 때문입니다. 더 나아가 하나님은 아브라함이 이제 하나님의 마음을 알아 그 마음을 나누고 동참하는 자리까지 성장하기를 바라시기 때문입니다.

3. 아브라함과 맺은 언약(5차)

아브라함은 강대한 나라가 되고 천하 만민은 그로 말미암아 복을 받게 될 것이 아니냐 (창 18:18)

하나님은 아브라함에게 다시 복을 약속하십니다. 5번째 언약입니다. 하나님은 아브라함이 강대한 나라가 되고 천하 만민, 즉 '모든 족속'이 아브라함으로 말미암아 복을 받게 될 것을 약속하십니다. 하나님의 복은 아브라함이라는 한 개인을 위한 복이 아닙니다. 하나님의 복은 언제나 천하 만민, 모든 족속을 향한 복입니다. 이것은 성경 66권 전체에 흐르는 주제입니다.

아브라함을 선택하시고 축복하시는 이유

내가 그로 그 자식과 권속에게 명하여 여호와의 도를 지켜 의와 공도를 행하게 하려고 그를 택하였나니 이는 나 여호와가 아브라함에게 대하여 말한 일을 이루려 함이니라 (창 18:19)

하나님은 아브라함을 선택하셔서 그와 언약을 맺고 복을 주시는 목적과 이유를 분명하게 선언하십니다. 그것은 아브라함의 후손들이 하나님의 도를 지켜 의와 공도를 행하게 하려는 것입니다. 이 목적 선언은 성경 전체를 풀어가는 핵심 주제입니다. 의와 공도(公道)를 행함은 성경 66권 전체에서 하나님이 당신의 백성들을 구원하시는 목적 가운데 가장 중요한 목적입니다. 여기서 의와 공도는 17권의 선지서에서 언급되는 '공평과 정의'와 같은 개념입니다.

하나님이 이스라엘을 그분의 백성으로 선택하시고 부르시고 구원하신 이유는 천하 만민에게 복을 흘려보내는 거룩한 통로, 즉 제사장 나라의 사명 때문입니다. 그러기에 복의 통로인 하나님의 백성들이 의와 공도의 삶, 공평과 정의의 삶을 살 때 하나님의 복이 천하 만민에게 흘러가게 됩니다. 이것이 하나님께서 계획하신 천하 만민을 향한 복의 시스템입니다.

그런데 하나님의 백성인 이스라엘은 가나안 땅에 들어가서 전혀 이런 삶, 즉 의와 공도를 행하는 삶을 살지 않았습니다. 그래서 17권의 선지서에서는 선지자들을 통해 그들의 죄악을 지적받고 회개할 것을 경고받게 되지만, 끝내 회개치 않아서 결국 나라가 멸망하고 앗수르와 바벨론에 포로로 끌려가게 되고 말았습니다.

아모스 선지자는 이스라엘의 지도자들과 백성들에게 공의를 강물같이 공평을 물같이 흘려보내라고 촉구합니다.

오직 정의를 물 같이, 공의를 마르지 않는 강 같이 흐르게 할지어다 (암 5:24)

신약에서도 동일한 개념을 선포합니다. 왜냐면 진리는 하나이기에 구약과 신약이 구원받은 자에게 동일한 삶을 요구하는 것입니다.

온갖 좋은 은사와 온전한 선물이 다 위로부터 빛들의 아버지께로부터 내려오나니 그는 변함도 없으시고 회전하는 그림자도 없으시니라 (약 1:17)

고아나 과부를 돌보지 않은 경건은 헛 것이며, 이웃을 사랑하지 않은 하나님 사랑은 거짓 사랑입니다. 이런 개념이 바로 의와 공도를 행하는 것입니다.

나는 반쪽짜리 신앙입니까?

신앙은 하나님 사랑과 이웃 사랑입니다. 하나님을 정말 사랑한다면 하나님이 사랑하시는 사람들을 사랑할 수밖에 없습니다. 그 이웃이 내 맘에 들지 않는 사람들일지라도, 심지어 나를 힘들게 하는 원수라 해도 말입니다. 즉 성경은 하나님 사랑이 이웃 사랑, 원수 사랑으로 증명되어야 함을 요구합니다. 나는 어떠합니까? 하나님을 정말 사랑하십니까? 그렇다면 나에게 붙여 주신 사람들, 가족, 부모, 지인, 교회 지체들, 직장과 학교의 선후배들을 어떻게 대하고 있는지 내 삶을 살펴보십시오. 그들을 사랑하고 있습니까? 나는 반쪽짜리 신앙인이 아닙니까?

4. 소돔과 고모라의 죄악

여호와께서 또 이르시되 소돔과 고모라에 대한 부르짖음이 크고 그 죄악이 심히 무거우니 내가 이제 내려가서 그 모든 행한 것이 과연 내게 들린 부르짖음과 같은지 그렇지 않은지 내가 보고 알려 하노라 (창 18:20-21)

하나님의 사자들은 소돔을 향해 갑니다. 그 이유는 소돔과 고모라의 죄악이 심히 무거워 하나님의 심판을 시행하기 위함입니다. 여기서 소돔과 고모라 사람들의 '부르짖음'은 히브리어로 '체아카(צְעָקָה)'입니다. 하나님이 소돔과 고모라에 '체데크(צְדָקָה, 의)'를 원하셨는데, 오히려 억울한 사람들의 '체아카(울부짖음)'만 하나님 귀에 들리고 있습니다. 에스겔은 소돔이 공의와 정의, 즉 의(체데크)에 대해 전혀 관심도 없었다고 말합니다.

> 네 아우 소돔의 죄악은 이러하니 그와 그의 딸들에게 교만함과 음식물의 풍족함과 태평함이 있음이며 또 그가 가난하고 궁핍한 자를 도와 주지 아니하며 (겔 16:49)

반면 아브라함은 여호와 앞에 그대로 서 있습니다. 하나님은 소돔과 고모라를 심판하시기 전에 당신의 계획을 아브라함에게 미리 알리시면서 "내가 행하는 것을 아브라함에게 숨기겠느냐"라고 말씀하십니다. 이는 하나님께서 아브라함에게 하나님과 세상을 중보하는 사명을 주셨음을 의미합니다. 마찬가지로, 오늘날에도 하나님은 구원받은 신자들을 중보기도의 자리로 부르십니다. 왜냐면 신자들은 왕 같은 제사장이기 때문입니다.

아브라함의 중보기도

아브라함이 가까이 나아가 이르되 주께서 의인을 악인과 함께 멸하려 하시나이까 그 성 중에 의인 오십 명이 있을지라도 주께서 그 곳을 멸하시고 그 오십 의인을 위하여 용서하지 아니하시리이까 주께서 이같이 하사 의인을 악인과 함께 죽이심은 부당하오며 의인과 악인을 같이 하심도 부당하니이다 세상을 심판하시는 이가 정의를 행하실 것이 아니니이까 여호와께서 이르시되 내가 만일 소돔 성읍 가운데에서 의인 오십 명을 찾으면 그들을 위하여 온 지역을 용서하리라 아브라함이 대답하여 이르되 나는 티끌이나 재와 같사오나 감히 주께 아뢰나이다 오십 의인 중에 오 명이 부족하다면 그 오 명이 부족함으로 말미암아 온 성읍을 멸하시리이까 이르시되 내가 거기서 사십오 명을 찾으면 멸하지 아니하리라 아브라함이 또 아뢰어 이르되 거기서 사십 명을 찾으시면 어찌 하려 하시나이까 이르시되 사십 명으로 말미암아 멸하지 아니하리라 아브라함이 이르되 내 주여 노하지 마시옵고 말씀하게 하옵소서 거기서 삼십 명을 찾으시면 어찌 하려 하시나이까 이르시되 내가 거기서 삼십 명을 찾으면 그리하지 아니하리라 아브라함이 또 이르되 내가 감히 내 주께 아뢰나이다 거기서 이십 명을 찾으시면 어찌 하려 하시나이까 이르시되 내가 이십 명으로 말미암아 그리하지 아니하리라 아브라함이 또 이르되 주는 노하지 마옵소서 내가 이번만 더 아뢰리이다 거기서 십 명을 찾으시면 어찌 하려 하시나이까 이르시되 내가 십 명으로 말미암아 멸하지 아니하리라 (창 18:23-32)

창세기 12~17장까지의 아브라함은 오직 자신의 축복을 위해 하나님께 간구했다면 이제는 다른 이들의 문제를 가지고 하나님께 간구하고 있습니다. 그래서 하나님과 아브라함의 대화가 시작됩니다. 소돔과 고모라 심판을 두고 하나님은 아브라함의 기도를 들으시고 그의 의견을 존중하십니다. 심지어 그의 제안을 받아들이고 조율하기까지 하십니다.

아브라함은 의인을 악인과 함께 멸하심이 하나님의 공의에 전혀 합당하지 않음을 역설합니다. 그래서 의인 오십이 있으면 그 땅을 용서하실 것을 요구합니다. 하나님은 이 제안을 받으십니다. 그리고 아브라함의 요구는 사십 오명, 사십 명, 삼십 명, 이십 명, 십 명의 의인까지 이어집니다. 왜 아브라함이 10명에서 멈추었을까요? 이에 대해 월트키와 나훔 사르나(Nahum M. Sarna)는 히브리인들의 종교적 배경을 알면 이해가 된다고 말합니다. 히브리 남자 10명은 공동체의 최소 단위입니다. 히브리 남자 10명만 있어도 회당을 세울 수 있었습니다. 즉 '10'은 히브리 문화에서는 완전수로서 사회 구성의 최소 단위입니다.

이 단락에서 숫자가 중요한 것이 아닙니다. 중요한 것은 하나님께서 아브라함을 친구로, 동역자로 대접하고 계신다는 점입니다. 하나님께서 아브라함과 함께 무엇인가를 상의하고 조율하는 대상으로 대접하고 계신 것 자체가 어마어마한 은혜입니다. 또한 하나님께서 아브라함의 제안을 여러 번 용납하신 것은, 심판보다 구원하시기를 더 원하신다는 것을 드러냅니다.

유일한 중보자이신 예수 그리스도

소돔과 고모라를 향한 아브라함의 중보기도는 장차 예수 그리스도의 중보 사역을 예표합니다. 죄인과 하나님 사이를 중보하실 수 있는 분은 오직 예수님뿐입니다. 교회와 신자들은 예수님의 중보 사역에 동참하여 기도할 수 있는 특권과 의무를 가지고 있습니다. 우리는 이 특권과 의무를 누리고 있습니까?

창세기 19장

소돔과 고모라에 대한 심판과 롯

창세기 19장은 소돔과 고모라의 악인들이 하나님의 불 심판을 받고 죽는 내용입니다. 반면 18장은 하나님의 사자가 아브라함에게 새 생명의 탄생(이삭)을 예고합니다. 18장의 생명과 19장의 죽음이 대조를 이룹니다.

1. 소돔과 고모라의 타락

소돔과 고모라의 동성애

아브라함을 떠난 두 천사가 소돔에 이르자 롯은 그들에게 엎드려 절하며 두 천사를 맞이합니다. 그런데 소돔 백성들이 롯을 찾아와서 두 천사를 이끌어 낼 것을 요구합니다. 이유는 그들과 상관하기 위해서입니다. 상관한다는 것은 성관계를 의미합니다. 두 천사를 남자로 오해한 소돔 백성들은 남자들끼리의 성관계를 원하고 있는 것입니다. 이에 두 손님을 보호하고자 롯은 자신의 두 딸을 내어 주겠다고 하면서 "내게 남자를 가까이하지 아니한 두 딸이 있노라"라고 합니다.

이 사건에서 알 수 있는 것은 소돔에 동성애가 만연하다는 것을 알 수 있습니다. 성경 전체에서 어느 한 공동체에 동성애가 판을 친다는 것은 그곳에 하나님의 심판이 곧 임박했다는 것을 의미합니다. 하나님은 동성애나 수간(獸姦)처럼 창조 질서를 깨뜨리는 성적 타락을 죄라고 하십니다. 동성애는 성적인 죄를 넘어서 하나님의 창조 질서에 대한 역행입니다.

출애굽기 22장에서도 하나님은 모세를 통해 가나안 땅의 동성애와 수간 문화를 경계하십니다.

짐승과 행음하는 자는 반드시 죽일지니라 (출 22:19)

로마서에서도 바울은 동성애를 죄라고 규정합니다.

이 때문에 하나님께서 그들을 부끄러운 욕심에 내버려 두셨으니 곧 그들의 여
자들도 순리대로 쓸 것을 바꾸어 역리로 쓰며 그와 같이 남자들도 순리대로 여
자 쓰기를 버리고 서로 향하여 음욕이 불 일듯 하매 남자가 남자와 더불어 부끄
러운 일을 행하여 그들의 그릇됨에 상당한 보응을 그들 자신이 받았느니라 (롬
1:26-27)

착취의 도시, 소돔과 고모라

소돔과 고모라가 하나님의 공의의 심판을 받아야 할 이유는 동성애라는
죄악뿐만 아니라 하나님이 원하시는 공의의 실천에 대해 철저히 무관심했
기 때문입니다. 또한 사람들이 자신의 탐욕을 채우기 위해 다른 사람들의
생명과 인권을 함부로 유린하고 있었습니다(사 1:9-10, 렘 23:14, 겔 16:49).

두 딸에 대한 롯의 태도

그런데 이를 대응하는 롯의 태도도 문제입니다. 롯은 소돔의 남자들에
게 두 손님을 내어 줄 수 없으니 자신의 두 딸을 내어 주겠다고 합니다. 두
딸은 이런 아버지의 말과 태도를 어떻게 생각했을까요? 아마도 두 딸은 큰
상처를 입었을 것입니다. 물론 두 딸이 불행한 일을 겪지는 않았습니다. 왜
냐면 소돔 사람들이 두 딸을 거절했기 때문입니다.

눈이 어두워진 소돔 사람들

이에 두 천사는 소돔 남자들의 눈을 어둡게 합니다. 성경 전체에서 눈에 어두워진다는 것은 단지 육신적인 현상만 의미하지 않습니다. 이는 영적인 측면을 포함합니다. 이미 왜곡된 성적 욕망으로 인해 어둠에 사로잡힌 소돔 사람들에게 하나님께서 심판을 내리시는데, 그 심판은 바로 영적인 눈이 더 어두워지는 것입니다.

농담으로 여긴 사위들

롯이 나가서 그 딸들과 결혼할 사위들에게 말하여 이르기를 여호와께서 이 성을 멸하실 터이니 너희는 일어나 이 곳에서 떠나라 하되 그의 사위들은 농담으로 여겼더라 (창 19:14)

천사가 소돔 사람들의 눈을 어둡게 해서 이 자리를 모면하게 됩니다. 그리고 롯에게 "네 사위나 자녀나 성 중에 네게 속한 자들을 다 성 밖으로 이끌어 내라 … 여호와께서 이 곳을 멸하시려고 우리를 보내셨나니 우리가 멸하리라"라고 이야기합니다. 이때 그의 사위들은 장인 롯의 이야기를 농담으로 여겼다고 나옵니다. 오늘날에도 하나님의 말씀을 우습게 여기고 농담으로 여깁니다. 주님의 재림 심판이 있음을 말해도 듣지 않습니다.

지체하는 롯

그러나 롯이 지체하매 그 사람들이 롯의 손과 그 아내의 손과 두 딸의 손을 잡아

인도하여 성 밖에 두니 여호와께서 그에게 자비를 더하심이었더라 (창 19:16)

빨리 소돔과 고모라를 도망쳐 나와야 하는데, 롯이 지체하고 있는 것입니다. 여기서 롯에게 소돔과 고모라 땅이 지닌 화려함과 가치에 대한 미련이 남아 있는 것을 볼 수 있습니다. 아직도 세상 사랑을 못 버리고 지체합니다. 소돔과 고모라의 가치를 절연하지 못하고 있는 롯의 머뭇거리는 모습에서 우리는 하나님의 말씀 앞에 지체하지 않고 순종했던 아브라함과 하나님의 말씀 앞에 주저하고 있는 롯의 모습을 대조적으로 볼 수 있습니다.

창세기의 1차 저자인 모세는 1차 독자인 광야의 이스라엘 백성들에게 하나님의 말씀을 주저 없이 순종하여 축복을 받은 아브라함과 하나님의 말씀에 순종하기를 주저하는 롯이 겪은 위기를 대조하면서 이스라엘 백성들이 누구를 본받아야 하는지를 가르칩니다. 이 소돔과 고모라의 가치를 빨리 끊어내야 살 수 있다는 것을 알면서도 죄악에 미적거리고 있는 롯의 모습을 보게 됩니다. 롯의 모습 속에서 우리는 세상 욕심, 돈 욕심, 자기 자랑, 세상 정욕을 버리지 못하고 미적거리고 있는 자신의 모습을 볼 수 있습니다. 롯이 곧 우리의 모습입니다.

롯이 지체하자 롯에게 맡기지 않고 천사들이 롯의 손과 그 아내의 손과 두 딸의 손을 잡아 인도하여 성 밖에 둔 것입니다. 결단코 롯의 의지가 아니었습니다. 하나님께서 거룩한 곳으로 이끌어 가신 것입니다. 그렇지 않으면 양쪽에 걸쳐서 살게 되는 존재일 수밖에 없는데, 이렇게 머뭇거릴 때 하나님께서 강제로 끌어가는 것이 오히려 큰 은혜입니다.

그리고 하나님께서 롯과 그 딸들에게 자비를 베푸셨습니다. 이는 그들이 잘했기 때문에 자비를 베푸시는 것이 아니라 그저 하나님께서 일방적으로 자비를 베푸시는 것입니다.

그러나 롯이 지체하매 그 사람들이 롯의 손과 그 아내의 손과 두 딸의 손을 잡아 인도하여 성 밖에 두니 여호와께서 그에게 자비를 더하심이었더라 (창 19:16)

2. 도망하여 생명을 보존하라

그 사람들이 그들을 밖으로 이끌어 낸 후에 이르되 도망하여 생명을 보존하라 돌아보거나 들에 머물지 말고 산으로 도망하여 멸망함을 면하라 (창 19:17)

천사는 롯에게 돌아보거나 들에 머물지 말고 산으로 도망하여 멸망을 면하라고 말합니다. 돌아보면 안 됩니다. 예수님도 누가복음에서 "쟁기를 잡고 뒤를 돌아보는 자는 하나님 나라에 합당치 않다"라고 말씀하십니다. 가다가 중간에 머물러서도 안 됩니다. 끝까지 가야 합니다. 지체해도 안 되고, 가다가 멈추어도 안 되고, 힐끗힐끗 돌아보아도 안 되는 것입니다. 속히 떠나야 합니다. 끝까지 가야 합니다. 그리고 주님만 보고 가야 합니다.

그리로 속히 도망하라

그가 그에게 이르되 내가 이 일에도 네 소원을 들었은즉 네가 말하는 그 성읍을 멸하지 아니하리니 그리로 속히 도망하라 네가 거기 이르기까지는 내가 아무 일도 행할 수 없노라 하였더라 그러므로 그 성읍 이름을 소알이라 불렀더라 (창 19:21-22)

드디어 소알 땅에 도착했습니다. 원래 천사가 소알 땅으로 가라고 한 것은 아닙니다. 더 멀리 산으로 가라고 했는데 롯이 산까지 갈 수 없다고 하면서 소알 성읍이 도망하기 가까워서 그곳으로 도망하게 해달라고 요구하자 허락한 것입니다. 이 부분도 롯의 완전한 순종이 아닙니다. 자기가 원하는 위치까지만 간 것입니다. 그래서 불과 유황의 심판은 일단 피한 것입니다.

불과 유황 심판

그리고 나서 소돔과 고모라에 불과 유황을 비같이 내리셨다고 합니다. 그 성과 온 들과 성에 거주하는 모든 백성과 땅에 난 것들을 다 엎어 멸하셨습니다.

뒤를 돌아본 롯의 아내

롯의 아내는 뒤를 돌아보았으므로 소금 기둥이 되었더라 (창 19:26)

그런데 롯의 아내가 함께 도망가다가 뒤를 돌아본 것입니다. 궁금해서 돌아보았을까요? 롯의 아내가 뒤돌아보았다는 것은 의미가 있습니다. 소돔과 고모라의 가치에 미련이 남아서 버리지 못한 것입니다.

소금은 성경에서 하나님의 언약을 의미합니다. 하나님은 자신이 하신 언약의 말씀에 신실하십니다. 뒤를 돌아보면 죽는다고 경고했는데도 돌아본 아내는 하나님의 말씀대로 심판을 받았습니다.

우리 안에서 버려야 될 것들은 분명히 버려야 합니다. 그런데 버려야 하는 것은 알겠는데, 그 죄악을 끊어내지 못하고 계속 접촉하고 있는 우리의 모습은 롯의 아내의 모습에서 찾아볼 수 있습니다. 뒤를 돌아본 롯의 아내는 소금 기둥이 되었습니다. 소금 기둥은 불신앙의 상징물이요, 기념탑이라고 할 수 있습니다. 나는 무엇에 미련을 떨치지 못하고 있으며, 어디를 뒤돌아보고 있습니까?

롯이 구원받은 이유

하나님이 그 지역의 성을 멸하실 때 곧 롯이 거주하는 성을 엎으실 때에 하나님이 아브라함을 생각하사 롯을 그 엎으시는 중에서 내보내셨더라 (창 19:29)

롯이 구원받은 이유에 대해 성경은 '하나님께서 소돔과 고모라 성을 멸하실 때에 아브라함을 생각하셨다'라고 이야기합니다. 아브라함의 중보기도를 생각하신 것입니다. 롯을 생각하신 것이 아닙니다. 예수님이 재림하실 때 중보기도를 생각하시고 우리 안에 뿌려진 예수님의 피를 보시고 우리를 취하실 것입니다. 그분만이 우리를 천국으로 가게 하고 지옥 심판에서 건져낼 분이시기에 그분만 바라보고 붙잡아야 합니다.

하나님의 심판을 유예케 하고 보류시키는 어떤 한 사람이 있습니다. 한 가정에 이런 한 사람만 있어도 그 가정은 살 수 있습니다. 한 나라에 이런 한 사람만 있어도 나라가 살 수 있습니다. 아브라함의 중보 때문에 소돔과 고모라를 엎으시는 와중에도 롯을 내보내신 것입니다. 롯은 우리이고, 아브라함은 예수님을 상징합니다. 또한 우리는 아브라함처럼 나라와 민족을 위한 중보기도자임을 잊어서는 안 됩니다.

3. 롯과 두 딸

두 딸과 아비의 동침

우리가 우리 아버지에게 술을 마시게 하고 동침하여 우리 아버지로 말미암아 후
손을 이어가자 하고 그 밤에 그들이 아버지에게 술을 마시게 하고 큰 딸이 들어
가서 그 아버지와 동침하니라 그러나 그 아버지는 그 딸이 눕고 일어나는 것을
깨닫지 못하였더라 (창 19:32-33)

롯의 두 딸이 아버지에게 술을 먹이고 아버지와의 성관계를 통해 후손
을 이어가겠다는 것은 이미 두 딸이 가진 성적인 가치를 드러냅니다. 문맥
을 보면 두 딸이 도덕적으로 전혀 망설임이 없습니다. 소돔과 고모라가 멸
망되기 전 딸을 내주겠다는 롯의 말이나, 아버지를 통해 자식을 번식하겠
다는 딸의 반응을 보면 소돔과 고모라의 문화 가운데 퍼진 성적 타락이 그
들의 삶 속에 자연스럽게 스며들어 있었음을 알 수 있습니다.

> **묵상과 삶의 적용**
>
> 다음 세대들에게 성에 대한 성경적 가치를 바르게 심어주는 것은
> 너무나 중요합니다. 지금 우리 시대는 성적 가치관이 성경의 기준과 너무나 멀어진 시
> 대입니다. 어렸을 때부터 가르치지 않으면 안 됩니다. 나는 내 자녀와 교회의 다음 세
> 대들에게 성경적인 성의 가치와 기준을 가르치고 있습니까?

암몬과 모압의 시작

작은 딸이 낳은 벤암미는 암몬 자손의 조상이 됩니다. 그중에 모압 자손에서 롯이 나오게 됩니다. 롯의 두 딸이 낳은 아들들은 결국 암몬과 모압 족속이 됩니다. 이 두 족속은 대대로 이스라엘을 대적합니다. 출애굽 이후 40년의 광야에서도, 350년의 사사 시대에서도, 주전 586년 예루살렘이 함락될 때에도 그들은 하나님의 백성들을 대적했습니다.

창세기 20장

아브라함의 죄성과 하나님의 은혜

롯의 이야기가 마무리되고 다시 아브라함 이야기가 나옵니다.

창세기 12장과 20~21장의 구조

a. 축복: 아브람을 복 주심(12장 전반부)
　 b. 넘어짐: 아내를 누이라 속임(12장 후반부)
　 b′. 넘어짐: 아내를 누이라 속임(20장)
a′. 축복: 이삭을 낳음(21장)

구조를 보면 아브라함의 넘어짐과 축복이 연결되어 있습니다. 아내를 또다시 누이라 속이고 자신의 생명을 구하는 것이 창세기 20장입니다. 그리고 이삭을 낳는 장이 21장입니다. 20장에서 아브라함의 모습을 보면 21장의 축복이 가당하기나 한 것인지 모르겠습니다.

아브라함은 25년 전과 똑같은 모습을 보입니다. 사람은 쉽게 변하지 않습니다. 백번 양보해서 그가 창세기 12장에서 아내를 누이로 속인 것이 신앙의 초기에 일어난 일로 이해한다고 해도 25년이 지난 지금 블레셋 왕 아

오직 하나님의 은혜로만

신자도 마찬가지입니다. 신자는 처음부터 끝까지 하나님의 은혜로만 사는 자입니다. 은혜가 없으면 살 수 없는 자가 그리스도인입니다. 우리의 죄성과 악함, 연약함과 무력함에도 하나님의 은혜는 중단되지 않습니다. 나는 이런 하나님의 은혜를 얼마나 감사하며 살고 있습니까?

비멜렉이 아내를 취하겠다고 할 때 또 누이로 속여 목숨을 구걸합니다. 아브라함은 아직도 하나님보다 사람과 환경을 더 두려워하고 있음을 알 수 있습니다. 그럼에도 하나님은 아브라함에게 복을 주시고 이삭을 허락하셨습니다. 이 기가 막힌 구조는 인간의 죄성에도 불구하고 변함없는 하나님의 은혜를 적나라하게 드러냅니다.

1. 아브라함의 여전한 본성

창세기 20장은 아브라함이 하나님을 만난 지 거의 25년이나 되는 때입니다. 그랄 땅의 아비멜렉 왕이 그의 아내 사라를 취하고자 할 때도 그는 아내를 누이동생이라고 거짓말합니다. 물론 자신의 목숨을 지키기 위해서입니다. 아브라함은 또다시 자신의 본성을, 자신의 악함과 약함을 드러냅니다.

> 아브라함이 거기서 네게브 땅으로 옮겨가 가데스와 술 사이 그랄에 거류하며 그의 아내 사라를 자기 누이라 하였으므로 그랄 왕 아비멜렉이 사람을 보내어 사라를 데려갔더니 (창 20:1-2)

창세기 12장의 축복 약속 다음에 아브라함의 본성을 드러내고 있듯이 이번에는 아브라함의 본성이 드러나는 두 단락 후에 21장에서 이삭의 출생 이야기로 순서를 바꾸어 말하고 있습니다. 이는 아브라함이 원래 본성적으로 그런 사람이었지만, 21장에서 이삭을 받은 것은 모두 하나님의 은혜임을 보여 주는 것입니다. 아브라함의 초기나 말년을 볼 때 인생 자체가 은혜 없으면 안 되는 사람임을 보여 줍니다.

하나님의 개입

그 밤에 하나님이 아비멜렉에게 현몽하시고 그에게 이르시되 네가 데려간 이 여인으로 말미암아 네가 죽으리니 그는 남편이 있는 여자임이라 (창 20:3)

블레셋 지역 그랄 왕 아비멜렉이 사라를 데려가므로 나중에 하나님께 혼나게 됩니다. 하나님이 직접 나타나셔서 사라가 '남편 있는 여자'라고 말씀하십니다. 그런데 '그 사람의 아내를 돌려보내라'라고 하시면서 아브라함을 '선지자'라고 칭하십니다. 자기가 살겠다고 아내를 누이라고 속인 아브라함을 두고 하나님은 선지자라고 말씀하십니다. 아브라함이 보여 준 인간성을 보자면 그는 선지자로서의 자격이 없어 보입니다. 그럼에도 하나님은 아브라함을 선지자로 여기십니다.

목상과 삶의 적용

여기에 중요한 메시지가 있습니다. 하나님이 부르신 자들은 완전해서 부른 자들이 아니라는 사실입니다. 그들은 우리와 똑같은 성정과 죄성을 가진 자들입니다. 아브라함이 아무리 자신의 밑바닥을 보인다 해도 하나님에게는 여전히 하나님의 말씀을 전하는 선지자입니다. 하나님이 부르셨기 때문에 그렇게 쓰임 받는 것입니다. 우리도 하나님의 통로로 부름을 받았기에 그렇게 쓰임 받는 것이지, 대단한 자격을 갖추어서 쓰임 받는 것이 아님을 기억해야 합니다. 하나님의 부르심과 은사에는 후회하심이 없다는 바울의 말씀을 기억하십시오.

아브라함이 넘어진 이유: 두려움

아브라함이 이르되 이 곳에서는 하나님을 두려워함이 없으니 내 아내로 말미암

아 사람들이 나를 죽일까 생각하였음이요 (창 20:11)

아비멜렉이 아브라함을 불러서 "네가 무슨 뜻으로 이렇게 하였느냐"라고 묻자 아브라함이 대답하길, "이 곳에서는 하나님을 두려워함이 없으니"라고 답합니다. 이 말은 '하나님을 두려워하지 않는 사람들 사이에서는 내가 나를 스스로 지켜야겠다'라는 뜻입니다. 그러나 블레셋 그랄 지역에서도 하나님은 하나님이십니다. 그럼에도 이 순간에 아브라함은 내 인생은 내가 지켜야 한다는 논리로 서는 것입니다.

나를 그대의 오라비라 하라

또 그는 정말로 나의 이복 누이로서 내 아내가 되었음이니라 하나님이 나를 내 아버지의 집을 떠나 두루 다니게 하실 때에 내가 아내에게 말하기를 이 후로 우리의 가는 곳마다 그대는 나를 그대의 오라비라 하라 이것이 그대가 내게 베풀 은혜라 하였었노라 (창 20:12-13)

그리고 아브라함은 실제로 "나의 이복 누이로서 내 아내가 되었음이니라"라고 합니다. 창세기 12장보다 20장에서 아브라함의 밑바닥이 더 적나라하게 드러난다고 할 수 있습니다. 왜냐면 그는 하나님을 25년간 충분히 경험했고 알기 때문입니다. 그런데도 하나님은 창세기 21장에서 그에게 아들 이삭을 허락하십니다.

아브라함과 사라는 예전에 "우리의 가는 곳마다 그대는 나를 그대의 오라비라 하라"고 약속을 했다는 것입니다. 창세기 12장과 20장을 보면 하나님은 사건을 수습하시면서도 아브라함으로 하여금 재물을 얻게 하십니다.

그랄 왕이 양과 소와 종들을 아브라함에게 주고 아브라함이 보기 좋은 땅에 거주하도록 배려한 것을 볼 수 있습니다.

예수 믿고 산다는 것

하나님 아버지는 당신의 자녀들을 지키시는 분입니다. 머리털 하나까지도 세시는 분이 우리 하나님이십니다. 우리는 인생을 혼자 살아가지 않습니다. 하나님이 함께하십니다. 그러니 하나님의 자녀들은 담대해야 합니다. 위기를 복으로 돌려주시는 전화위복의 하나님이 우리 아버지이기 때문입니다. 예수를 믿는다는 것은 그저 지옥 가지 않고 천국에 가는 것만이 다가 아닙니다. 신자는 천국에 가는 순간까지 자신의 죄악을 폭로당하고 자신의 밑바닥에 더러운 죄악의 구정물이 솟구치는 자임을 날마다 깨닫고 오직 하나님의 은혜만을 의지해야 합니다. 이것이 바로 성화(聖化, sanctification)입니다.

2. 아브라함의 중보기도 2

아브라함이 하나님께 기도하매 하나님이 아비멜렉과 그의 아내와 여종을 치료하사 출산하게 하셨으니 여호와께서 이왕에 아브라함의 아내 사라의 일로 아비멜렉의 집의 모든 태를 닫으셨음이더라 (창 20:17-18)

하나님은 아비멜렉에게 아브라함이 너를 위하여 기도하리니 네가 살 것이라고 하십니다. 아브라함 때문에 아비멜렉의 집에 모든 임신의 복을 닫아 버리신 것입니다. 이것을 회복하기 위해서는 아브라함이 아비멜렉을 위해 중보하고 축복기도를 해야 한다고 하십니다. 이것이 바로 하나님의 은혜입니다. 아브라함의 기도로 결국 아비멜렉의 집에 대한 징계가 회복되고 풀렸습니다.

창세기 21장

태어난 이삭, 쫓겨나는 이스마엘

키아즘 구조로 보는 이삭 이야기[40]

A 아브라함 시대 이야기
1 a 그랄에서의 아브라함과 사라 (20:1-18)
  b 이삭의 출생 (21:1-7)
    2 a I 하갈과 이스마엘이 사막으로 쫓겨나다 (21:8-20)
    a II 이스마엘의 아내에 관한 기록 (21:21)
      b 아브라함과 아비멜렉의 언약 (21:22-34)
        3 아케다, 이삭을 번제로 드리라 하시다 (22:1-19)
          B 나홀의 후예 (22:20-24)
            C 아브라함이 막벨라굴을 사다 (23:1-20)
              X 이삭이 리브가를 아내로 삼다 (24:1-66)
            C′ 아브라함의 다른 자녀들에 대한 회고 및
              아브라함의 죽음 (24:67-25:11)
          B′ 이스마엘의 족보 (25:12-18)
A′ 야곱 시대 이야기
1 b′ 이삭이 그랄에 거주하다 (25:19-33)
  a′ 그랄에서의 이삭과 리브가 (26:1-11)
    2 b′ 이삭과 아비멜렉의 갈등 (26:12-16)
      a′ I 이삭이 사막으로 쫓겨나다 (26:17-33)
      a′ II 에서의 이방 아내들에 대한 기록 (26:34-35)
        3 이삭이 야곱에게 축복하다 (27:1-40)

1. 언약을 이루시는 하나님

여호와께서 말씀하신 대로 사라를 돌보셨고 여호와께서 말씀하신 대로 사라에게 행하셨으므로 사라가 임신하고 하나님이 말씀하신 시기가 되어 노년의 아브

---

40 paradigm One by Lee Karl Palo on WordPress.com.

라함에게 아들을 낳으니 아브라함이 그에게 태어난 아들 곧 사라가 자기에게 낳은 아들을 이름하여 이삭이라 하였고 그 아들 이삭이 난 지 팔 일 만에 그가 하나님이 명령하신 대로 할례를 행하였더라 (창 21:1-4)

21장은 아브라함이 100세가 되었을 때의 기록입니다. 75세 때 하나님께서 아브라함에게 '민족을 주고 후손을 주겠다'라고 하셨는데, 그 언약이 25년 만에 이루어진 것입니다. 이것이 우리의 이야기였다면 얼마나 힘들었을까요? 남이 걸린 암보다 내 감기몸살이 더 크게 다가오는 것이 인생입니다. 아브라함의 25년이라는 인고의 세월은 참으로 힘든 나날이었을 것입니다.

나를 웃게 하시는 하나님

아브라함이 그의 아들 이삭이 그에게 태어날 때에 백 세라 사라가 이르되 하나님이 나를 웃게 하시니 듣는 자가 다 나와 함께 웃으리로다 (창 21:5-6)

하나님은 아브라함과 사라에게 말씀하신 대로 아들을 낳게 하셨습니다. 하나님은 말씀하신 대로 행하시는 분이십니다. 임신의 가능성이 전혀 없는 불임의 사라에게 임신할 수 있는 능력을 회복시키신 것입니다.

하나님의 말씀이 이루어지는 때가 있습니다. 그때는 아무도 알 수 없습니다. 분명한 것은 내 힘으로 할 수 없다고 항복할 때가 하나님이 하시는 때입니다. 이삭(פִּחִצְ [이츠하크])의 이름은 '웃다'라는 뜻입니다. 하나님은 믿음으로 이겨낸 자들에게 반드시 웃음을 주시는 분입니다. 아브라함과 사라는 25년이라는 인고의 세월을 지나 드디어 웃음(이삭)을 축복으로 받게 되었습니다. 우리도 마찬가지입니다. 끝까지 주님을 믿고 의지하다 보면 반드시 웃게 하실 것입니다.

2. 이스마엘을 내쫓다

사라가 본즉 아브라함의 아들 애굽 여인 하갈의 아들이 이삭을 놀리는지라 그가 아브라함에게 이르되 이 여종과 그 아들을 내쫓으라 이 종의 아들은 내 아들 이삭과 함께 기업을 얻지 못하리라 하므로 (창 21:9-10)

예전에 하갈이 이스마엘을 낳고 문제를 일으켰을 때 하나님은 하갈에게 여주인 사라에게 가서 복종하라고 하셨습니다. 그런데 이제는 하갈을 내보내라고 하십니다. 왜냐면 약속의 자녀인 이삭과 육신의 자녀 이스마엘이 함께 동거할 수 없기 때문에 반드시 결별해야 합니다. 바울은 이에 대해 갈라디아서에서 은혜(이삭)와 율법의 행위(이스마엘)로 다시 풀고 있습니다.

기록된 바 아브라함에게 두 아들이 있으니 하나는 여종에게서, 하나는 자유 있는 여자에게서 났다 하였으며 여종에게서는 육체를 따라 났고 자유 있는 여자에게서는 약속으로 말미암았느니라 (갈 4:22-23)

형제들아 너희는 이삭과 같이 약속의 자녀라 그러나 그 때에 육체를 따라 난 자가 성령을 따라 난 자를 박해한 것 같이 이제도 그러하도다 그러나 성경이 무엇을 말하느냐 여종과 그 아들을 내쫓으라 여종의 아들이 자유 있는 여자의 아들과 더불어 유업을 얻지 못하리라 하였느니라 (갈 4:28-30)

예전에는 하갈이 주인 사라를 무시했는데, 이제는 이스마엘이 이삭을 무시합니다. 아브라함은 하나님께서 사라가 한 말을 다 들으라고 하셨기 때문에 사라의 요구대로 하갈과 이스마엘을 내보냅니다. 이는 약속의 자녀와 행위를 상징하는 육신의 자녀가 양립할 수 없기 때문입니다. 다시 말하면 아브라함이 자기 힘으로 이루어낸 육신의 자녀 이스마엘과 하나님의 은혜로 얻은 자녀 이삭이 양립할 수 없음을 말합니다. 그래서 이 본문을 구속사적 의미로 해석해야 합니다.

하갈과 이스마엘이 쫓겨나다

하나님이 아브라함에게 이르시되 네 아이나 네 여종으로 말미암아 근심하지 말고 사라가 네게 이른 말을 다 들으라 이삭에게서 나는 자라야 네 씨라 부를 것임이니라 그러나 여종의 아들도 네 씨니 내가 그로 한 민족을 이루게 하리라 하신지라 아브라함이 아침에 일찍이 일어나 떡과 물 한 가죽부대를 가져다가 하갈의 어깨에 메워 주고 그 아이를 데리고 가게 하니 하갈이 나가서 브엘세바 광야에서 방황하더니 가죽부대의 물이 떨어진지라 그 자식을 관목덤불 아래에 두고 이르되 아이가 죽는 것을 차마 보지 못하겠다 하고 화살 한 바탕 거리 떨어져 마주 앉아 바라보며 소리 내어 우니 하나님이 그 어린 아이의 소리를 들으셨으므로 하나님의 사자가 하늘에서부터 하갈을 불러 이르시되 하갈아 무슨 일이냐 두려워하지 말라 하나님이 저기 있는 아이의 소리를 들으셨나니 일어나 아이를 일으켜 네 손으로 붙들라 그가 큰 민족을 이루게 하리라 하시니라 (창 21:12-18)

하나님은 아브라함에게 "이삭에게서 나는 자라야 네 씨라 부를 것임이니라"라고 말씀하십니다. 오직 하나님의 은혜와 힘으로 얻은 이삭의 후손만이 약속의 자녀로 인정하시겠다는 것입니다. 그렇지만 하갈의 아들도 아브라함의 씨이기 때문에 한 민족을 이루게 하실 것을 말씀하십니다.

결국 하갈은 쫓겨나게 됩니다. 광야에서 하갈과 이스마엘이 소리 내어 울고 있는데, 성경은 이 부분을 두고 "하나님이 그 어린 아이의 소리를 들으셨으므로"라고 말하고 있습니다. 이스마엘(שׁמעאל)의 뜻이 '하나님이 들으신다'입니다. 그래서 하나님께서 이스마엘의 소리도 들으신 것입니다. 곧 하나님의 사자가 나타나서 두려워하지 말라고 합니다.

여기서 중요한 것은, 하나님이 어린아이의 소리를 잘 들으신다는 것입니다. 성경에서 말하는 어린아이는 절대 의존을 의미합니다. 우리도 이런 어린아이의 모습이 되면 하나님이 우리의 소리를 들어주십니다. 어린아이는 곧 부모 없이 살 수 없는 절대 의존의 존재를 말하는데, 우리의 다음 세대에게도 기도를 가르쳐야 합니다. 하나님은 어린아이의 소리를 들으시기 때문입니다.

하갈의 눈을 밝히시다

하나님이 하갈의 눈을 밝히셨으므로 샘물을 보고 가서 가죽부대에 물을 채워다가 그 아이에게 마시게 하였더라 하나님이 그 아이와 함께 계시매 그가 장성하여 광야에서 거주하며 활 쏘는 자가 되었더니 그가 바란 광야에 거주할 때에 그의 어머니가 그를 위하여 애굽 땅에서 아내를 얻어 주었더라 (창 21:19-21)

그리고 하갈은 하나님이 눈을 밝히셨으므로 샘물을 보게 됩니다. 하갈은 상처가 있어서 샘물을 보지 못하다가 하나님이 치유하시자 미리 준비한 샘을 보게 되는 구조입니다. 중요한 것이 있습니다. 하나님이 눈을 밝히셔야만 볼 수 있다는 것입니다.

그리고 이스마엘에 대해서는 활 쏘는 자가 될 것이라고 말씀하십니다.

3. 이삭과 아비멜렉 간 언약 체결

그 때에 아비멜렉과 그 군대 장관 비골이 아브라함에게 말하여 이르되 네가 무
슨 일을 하든지 하나님이 너와 함께 계시도다 그런즉 너는 나와 내 아들과 내 손
자에게 거짓되이 행하지 아니하기를 이제 여기서 하나님을 가리켜 내게 맹세
하라 내가 네게 후대한 대로 너도 나와 네가 머무는 이 땅에 행할 것이니라 (창
21:22-23)

아비멜렉과 군대장관 비골이 아브라함과 언약을 맺습니다. 서로 존중하
고 침범하지 않도록 언약식을 맺습니다. 언약을 맺기 전에 언약을 맺어야

하나님이 함께하시는 인생

주변 사람들이 우리에게 "너를 보니 하나님이 함께하시는 것이 분명하다"라고 인정해
야 합니다. 하나님은 우리 각자의 지역에서 우리를 본 사람들이 "하나님이 함께하는
사람이다"라고 고백하기를 원하시는 것입니다. 아비멜렉은 아브라함이 무슨 일을 하
든 하나님이 함께하시는 것을 보았다고 고백합니다. 우리도 이렇게 주변 사람들이 우
리의 삶을 보고 하나님이 함께하심을 인정할 수밖에 없는 복된 인생이 되어야 합니다.
아브라함이 자신의 밑바닥을 보였음에도 하나님이 함께하셨습니다. 그것을 믿어야 합
니다.

하는 이유를 이렇게 말하고 있습니다. "네가 무슨 일을 하든지 하나님이 너와 함께 계시도다"라고 말입니다. 아비멜렉은 모든 일에 하나님께서 아브라함과 함께하심을 보고 놀라서 아브라함과 언약을 맺으려고 한 것입니다. 이 사건은 훗날 가나안에 들어간 이스라엘을 통해 하나님께서 행하실 일을 미리 보여 주고 있습니다. 즉 모든 일에 이스라엘과 함께하시는 여호와 하나님을 보고, 열방이 이스라엘의 하나님에게로 돌아오게 하는 것입니다.

브엘세바: 맹세의 우물

아브라함이 이르되 내가 맹세하리라 하고 아비멜렉의 종들이 아브라함의 우물을 빼앗은 일에 관하여 아브라함이 아비멜렉을 책망하매 아비멜렉이 이르되 누가 그리하였는지 내가 알지 못하노라 너도 내게 알리지 아니하였고 나도 듣지 못하였더니 오늘에야 들었노라 아브라함이 양과 소를 가져다가 아비멜렉에게 주고 두 사람이 서로 언약을 세우니라 아브라함이 일곱 암양 새끼를 따로 놓으니 아비멜렉이 아브라함에게 이르되 이 일곱 암양 새끼를 따로 놓음은 어찜이냐 아브라함이 이르되 너는 내 손에서 이 암양 새끼 일곱을 받아 내가 이 우물 판 증거를 삼으라 하고 두 사람이 거기서 서로 맹세하였으므로 그 곳을 브엘세바라 이름하였더라 그들이 브엘세바에서 언약을 세우매 아비멜렉과 그 군대 장관 비골은 떠나 블레셋 사람의 땅으로 돌아갔고 아브라함은 브엘세바에 에셀 나무를 심고 거기서 영원하신 하나님 여호와의 이름을 불렀으며 (창 21:24-33)

아브라함은 아비멜렉과 언약을 맺기 전에 예전에 있었던 일을 언급합니다. 예전에 아비멜렉의 종들이 아브라함의 우물을 빼앗은 일에 있었는데, 아브라함은 이 일에 관하여 아비멜렉을 책망합니다. 우물을 빼앗길 때 아브라함이 겪은 억울함이 하나님의 함께하심으로 인해 풀어지는 순간입니다. 믿음의 사람은 아무리 억울해도 사람과 싸우는 자가 아니라 하나님께 그 억울함마저도 맡기는 자들입니다. 하나님은 반드시 의인의 손을 들어주시는 분이기 때문입니다.

아비멜렉의 사과를 받은 아브라함은 양과 소를 가져다가 아비멜렉에게 주고 두 사람이 서로 언약을 세웠습니다. 또한 아브라함은 일곱 암양 새끼를 아비멜렉에게 주어 아브라함이 우물을 판 증거로 삼았습니다. 정당한 대가를 치르고 우물을 산 것입니다. 두 사람이 거기서 서로 맹세했고, 그곳을 브엘세바라고 불렀습니다. 브엘세바^(באר שבע)는 '맹세의 우물, 일곱 우물'이라는 의미입니다.

> 아비멜렉이 이르되 누가 그리하였는지 내가 알지 못하노라 너도 내게 알리지 아니하였고 나도 듣지 못하였더니 오늘에야 들었노라 아브라함이 양과 소를 가져다가 아비멜렉에게 주고 두 사람이 서로 언약을 세우니라 아브라함이 일곱 암양 새끼를 따로 놓으니 아비멜렉이 아브라함에게 이르되 이 일곱 암양 새끼를 따로 놓음은 어찜이냐 아브라함이 이르되 너는 내 손에서 이 암양 새끼 일곱을 받아 내가 이 우물 판 증거를 삼으라 하고 두 사람이 거기서 서로 맹세하였으므로 그곳을 브엘세바라 이름하였더라 그들이 브엘세바에서 언약을 세우매 아비멜렉과 그 군대 장관 비골은 떠나 블레셋 사람의 땅으로 돌아갔고 (창 21:26-32)

아브라함은 브엘세바에 에셀나무를 심고 거기서 영원하신 여호와의 이름을 불렀습니다. 이는 이방 땅인 블레셋 땅에서 하나님의 이름이 높여졌음을 의미합니다. 하나님은 온 땅에서 경배를 받으실 분이십니다. 여기서 하나 특이한 점은 아브라함이 이 우물^(브엘세바)에 에셀나무를 심었다는 것입니다. 에셀나무는 높이 18미터까지 자라는 나무로서 소금기가 있는 땅에서도 잘 자라고 강수량이 적은 사막 지역에서도 보기 드물게 큰 나무입니다. 목동들이 그늘을 만들기 위해 심던 나무였습니다. 구약학자 존 월튼(John H. Walton)에 의하면 고대 근동에서 에셀나무는 부정을 정결하게 하는 거룩한 나무로 인식되었습니다. 또한 에셀나무는 생명과 번영을 상징했습니다.

아브라함이 그 우물가에서 생명과 번영을 상징하는 에셀나무를 심고 영원하신 하나님의 이름을 부른 것은 하나님께서 자신과 자신의 후손들에게 에셀나무의 그늘이 되사 영원토록 복을 주시기를 사모한 것입니다. 또한 아브라함은 이 거룩한 나무의 그늘에 거하면서 다시는 그 누구에게도 아내를 누이라고 부르는 거짓말을 하지 않겠다는 다짐을 했을지도 모릅니다.[41]

---

41 기동연, 『아브라함아! 너는 내 앞에 행하여 완전하라』(서울: 생명의양식, 2013), pp. 364-365.

창세기 22장

이삭 번제와 천하 만민의 복

창세기 12장에 아브라함이 하나님의 부름을 받아서 22장까지 왔을 때는 대략 40~50년 정도 지났을 때입니다. 요즘 식으로 말하면 예수 믿은 지 거의 40~50년이나 된 것입니다. 12장에서 하나님이 아브라함을 부르실 때는 22장의 아름다운 모습을 만들어 내려는 목표를 가지고 이끌어 오신 것입니다. 22장에서의 아브라함을 기대하신 것입니다. 우리도 마찬가지입니다. 우리를 12장에서 부르셨다면 22장의 모습을 기대하시면서 우리를 만들어 가십니다. 각자 속도의 차이만 있을 뿐이지, 하나님은 우리에게 창세기 22장을 목표로 두고 계십니다.

1. 아브라함을 향한 시험

그 일 후에 하나님이 아브라함을 시험하시려고 그를 부르시되 아브라함아 하시니 그가 이르되 내가 여기 있나이다 (창 22:1)

하나님은 약 40~50년 전 당시 75세의 불임 부부였던 아브람과 사래를 부르시고, 그들에게 하늘의 별보다 많은 후손을 주겠다고 약속하셨습니다. 그리고 아브라함의 나이 100세에 이삭이 태어나게 하심으로 당신의 약속을 이루셨습니다. 이제 세월이 흘러 이삭이 청년의 나이가 됐을 때 하나님은 아브라함에게 그의 사랑하는 아들인 독자 이삭을 번제물로 드리라고 요구하셨습니다. 이게 무슨 청천벽력과 같은 말입니까? 줄 때는 언제고, 왜 다시 바치라고 하는 걸까요? 그것도 아브라함의 손으로 이삭을 직접 죽여야 하는 방식으로 말입니다.

약 40~50년 전 하나님은 아브라함에게 고향 친척 아버지의 집을 떠나라고 하셨습니다. 이는 아브라함에게 그의 과거를 버리라는 요구였습니다. 아브라함에게 과거를 내려놓게 하셨던 하나님이 이제는 미래마저 내려놓으라고 요구하십니다.

그런데도 아브라함은 이 명령에 순종했습니다. 아브라함에게 있어 50년 전의 순종보다 지금의 순종은 너무나 어려웠을 것입니다. 이 정도로 냉혹하고 어려운 시험을 통과해야만 믿음의 조상이 될 수 있는 것입니다.

창세기 12장 1절에서 문법적으로 특이한 점은 주어가 가장 먼저 나온다는 것입니다. 일반적으로 히브리어 구문의 순서는 동사가 먼저 나오고 그 다음에 주어가 나옵니다. 그런데 1절의 가장 첫 단어는 하나님(אֱלֹהִים, [엘로힘])입니다. 이는 강조의 의미입니다. 다시 말해 아브라함을 시험하시는 분이 다른 존재가 아니라 바로 엘로힘(하나님)이심을 강조합니다. 특히 엘로힘 앞에 정관사가 붙어 있다는 점도 주목할 만합니다. 아브라함을 시험하고 계신 하나님은 '그' 하나님이십니다. 즉 수십 년 전에 아브라함을 부르시고 그와 언약을 맺으셨으며, 지금까지 그와 동행했던 그 하나님, 아브라함이 알고 있는 바로 그 하나님이십니다.

유대인 성경학자인 카수토에 의하면, '시험하다'에 해당하는 히브리어 '나사(נָסָה)'는 하나님이 어떤 사람의 믿음과 신실성을 테스트하는 경우나 극한 상황에서도 하나님께 순종하는지 여부를 살필 때 쓰이는 동사라고 주장합니다(신 8:2, 삿 3:4).[42] 다시 말해 누군가에게 어떤 자격을 부여하기 전에 최종적으로 그의 합당한 자질을 검증할 때 쓰는 단어입니다. 즉 하나님을 향한 아브라함의 믿음의 질, 사랑의 질, 경외함의 질을 시험하고자 하신 것입니다.

아브라함이 이 명령이 자신을 향한 하나님의 시험인 것을 알았을까요?

---

42 앞의 책, p. 370.

아닙니다. 아브라함은 이것이 하나님의 시험인 줄 몰랐습니다. 하나님은 그에게 어떤 힌트도 주지 않으셨습니다. 그러기에 아브라함의 순종이 더 아름다운 것입니다.

하나님은 아브라함의 신앙이 온전한지 아닌지 대해 마지막으로 '시험(나사)'하시는 것입니다. 마귀의 시험은 우리를 넘어뜨리려고 하지만, 하나님의 시험은 일종의 테스트입니다. 이때 시험에 통과하면 복이 임하게 됩니다. 아브라함이 시험에 통과할 수 있는 길은 오직 하나님과 그의 약속을 철저히 신뢰하는 것입니다.

사랑하는 독자 이삭을

여호와께서 이르시되 네 아들 네 사랑하는 독자 이삭을 데리고 모리아 땅으로 가서 내가 네게 일러 준 한 산 거기서 그를 번제로 드리라 (창 22:2)

'네 아들 네 사랑하는 독자 이삭'이라고 표현할 때 하나님은 아브라함이 이삭을 얼마나 아끼고 사랑하는지 이미 간파하고 계셨습니다. 하나님은 아브라함이 자신보다 독자 이삭을 더 사랑하는지 테스트하고자 하셨습니다. 우리의 하나님은 질투하는 하나님이십니다. 사랑은 원래 질투를 동반합니다. 상대방이 나보다 다른 것을 더 사랑하는 것을 못 견디는 것이 당연합니다. 그게 사랑입니다.

번제로 드리라

하나님은 독자 이삭을 번제물로 바치라고 요구하십니다. 번제는 제물의 각을 뜨고 배를 갈라서 내장을 빼서 불태워 드리는 제사입니다. 이 번제를 마친 후에 이삭이 살아날 가능성이 전혀 없습니다. 이것이 아브라함을 향한 하나님의 시험입니다. 하나님은 '이런 상황에서도 나를 끝까지 신뢰하겠니?'라고 아브라함에게 물으시는 것입니다.

아브람은 하나님을 처음 만난 창세기 12장 1절에서 아버지의 집을 떠나라는 명령을 받았는데, 22장에서는 100세에 낳은 독자 이삭을 버리라는 요구를 받고 있습니다. 12장 1절에서는 아버지의 집을 떠나라는 명령과 함께 수많은 후손을 주겠다라는 축복의 약속이 함께 주어졌습니다. 그러나 22장에서는 아무런 약속이나 축복도 없이 이삭을 번제로 드리라고만 말씀하십니다. 12장의 순종보다 22장의 순종이 아브라함에게는 훨씬 더 어려운 순종이었던 이유입니다.

이에 대해 근동 고고학을 연구하는 데이비드 홉킨스(David Hopkins) 교수는 이삭을 번제물로 바치라는 하나님의 요구가 아브라함에게는 마치 하나님이 스스로 자신의 약속을 부인하는 것처럼 느껴졌으며, 나아가 하나님의 약속이 폐기되는 것처럼 생각되었을 것이라고 주장합니다. 즉 아브라함에게는 미래의 희망이 꺼지는 경험이었을 것입니다.[43]

그랄 땅에서 모리아 땅까지는 사흘 길입니다. 이 사흘 길을 아브라함은 온갖 갈등을 겪으면서 갔을 것입니다. 모리아 땅에 도착하자 '한 산'에서 번제로 드리라고 하십니다. 이 산에서는 훗날 예루살렘 성전이 세워지게 되고 그 뒤에 예수님이 십자가를 지시는 장소가 됩니다. 이 모리아(מֹרִיָּה)라는 단어는 '여호와(יהוה)'와 '라아(רָאָה, 보다)'가 결합된 것으로서 '여호와가 주목하여 보고 계신다'라는 의미입니다. 아브라함이 이런 극한 상황에서도 하나님께 순종하는지를 보고 시험하시는 산이 바로 모리아산입니다.[44]

---

43 앞의 책, p. 372.
44 앞의 책, p. 373.

아브라함이 아침에 일찍이 일어나 나귀에 안장을 지우고 두 종과 그의 아들 이삭을 데리고 번제에 쓸 나무를 쪼개어 가지고 떠나 하나님이 자기에게 일러 주신 곳으로 가더니 (창 22:3)

독자 이삭을 번제물로 바치라는 하나님의 이해할 수 없는 명령 앞에 아브라함이 했던 말은 단 한마디입니다. "내가 여기 있나이다"(창 22:1, 11)입니다. 그리고 그는 말없이 묵묵히 하나님의 명령을 이행합니다.

2. 아브라함의 믿음

이에 아브라함이 종들에게 이르되 너희는 나귀와 함께 여기서 기다리라 내가 아이와 함께 저기 가서 예배하고 우리가 너희에게로 돌아오리라 하고 (창 22:5)

아브라함은 아침에 일찍 일어났습니다. 물론 잠을 이룰 수 없었을 것입니다. 밤을 지새운 것으로 볼 수도 있습니다. 번제에 쓸 나무를 쪼갤 때도 번민이 많았을 것입니다.

내가 아이와 함께 저기 가서 예배하고

모리아산에 도착한 아브라함은 종들에게 의미심장한 이야기를 합니다. "내가 아이와 함께 저기 가서 예배하고 우리가 너희에게로 돌아오리라" 아브라함으로서는 이해할 수 없지만, 분명히 믿는 것은 그동안 하나님이 하신 약속이 수포가 될 수 없다는 것입니다. 그래서 이해할 수 없는 하나님의 요구임에도 순종하고 있는 것입니다. 그래서 마음에 소망을 담아 "우리가 너희에게로 돌아오리라"라고 의미심장한 이야기를 합니다.

나무 십자가를 지실 예수의 그림자인 이삭

제단 위에 올라간 이삭은 나무 십자가를 지신 예수님을 상징합니다. 또한 아들을 번제물로 잡기 위해 칼을 들었던 아브라함은 성부 하나님을 상징합니다. 이삭은 자신이 제물이라는 것을 감지했음에도 묵묵히 순종합니다. 이는 십자가를 지고 스스로 십자가에서 죽으러 올라가시는 예수 그리스도를 상징하고 있습니다. 창세기 22장에서는 성부 하나님과 성자 예수님의 십자가 대속 사역이 리얼하게 나타나고 있습니다.

번제 드릴 어린양

아브라함이 이에 번제 나무를 가져다가 그의 아들 이삭에게 지우고 자기는 불과 칼을 손에 들고 두 사람이 동행하더니 이삭이 그 아버지 아브라함에게 말하여 이르되 내 아버지여 하니 그가 이르되 내 아들아 내가 여기 있노라 이삭이 이르되 불과 나무는 있거니와 번제할 어린 양은 어디 있나이까 아브라함이 이르되 내 아들아 번제할 어린 양은 하나님이 자기를 위하여 친히 준비하시리라 하고 두 사람이 함께 나아가서 (창 22:6-8)

아브라함은 아들을 번제물로 죽이라는 하나님의 명령을 다 이해할 순 없어도 이삭을 통한 후손의 번성이라는 하나님의 약속이 반드시 이루어질 줄로 믿었습니다. 즉 하나님이 이삭을 반드시 다시 살리실 것으로 굳게 믿었던 것입니다. 히브리서 기자는 이때 아브라함의 마음을 이렇게 묘사합니다.

아브라함은 시험을 받을 때에 믿음으로 이삭을 드렸으니 그는 약속들을 받은 자로되 그 외아들을 드렸느니라 그에게 이미 말씀하시기를 네 자손이라 칭할 자는 이삭으로 말미암으리라 하셨으니 그가 하나님이 능히 이삭을 죽은 자 가운데서 다시 살리실 줄로 생각한지라 비유컨대 그를 죽은 자 가운데서 도로 받은 것이니라 (히 11:17-19)

아브라함이 불과 칼을 손에 들고 동행하는데 이삭이 묻습니다. "번제할 어린 양은 어디 있나이까" 이삭은 어느 정도 자신이 제물임을 감을 잡은 것입니다. 그때 아브라함은 번제할 양은 하나님이 친히 준비하실 것이라고 말한 다음, 이삭을 결박하고 칼로 그를 죽이려고 했습니다. 아브라함은 절대적 순종을 통해 하나님을 향한 믿음과 신뢰를 드러냈으며, 그가 하나님을 얼마나 경외하는지 보여 주었습니다. 아브라함의 마음에는 '독자 이삭을 주신 이도 하나님이시고 독자 이삭을 달라고 하시는(죽이시는) 이도 하나님이시다'라는 하나님의 절대 주권에 대한 믿음과 죽은 자도 반드시 살리실 하나님의 능력에 대한 믿음이 있었던 것입니다.

하나님의 목소리

하나님이 그에게 일러 주신 곳에 이른지라 이에 아브라함이 그 곳에 제단을 쌓고 나무를 벌여 놓고 그의 아들 이삭을 결박하여 제단 나무 위에 놓고 손을 내밀어 칼을 잡고 그 아들을 잡으려 하니 여호와의 사자가 하늘에서부터 그를 불러 이르시되 아브라함아 아브라함아 하시는지라 아브라함이 이르되 내가 여기 있

나이다 하매 (창 22:9-11)

아브라함과 이삭의 순종함을 보고 제일 놀란 분은 누구인가요? 필자는 분명 하나님일 것으로 봅니다. 하나님은 아브라함에게 이삭을 바치라고 했지만 정말 아브라함이 순종할까 하는 마음이 있으셨을 것입니다. 아브라함이 칼을 잡았을 때 하나님이 너무나 놀라셨습니다. 그래서 급하게 "아브라함아 아브라함아"라고 부르셨습니다. 이것은 사람이 순종할 수 있는 영역이 아닙니다. 그래서 하나님이 더욱 놀라신 것입니다. 순종할 수 없는 순종을 요구했지만 아브라함이 정말로 순종하자 하나님은 축복을 쏟아부으십니다.

네 독자까지도 내게 아끼지 아니하였으니 1

사자가 이르시되 그 아이에게 네 손을 대지 말라 그에게 아무 일도 하지 말라 네가 네 아들 네 독자까지도 내게 아끼지 아니하였으니 내가 이제야 네가 하나님을 경외하는 줄을 아노라 (창 22:12)

하나님은 아브라함이 자신의 독자 이삭을 아끼지 아니하였다고 칭찬하십니다. 성부 하나님도 독자를 아끼지 않으시고 우리에게 주셨습니다. 분명 아브라함에게 있어 최고의 가치는 이삭일 것입니다. 그런데도 가장 아끼는 것을 하나님께 아끼지 않고 드렸습니다. 하나님을 향한 그의 사랑과 경외함을 증명한 것입니다. 하나님 또한 아브라함이 당신을 얼마나 경외하고 사랑하는지 이제야 비로소 아신 것입니다.

여기서 '아시다'는 히브리어로 '야다(ידע)'입니다. 이는 상대방을 경험하여 인격적으로 아는 것을 의미합니다. 하나님을 향한 아브라함의 경외함과 사랑은 결코 입술로만이 아니라 삶의 실천으로 증명된, 경험된 것이었습니다.

그러므로 하나님을 경외한다는 것은 삶 속에서 어떤 대가를 치르더라도 하나님의 말씀에 순종하는 것입니다. 그것이 하나밖에 없는 독자를 드리는 일이라 하더라도 말입니다. 하나님은 우리가 가장 아끼는 것에 대해 아끼지 않는 모습을 보일 때까지 이런 말씀을 하지 않으십니다. 정말로 아끼는 것을 하나님 앞에서 아끼지 않을 때 하나님은 '아신다'라고 말씀하시는 것입니다. 내가 가장 아끼는 것은 무엇입니까?

여호와 이레: 예비하시는 하나님

아브라함이 눈을 들어 살펴본즉 한 숫양이 뒤에 있는데 뿔이 수풀에 걸려 있는 지라 아브라함이 가서 그 숫양을 가져다가 아들을 대신하여 번제로 드렸더라 아브라함이 그 땅 이름을 여호와 이레라 하였으므로 오늘날까지 사람들이 이르기를 여호와의 산에서 준비되리라 하더라 (창 22:13-14)

하나님을 향한 아브라함의 마음을 확인하신 하나님은 미리 준비한 번제의 희생양을 아브라함에게 보이십니다. 이 양은 미리 준비된 것입니다. 그렇다면 하나님은 아브라함의 순종을 미리 아시고 양을 준비하신 것이라고 할 수 있습니다. 구약학자 존 하틀리 또한 이 양은 구속사적으로는 당연히 예수님을 예표한다고 말합니다. 그리고 이 땅의 이름은 '여호와 이레 (יהוה יראה)'라고 불리게 됩니다. 그 명칭의 의미대로 '여호와의 산에서 준비되리라'라고 하신 것은 예수님이 십자가를 지실 장소가 바로 이 모리아산이기 때문입니다. 우리의 죄악을 위해 죽으신 번제물인 예수 그리스도를 미리 제물로 예비하신 것입니다.

이 본문에서 중요한 것은, 하나님은 항상 그다음을 준비하는 분이심을 알 수 있습니다. 100세에 낳은 자식을 누가 번제로 드릴 수 있을까요? 그러나 아브라함은 이해할 수 없는 하나님의 요구에도 순종을 드렸습니다. 그러자 하나님은 그다음 번제물로 미리 양을 준비하셨습니다.

이처럼 이해할 수 없는 하나님의 요구가 만일 아브라함의 신앙 여정 초기에 주어졌다면 과연 아브라함은 순종할 수 있었을까요? 하나님은 그 사람의 영적 성숙과 상태를 보시고 수위를 조정하십니다. 하나님을 깊이 사랑하는 자에게는 더 깊은 것을 요구하십니다. 그러니 내가 가장 아끼는 것을 하나님께 아끼지 않을 수 있을까요?

묵상과 삶의 적용

그다음을 경험하십시오

우리도 마찬가지입니다. 신앙생활을 하다 보면 한두 번은 내가 이해할 수 없는 순종을 하나님께서 요구하실 때가 있습니다. 이때 하나님의 말씀에 눈감고 순종하면 그 순종 뒤에는 하나님이 준비하신 그다음의 축복을 경험할 수 있습니다. 그다음은 하나님이 책임져 주십니다. 순종하면 하나님의 기적을 경험할 수 있습니다.

3. 아브라함과 맺은 언약(6차)

여호와의 사자가 하늘에서부터 두 번째 아브라함을 불러 이르시되 여호와께서 이르시기를 내가 나를 가리켜 맹세하노니 네가 이같이 행하여 네 아들 네 독자도 아끼지 아니하였은즉 내가 네게 큰 복을 주고 네 씨가 크게 번성하여 하늘의 별과 같고 바닷가의 모래와 같게 하리니 네 씨가 그 대적의 성문을 차지하리라 또 네 씨로 말미암아 천하 만민이 복을 받으리니 이는 네가 나의 말을 준행하였음이니라 하셨다 하니라 (창 22:15-18)

창세기 22장에서는 하나님이 아브라함과 6차 언약을 맺으십니다. 하나님은 아브라함을 무려 6번이나 만나서 약속을 계속 반복해 주고 계십니다.

네 아들 네 독자도 아끼지 아니하였은즉 2

하나님은 "내 아들 네 독자도 아끼지 아니하였은즉"이라고 두 번 반복하여 말씀하십니다. 아브라함의 순종이 하나님 마음에 감동을 드린 것입니다. 그렇습니다. 사랑은 말로만 하는 것이 아닙니다. 사랑하는 대상에게 내 것을 아끼지 않는 것입니다. 그것도 가장 소중한 것을 드리는 것입니다.

아브라함이 아니라 하나님께 초점을 맞추십시오

우리는 그의 나이 100세에 낳은 이삭을 번제물로 드리려고 하면서까지 하나님께 순종하려고 했던 아브라함의 놀라운 믿음을 보면서 그를 존경하지 않을 수 없습니다. 그러나 아무리 아브라함이 대단한 믿음과 순종을 보여 주었다 하더라도 우리는 빅터 해밀턴의 주장처럼 아브라함이 아니라 아브라함을 이 정도의 믿음과 순종의 사람으로 만드시고 빚으신 하나님께 초점을 맞추어야 합니다. 항상 성경은 사람에게 영광을 돌리지 말고 오직 하나님께만 영광을 돌리라고 말하고 있습니다.

내가 가장 아끼는 것은 무엇입니까? 만일 그것을 하나님이 달라고 하시면 드릴 수 있을까요? 하나님을 사랑한다는 것은 무엇입니까? 하나님이 내게 요구하시는 것이 있을까요? 사랑과 순종은 다른 것입니까?

내가 네게 큰 복을 주고 네 씨가 크게 번성하여 하늘의 별과 같고 바닷가의 모래와 같게 하리니 네 씨가 그 대적의 성문을 차지하리라 또 네 씨로 말미암아 천하 만민이 복을 받으리니 이는 네가 나의 말을 준행하였음이니라 하셨다 하니라 (창 22:17-18)

이때 '씨'가 히브리어로 '제라'인데, 단수입니다. 그 씨가 대적의 성문을 차지할 것을 말씀하십니다. 이것은 예수님이 사탄의 성문을 차지하게 될 것을 미리 예표합니다. 또한 예수님은 교회에게 음부의 문(권세)을 이길 권세를 주셨습니다.

아브라함은 시대의 한계에 갇혀 있었기 때문에 이 씨를 이삭으로 보았을 것입니다. 그러나 우리는 계시가 완성된 신약 시대를 살기에 이 씨가 예수 그리스도임을 알고 있습니다. 그리고 나서 '아브라함의 씨로 인한 천하 만민의 복'을 말씀하십니다. 역시 방점은 '천하 만민'의 복입니다.

아브라함이 이런 복을 누리고 흘려보내는 통로가 될 수 있었던 것은, 첫째로 하나님의 전적인 은혜였고, 둘째로 긔의 순종 때문이었습니다. 하나님은 천하 만민의 복을 주시는 이유가 아브라함이 당신의 말씀을 준행하였기 때문이라고 말씀하십니다. 그렇습니다. 하나님의 복은 그분의 말씀에 순종하는 자들에게 부어집니다. 아브라함은 결코 통과하기 불가능해 보였던 하나님의 시험을 통과했습니다. 야고보 사도는 시험에 통과한 자들이 받을 축복을 이렇게 묘사합니다.

시험을 참는 자는 복이 있나니 이는 시련을 견디어 낸 자가 주께서 자기를 사랑하는 자들에게 약속하신 생명의 면류관을 얻을 것이기 때문이라 (약 1:12)

브엘세바에 거주하다

이에 아브라함이 그의 종들에게로 돌아가서 함께 떠나 브엘세바에 이르러 거기

거주하였더라 (창 22:19)

브엘세바(באר שבע)는 '베에르(באר)'와 '셰바(שבע)'에서 유래했으며, '일곱 우물, 맹세의 우물'을 의미합니다. 브엘세바는 유다 왕국의 최남단으로 아브라함에 의해 브엘세바로 명명되었습니다. 이 성읍은 처음에 유다 지파에게 분배되었으나(수 15:28), 후에는 시므온 지파에게 주어졌습니다(수 19:2). 하갈이 사라를 피하여 이곳의 들에서 방황하다가 기적적으로 우물을 발견하게 됩니다. 아브라함이 이곳에서 블레셋 왕 아비멜렉과 언약을 세웠으며, 이곳에 에셀나무를 심고 여호와의 이름을 불렀습니다(창 21:30-34). 이삭도 이곳에 거한 적이 있습니다(창 26:23-25). 야곱이 아내를 얻기 위해 이곳에서 하란으로 갔으며(창 28:10), 애굽으로 갈 때 이곳에서 제물을 드렸습니다(창 46:1).

사무엘의 두 아들이 이곳에서 사사가 되었으며(삼상 8:2), 엘리야가 이세벨을 피해 이곳으로 도망하였습니다(왕상 19:2-3). 하나님은 특히 이곳 브엘세바에서 여러 사람에게 나타나셨습니다. 하갈에게(창 21:14-19), 이삭에게(창 26:24, 33), 야곱에게(창 46:1-4), 그리고 엘리야에게(왕상 19:3-7) 나타나셨습니다. 브엘세바는 B.C. 701년 산헤립(Sennacherib)에 의해 멸망당했으나 바벨론 포로에서 귀환한 사람들이 재건했습니다(느 11:27).[45]

---

45 바이블렉스(BibleLex, 브니엘성경연구소) 참조.

4. 나홀과 밀가의 후손

이 일 후에 어떤 사람이 아브라함에게 알리어 이르기를 밀가가 당신의 형제 나홀에게 자녀를 낳았다 하였더라 그의 맏아들은 우스요 우스의 형제는 부스와 아람의 아버지 그므엘과 게셋과 하소와 빌다스와 이들랍과 브두엘이라 이 여덟 사람은 아브라함의 형제 나홀의 아내 밀가의 소생이며 브두엘은 리브가를 낳았고 나홀의 첩 르우마라 하는 자도 데바와 가함과 다하스와 마아가를 낳았더라 (창 22:20-24)

나홀의 후손을 소개하는 것은 나홀의 아들인 브두엘의 딸이 리브가임을 밝히기 위함입니다. 리브가는 이삭의 아내가 됩니다.

창세기 23장

사라의 죽음

막벨라 굴에 묻힌 사라

창세기 23장에서는 아브라함의 아내 사라가 죽음을 맞게 됩니다. 사라가 127세에 죽자 아브라함이 헷 족속에게 은 400세겔을 주고 헤브론 땅 막벨라굴을 삽니다. 이 막벨라굴에는 나중에 아브라함과 사라, 이삭과 리브가, 야곱과 레아가 묻히게 되고, 뼈를 묻게 해 달라는 유언을 따라 요셉도 이곳에 묻히게 됩니다. 그리고 이 헤브론 땅은 다윗이 12지파의 왕이 되기 전에 유다 족속의 왕으로 있을 때 7년 6개월 동안 임시 수도가 되기도 했습니다.

나중에는 갈렙이 여호수아에게 요구한 산지이기도 합니다. 80세의 갈렙이 왜 이 헤브론 땅을 요구했을까요? 요셉까지 포함해서 4대 족장이 묻혀 있는 땅이기 때문입니다. 하나님과 언약을 맺었던 4대 족장이 머물러 있던 땅이기 때문입니다. 막벨라굴은 비록 작은 땅이지만 정식으로 값을 주고 사게 됨으로써 나중에 이스라엘 백성들이 가나안 땅을 정복하는 법적 근거가 됩니다.

이방인의 고백

내 주여 들으소서 당신은 우리 가운데 있는 하나님이 세우신 지도자이시니 우리 묘실 중에서 좋은 것을 택하여 당신의 죽은 자를 장사하소서 우리 중에서 자기 묘실에 당신의 죽은 자 장사함을 금할 자가 없으리이다 (창 23:6)

헤브론에 살고 있는 헷 족속은 아브라함이 '자신들 가운데 있는 하나님이 세우신 지도자이시니'라고 고백합니다. 이것이 하나님이 우리 믿는 자들에게 요구하시는 것입니다. 헷 족속은 하나님을 모르는 이방 민족입니다. 그런 그들이 아브라함을 자신들 가운데 계시는 하나님이 세우신 지도자라고 말합니다. 하나님은 우리가 세상에 선한 영향력을 끼치기를 바라십니다. 세상의 소금과 빛으로 살아서 세상 사람들을 하나님께로 이끌어 오는 지도자가 되기를 바라십니다.

대가를 치르고 산 막벨라굴

아브라함이 에브론의 말을 따라 에브론이 헷 족속이 듣는 데서 말한 대로 상인이 통용하는 은 사백 세겔을 달아 에브론에게 주었더니 마므레 앞 막벨라에 있는 에브론의 밭 곧 그 밭과 거기에 속한 굴과 그 밭과 그 주위에 둘린 모든 나무가 성 문에 들어온 모든 헷 족속이 보는 데서 아브라함의 소유로 확정된지라 (창 23:16-18)

헷 족속은 묘실 중에서 좋은 것을 택하여 죽은 자를 장사하도록 배려합니다. 이렇게 헷 족속이 이 땅을 그냥 주겠다고 했지만, 아브라함은 거절합니다. 아브라함은 당시의 시가보다 훨씬 높은 가격인 은 400세겔을 주고 막벨라굴을 합법적으로 산 데에는 의도가 있습니다. 그 당시 한 사람의 1년 수입이 은 5~10세겔 정도였다는 것을 감안한다면 아브라함이 땅값으로 지불한 400세겔은 한 사람의 40년 치 수입에 맞먹는 어마어마한 돈이었습니다.[46]

그냥 받은 것과 아브라함의 사유지로서 합법적으로 소유하는 것은 의미

---

46 송병현, 『엑스포지멘터리 창세기』(서울: 국제제자훈련원, 2010), p. 410.

가 다릅니다. 출애굽 사건 이후 아브라함의 후손인 이스라엘 백성이 가나안 땅에 들어와서 가나안 일곱 족속을 몰아내고 이 땅을 점령할 때 비록 작은 땅 헤브론이지만 아브라함이 합법적으로 사유지로 만들어서 법적 깃발을 내린 것은 중요한 의미가 있습니다. 이 일로 인해 헤브론 땅이 그들의 조상의 땅이 되었기 때문에 장차 이스라엘이 약속의 땅 가나안으로 돌아올 수 있는 법적 근거를 아브라함이 만들어 놓은 것입니다. 여호수아서의 지평을 성령님은 미리 보고 계시는 것입니다.

이삭과 리브가

이삭을 위하여 아내를 택하라

아브라함이 나이가 많아 늙었고 여호와께서 그에게 범사에 복을 주셨더라 아브
라함이 자기 집 모든 소유를 맡은 늙은 종에게 이르되 청하건대 내 허벅지 밑에
네 손을 넣으라 내가 너에게 하늘의 하나님, 땅의 하나님이신 여호와를 가리켜
맹세하게 하노니 너는 내가 거주하는 이 지방 가나안 족속의 딸 중에서 내 아들
을 위하여 아내를 택하지 말고 내 고향 내 족속에게로 가서 내 아들 이삭을 위하
여 아내를 택하라 (창 24:1-4)

창세기 24장은 창세기에서 가장 긴 구절을 가진 장으로 이삭의 결혼에
대한 기록입니다. 창세기의 저자가 이토록 긴 분량으로 이삭의 결혼 장면
을 묘사하는 이유는, 하나님의 백성들에게는 하나님의 약속을 다음 세대까
지 지속되도록 해야 할 책임이 있음을 드러내기 위함입니다. 이는 이스라
엘이 혈연 공동체가 아니라 언약 공동체이기 때문입니다.[47]

아브라함의 나이가 많아 늙었지만, 하나님은 아브라함에게 범사에 복을
주셨습니다. 그리고 이삭의 결혼을 위해 자신의 종을 고향으로 보내게 됩
니다. 이는 혈통적 순수성뿐만 아니라 신앙의 순결을 지키고자 한 결정입
니다. 이삭의 아내가 이방 여인이 된다면 여호와 신앙을 지키기가 어렵기
때문입니다.

아브라함의 종 엘리에셀은 이삭의 아내를 찾으러 가기 전에 아브라함의
허벅지 밑에 손을 넣고 맹세합니다. 여기서 허벅지는 생식기를 의미합니
다. 그렇다면 생식기 밑에 손을 넣고 맹세한다는 것의 의미는 무엇일까요?

---

47 강규성, 『창조주 하나님의 방문』(서울: 예영비앤피, 2010), p. 132.

그것은 생명 걸고 맹세를 지키겠다는 약속입니다. 만일 이 맹세를 지키지 않으면 자신이나 자신의 후손이 멸절될 수 있음을 가정하는 것입니다. 왜 냐면 남성의 생식기는 생명의 원천을 상징하기 때문입니다. 그만큼 아브라함은 이삭의 아내가 이방 여인이 아니기를 바란 것입니다. 만일 이삭의 아내를 가나안 여인으로 맞아들인다면 그녀가 섬기는 가나안 신들로 인해 여호와 신앙이 오염될 수 있기 때문입니다. 이처럼 아브라함은 여호와 신앙이 후손들에게 대대로 전수되기를 바랐습니다.

> 또 그들과 혼인하지도 말지니 네 딸을 그들의 아들에게 주지 말 것이요 그들의 딸도 네 며느리로 삼지 말 것은 그가 네 아들을 유혹하여 그가 여호와를 떠나고 다른 신들을 섬기게 하므로 여호와께서 너희에게 진노하사 갑자기 너희를 멸하실 것임이니라 (신 7:3-4)

이삭의 결혼

창세기 24장에서 아브라함은 아들 이삭을 결혼시키기 위해 가나안 족속의 여자를 취하지 않고 자신의 종을 고향으로 보내어 이삭의 아내로 선택하도록 맡깁니다. 이것을 지금의 문화로 보자면 근친상간으로 오해할 수도 있습니다. 하지만 당시의 문화로는 보편적인 일이었기 때문에 오해해서는 안 됩니다. 어쨌든 중요한 것은 하나님 백성 계열에서 이삭의 아내를 취하고자 했다는 사실입니다. 이방 계열에서 집안의 며느리를 취하지 않으려고 애쓴 것입니다. 이를 통해 아브라함이 하나님의 백성으로서 순결을 지키려고 몸부림쳤다는 것을 알 수 있는 장면입니다. 우리도 하나님의 백성과 이방 백성이 섞이지 말라는 하나님의 뜻에 순종하는 아브라함을 배워야 할 필요가 있습니다.

하늘의 하나님 여호와께서 나를 내 아버지의 집과 내 고향 땅에서 떠나게 하시
고 내게 말씀하시며 내게 맹세하여 이르시기를 이 땅을 네 씨에게 주리라 하셨
으니 그가 그 사자를 너보다 앞서 보내실지라 네가 거기서 내 아들을 위하여 아
내를 택할지니라 (창 24:7)

아브라함은 종을 보내면서 하나님이 그 사자를 엘리에셀보다 앞서 보내
실 것이라고 이야기합니다. 그리고 종 엘리에셀이 메소보다미아에 있는 나
홀의 성에 도착해서 많은 과정을 통해 리브가를 만나게 됩니다.

그가 이르되 우리 주인 아브라함의 하나님 여호와여 원하건대 오늘 나에게 순조
롭게 만나게 하사 내 주인 아브라함에게 은혜를 베푸시옵소서 성 중 사람의 딸
들이 물 길으러 나오겠사오니 내가 우물 곁에 서 있다가 한 소녀에게 이르기를
청하건대 너는 물동이를 기울여 나로 마시게 하라 하리니 그의 대답이 마시라
내가 당신의 낙타에게도 마시게 하리라 하면 그는 주께서 주의 종 이삭을 위하
여 정하신 자라 이로 말미암아 주께서 내 주인에게 은혜 베푸심을 내가 알겠나
이다 말을 마치기도 전에 리브가가 물동이를 어깨에 메고 나오니 그는 아브라함
의 동생 나홀의 아내 밀가의 아들 브두엘의 소생이라 (창 24:12-15)

엘리에셀이 리브가에게 물을 달라고 청하자 리브가는 물을 주면서 낙
타에게도 물을 길어 먹이게 됩니다. 엘리에셀이 이 모습을 묵묵히 지켜
보면서 하나님께서 이삭의 배필로 이 여인을 주셨음을 확신하게 됩니다.
그때 낙타에게 물을 다 먹인 리브가에게 누구의 딸이냐고 묻습니다. 그

리고 아브라함의 동생 나홀에게서 낳은 아들 브두엘의 딸이라는 말을 듣
게 됩니다.

> 이에 그 사람이 머리를 숙여 여호와께 경배하고 이르되 나의 주인 아브라함의
> 하나님 여호와를 찬송하나이다 나의 주인에게 주의 사랑과 성실을 그치지 아니
> 하셨사오며 여호와께서 길에서 나를 인도하사 내 주인의 동생 집에 이르게 하셨
> 나이다 하니라 (창 24:26-27)

엘리에셀은 아브라함의 동생 집으로 인도하신 하나님을 찬송합니다. 그
때 리브가의 오라버니인 라반이 우물가에 와서 기도하고 있는 엘리에셀을
청하여 집으로 인도했습니다.

아브라함이 엘리에셀을 보내면서 하나님의 사자가 그보다 앞서가실 것
을 말한 것처럼 하나님은 엘리에셀보다 앞서서 이삭과 리브가의 만남을 준
비하셨습니다. 이렇듯 하나님의 일하심은 평범해 보이는 우리의 삶의 일상
에서도 나타납니다. 그러므로 아주 작은 일상에서도 일하시는 하나님이기
에 우리는 삶의 일상들을 성실하게 살아야 합니다. 하나님이 언제 어떻게
누구를 통해 일하실지 모르기 때문입니다.

우리도 하나님의 말씀에 한 걸음씩 순종하다 보면 하나님이 미리 앞서
인도하시고 준비하셨음을 경험하게 될 것입니다. 하나님보다 앞서지 마십
시오. 그리고 하나님보다 뒤처지지도 마십시오. 하나님과 동행하십시오.

> 그들이 그 누이 리브가와 그의 유모와 아브라함의 종과 그 동행자들을 보내며
> 리브가에게 축복하여 이르되 우리 누이여 너는 천만인의 어머니가 될지어다 네
> 씨로 그 원수의 성 문을 얻게 할지어다 리브가가 일어나 여자 종들과 함께 낙타

를 타고 그 사람을 따라가니 그 종이 리브가를 데리고 가니라 그 때에 이삭이 브엘라해로이에서 왔으니 그가 네게브 지역에 거주하였음이라 이삭이 저물 때에 들에 나가 묵상하다가 눈을 들어 보매 낙타들이 오는지라 리브가가 눈을 들어 이삭을 바라보고 낙타에서 내려 종에게 말하되 들에서 배회하다가 우리에게로 마주 오는 자가 누구냐 종이 이르되 이는 내 주인이니이다 리브가가 너울을 가지고 자기의 얼굴을 가리더라 종이 그 행한 일을 다 이삭에게 아뢰매 이삭이 리브가를 인도하여 그의 어머니 사라의 장막으로 들이고 그를 맞이하여 아내로 삼고 사랑하였으니 이삭이 그의 어머니를 장례한 후에 위로를 얻었더라 (창 24:59-67)

결국 엘리에셀은 라반의 집에서 리브가를 데려오게 됩니다. 당초 아브라함이 이삭과 결혼할 신부의 조건으로 제시한 것은 두 가지입니다. 첫째로 아브라함의 고향 여인이어야 하며, 둘째로 자기의 고향, 친척, 아버지 집을 떠나 가나안으로 올 수 있는 여인이어야 합니다. 이는 하나님의 뜻을 위해 자신을 포기하고 하나님께 순종하는 여인을 며느리로 맞아들이려고 한 것입니다. 마치 아브라함과 사라가 하나님의 부르심을 받고 본토, 친척, 아버지 집을 떠난 것처럼 말입니다. 사라의 뒤를 이어 언약의 조상 여인이 되기 위해서는 순종이 필요했습니다. 리브가(רבקה)에는 '끈'이란 뜻이 있습니다.

엘리에셀이 리브가를 데리고 돌아오고 있을 때 이삭은 들에서 묵상하고 있었습니다. 그러다가 리브가를 만나게 됩니다. 이삭은 평생을 걸쳐 묵상의 삶을 살았습니다. 묵상했다는 것은 하나님을 바라보고 언약을 되새겼다는 뜻입니다. 하나님과 아버지 아브라함과 맺은 언약을 이삭도 분명 들어서 알고 있었습니다. 그는 이 언약의 내용을 곱씹으면서 자신을 향한 하나님의 계획을 묵상하고 있었을 것입니다. 그런 이삭에게 하나님은 리브가를 이끌어 오셨고, 어머니의 장례를 치른 이삭을 위로하십니다.

묵상과 삶의 적용

그렇습니다. 우리도 주어진 환경과 형편만 바라보고 절망할 것이 아니라 하나님만 바라보고 그분의 신실하신 약속을 붙들어야 합니다. 묵상의 영성을 가지십시오. 하나님만 바라보는 자들에게 하나님은 리브가를 이끌어 오십니다. 하나님이 이끌어 오시는 리브가는 오랜 세월을 하나님만 바라보고 살았던 자들에게 위로가 될 것입니다.

하나님의 구속사와 불임 부부

하나님은 구원의 역사를 이루는 중요한 과정에서 꼭 불임 부부를 등장시킵니다. 아브라함과 사라, 이삭과 리브가, 세례요한의 부모인 사가랴와 엘리사벳을 보면 알 수 있습니다. 왜 하나님은 불임 부부를 선택해서 민족을 이루려고 하실까요?

그것은 생명을 낳는 능력이 무능한 사람에게 있는 것이 아니라 오직 하나님께만 있다는 것을 드러내기 위함입니다. 다시 말하면 하나님은 모든 불가능을 가능으로 바꾸시는 전능하신 하나님이심을 드러내고자 한 것입니다. 우리 하나님은 인간의 불가능을 가능으로 역전시키는 분이시므로 하나님을 절대적으로 신뢰할 수 있어야 합니다.

절망의 자리에서 일하시는 하나님

하나님은 우리가 처한 절망의 자리에서 일하십니다. 할례도 마찬가지입니다. 마음의 할례가 이루어진 곳에 하나님께서 일하십니다. 자녀 교육도 내가 하려고 하기보다 자식의 문제에 대해 할례를 선언하면 하나님이 일하실 것입니다. 가정, 사업, 학업, 일터, 모든 영역에 마음의 할례를 선언하면 하나님이 일하십니다. 영적 할례, 마음의 할례를 해야 합니다.

창세기에서 나그네 대접을 강조하는 이유

창세기의 저자 모세는 창세기 안에서 나그네를 대접한 사건을 세 번이나 소개합니다. 아브라함은 자신을 찾아온 하나님의 사자들을 나그네인 줄로 알고 극진히 대접했습니다(창 18장). 롯은 소돔과 고모라에 온 하나님의 사자들을 극진히 대접했습니다(창 19장). 그리고 리브가는 우물가에서 만난 아브라함의 종 엘리에셀과 가축들에게 물을 제공하고 대접했습니다(창 24장). 이들은 자신을 찾아온 나그네를 극진히 대접함으로써 복을 받았습니다.

손님 대접하기를 잊지 말라 이로써 부지중에 천사들을 대접한 이들이 있었느니라 (히 13:2)

이처럼 모세가 나그네 대접을 강조하는 이유는 이스라엘이 훗날 가나안에 들어가서 고아와 과부와 나그네와 같은 약자들에게 인애(חֶסֶד [헤세드])와 공의(משפט [미쉬파트])를 실천하여 의(צדק [체데크])의 열매를 맺을 수 있기를 바랐기 때문입니다. 또 하나의 이유는 이스라엘도 애굽에서 나그네였기 때문입니다.

너는 이방 나그네를 압제하지 말라 너희가 애굽 땅에서 나그네 되었었은즉 나그네의 사정을 아느니라 (출 23:9)

너희는 나그네를 사랑하라 전에 너희도 애굽 땅에서 나그네 되었음이니라 (신 10:19)

이름도 빛도 없이 오직 그리스도만

자식이 없는 아브라함은 한때 자신의 충성된 종인 엘리에셀을 상속자로 삼아 유산을 물려주려고까지 했습니다. 그러나 하나님은 아브라함과 사라의 몸에서 난 아들이 상속자가 될 것이라고 말씀하셨습니다. 엘리에셀은 아브라함의 충성된 종이요, 상속자가 될 뻔한 사람입니다. 그런데 그는 이에 대해 조금도 서운함도 없었습니다. 그는 오직 자신의 주인인 아브라함을 위해 한평생 충성을 다했습니다. 우리는 엘리에셀을 통해 하나님의 일꾼이 어떠해야 하는지를 배울 수 있습니다. 하나님의 일꾼들은 이름도 빛도 없이 오직 하나님의 영광만을 높이며, 그리스도만이 존귀케 되도록 자신을 십자가 앞에 부인하는 자들입니다. 나는 어떤 종입니까?

아브라함의 죽음

1. 아브라함이 죽다

아브라함이 후처를 맞이하였으니 그의 이름은 그두라라 그가 시므란과 욕산과
므단과 미디안과 이스박과 수아를 낳고 (창 25:1-2)

아브라함과 그두라의 후손

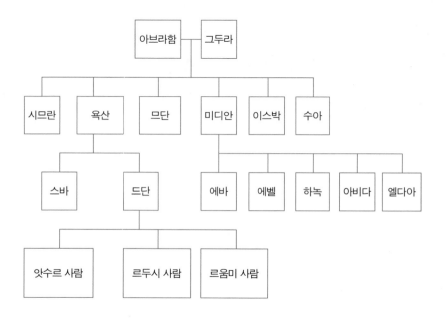

　　25장은 아브라함의 생애의 마지막 장입니다. 아브라함이 그두라를 언제
후처로 받아들였는지 정확하지 않습니다. 대부분 학자들은 사라가 죽은 후
에 그두라와 결혼해서 6명의 아들을 낳았을 것이라고 해석합니다. 그러나
사라가 죽을 때(127세, 창 23:1) 아브라함의 나이가 137세임을 가정해 본다면
그 나이에 6명의 아들을 낳는다는 것이 적적해 보이지 않습니다. 그래서
혹자들은 아브라함이 그두라와 결혼한 시기는 사라가 살아 있었을 때라고

주장합니다. 그리고 창세기 25장 6절과 역대상 1장 32절에서 그두라를 아내라 부르지 않고 첩(소실)이라고 부르는 것도 이 주장을 뒷받침합니다.

아브라함의 소실 그두라가 낳은 자손은 시므란과 욕산과 므단과 미디안과 이스박과 수아요 욕산의 자손은 스바와 드단이요 (대상 1:32)

이는 일리가 있는 주장입니다. 만일 그렇다면 창세기의 저자는 왜 그두라의 아들들의 족보를 아브라함 생애 마지막 부분에 기록하고 있을까 하는 의문이 생깁니다. 아브라함이 그두라와 결혼한 것이 사라의 죽음 전이든 그 이후든 그두라의 아들들의 족보를 아브라함의 생애 마지막 부분에 배치한 것은 하나님이 창세기 12장에서 아브라함에게 약속한 큰 민족에 대한 약속이 성취되었음을 말하고자 한 것으로 추측해 볼 수 있습니다. 또한 하나님은 이삭뿐만 아니라 다른 민족에게도 복을 주시는 하나님이심을 드러내고자 한 것이기도 합니다.

지금까지 그두라에 대한 언급이 없었던 이유에 대해 존 하틀리는 창세기의 저자가 사라를 통해 약속의 아들을 받는 아브라함의 거대한 도전이라는 드라마를 중간에 중단하고 싶지 않았기 때문이라고 설명합니다.[48]

다른 관점에서 보면 성경은 아브라함과 그두라 사이에 낳은 아들 중에 미디안과 앗수르가 있음을 밝히고 있습니다. 즉 그두라의 아들들의 족보가 들어간 이유는 이 두 민족이 어디서 생겼는지 밝히는 것입니다. 이스라엘의 역사를 볼 때 창세기의 저자인 모세가 앞으로 계속해서 이스라엘을 괴롭히게 될 미디안과 결국 북이스라엘의 10지파를 멸망시키게 될(B.C. 722년)

---

48 존 E. 하틀리, 김진선 역, 『UBC 창세기』(서울: 성서유니온, 2019), p. 340.

앗수르를 언급하는 이유는 미디안과 앗수르의 뿌리가 아브라함이었음을 드러내기 위한 것으로 볼 수도 있습니다. 이를 통해 아브라함이 처음부터 끝까지 연약한 죄인임을 드러내고 하나님의 은혜가 아니면 안 되는 사람이었음을 보여주는 것입니다.

한편 이 단락은 훗날 두 족속 때문에 이스라엘이 받을 고통을 암시하기도 합니다. 앗수르는 포로들을 살아 있는 채로 껍질을 벗기고 혀를 뚫어서 고리를 꿰고 끌고 갈 정도로 악독한 족속이었습니다. 문헌에 의하면, 이스라엘 백성 가운데는 앗수르의 포로로 잡혀가는 것보다 자살하는 쪽을 택한 사람들이 많았다고 기록하고 있습니다. 또 사사 시대에 이스라엘을 괴롭힌 민족도 미디안입니다. 즉 앞으로 이스라엘을 괴롭히게 될 족속이 바로 그두라의 후손입니다. 아브라함의 마지막 생애에 이것을 언급한 데에는 저자의 의도가 있습니다.

창세기 12장과 25장의 구조적 메시지

아브라함 이야기의 전체를 볼 때 12장에서 아내를 누이라고 속여서 자신을 지키려고 했던 사건이 첫 사건입니다. 그리고 아브라함이 그두라를 통해 앗수르와 미디안을 낳은 것이 마지막 사건입니다. 이것은 단순한 배치가 아닙니다. 아내를 누이로 속였던 초창기 사건과 그두라를 통해서 얻은 앗수르와 미디안 족속에 대한 마지막 언급은 아브라함이 처음부터 끝까지 은혜가 없으면 안 되는 인생임을 잘 보여 줍니다. 즉 아브라함의 처음과 끝, 전 인생의 과정이 오직 하나님의 은혜였음을 부각시키고 있는 것입니다.

막벨라굴에 장사되다

아브라함의 향년이 백칠십오 세라 그의 나이가 높고 늙어서 기운이 다하여 죽어 자기 열조에게로 돌아가매 그의 아들들인 이삭과 이스마엘이 그를 마므레 앞 헷 족속 소할의 아들 에브론의 밭에 있는 막벨라 굴에 장사하였으니 (창 25:7-9)

아브라함은 175세에 죽음을 맞고 막벨라굴에 묻히게 됩니다. 이렇게 아브라함의 생애가 대단원의 막을 내리게 됩니다. 12~25장 전체를 보면 아브라함의 연약함도 있었지만, 역시 아브라함은 하나님의 사람이었음을 알 수 있습니다. 그리고 아브라함의 75세부터 175세까지 100년 동안의 과정 가운데 그의 죄성과 본색과 연약함이 적나라하게 드러나기도 했습니다. 하지만 인생 전체를 통으로 볼 때 하나님의 사람으로 아름다운 길을 걸었음을 분명히 알 수 있습니다.

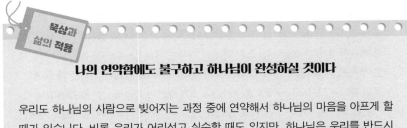

묵상과 삶의 적용

나의 연약함에도 불구하고 하나님이 완성하실 것이다

우리도 하나님의 사람으로 빚어지는 과정 중에 연약해서 하나님의 마음을 아프게 할 때가 있습니다. 비록 우리가 어리석고 실수할 때도 있지만, 하나님은 우리를 반드시 아름답게 빚으시고 완성하실 것입니다. 이 하나님을 신뢰합시다.

이삭에게 복을 주신 하나님

아브라함이 죽은 후에 하나님이 그의 아들 이삭에게 복을 주셨고 이삭은 브엘라 하나님이 이삭에게 복을 주셨습니다. 이 짧은 한 문장이 이삭의 평생의 삶이 어떠했는지를 대변합니다. 이삭은 놀라운 하나님의 축복을 받고 누린 자입니다. 이삭이 대단해서가 아니고 남다른 사업수단이 있어서도 아닙니다. 이유는 한 가지입니다. 오직 하나님이 그에게 복을 주셨기 때문입니다.

묵상과 삶의 적용

하나님은 우리에게도 복을 주셨습니다. 이삭보다 더 큰 복을 주셨습니다. 그것은 바로 예수 그리스도를 주신 것입니다. 예수님만큼 더 큰 복이 어디 있겠습니까? 하늘에 속한 모든 신령한 것으로 복을 주셨습니다(엡 1장).

4대 족장 중에 이삭에 대한 분량이 가장 적습니다. 이삭이 믿음이 부족했기 때문에 분량이 짧은 것은 아닙니다. 이삭은 4대 족장 가운데 순종과 축복의 모델이었기 때문입니다. 이삭은 하나님의 말씀에 순종해서 복을 받은 이야기밖에 없습니다.

아브라함은 믿음의 선조이고 믿음의 개척자이므로 믿음의 훈련 때문에 사건이 많을 수밖에 없었습니다. 아브라함에게는 하나님이 6번이나 나타나셔서 언약을 맺으셨다는 것은 그만큼 아브라함이 많이 흔들렸다는 것을 반증하기도 합니다. 그래서 아브라함에 대한 분량이 많습니다. 또한 야곱의 기사는 제일 깁니다. 하나님이 야곱의 자아를 부수는 이야기들로 가득 차 있기 때문입니다. 그러면 요셉의 기록은 왜 길까요? 애굽의 총리가 되기까지 구구절절한 사건이 많기 때문에 기록이 남는 것입니다.

그런데 이삭은 특별한 사건이 없습니다. 제일 큰 사건은 청년 때에 자신이 제물인 것을 눈치챘으면서도 번제단 위에 스스로 올라가려고 했던 사건입니다. 그리고 40세에 리브가를 만난 사건과 20년 만인 60세에 에서와 야곱을 낳은 사건, 그리고 우물을 판 사건 등입니다. 인생에 큰 아픔과 고난이 없었습니다. 즉 이삭은 하나님께 순종하므로 복을 받은 것 외에는 특별한 사건이 없었습니다. 결론적으로 특별한 고난 없이- 물론 작은 고난들은 있었지만- 축복을 받고 살다가 편안하게 인생을 마친 사람인데, 그 핵심은 22장에 있는 것으로 볼 수 있습니다.

아브라함이 이삭을 번제물로 바칠 때 제일 놀란 분은 하나님입니다. 물론 이삭도 놀랐을 것입니다. 사흘 길을 올라갈 때 이삭이 아브라함에게 번제할 양이 어디 있는지 물었습니다. 그때 아브라함이 "하나님이 친히 준비하실 것이다"라고 말할 때 이삭은 어쩌면 자신이 번제물일지도 모른다는 생각을 했을 것입니다. 실제로 아브라함이 칼을 들어 갑자기 자신을 내리치려고 할 때 그 순간 이삭은 '아! 내가 죽어야 할 제물이구나'라는 것을 분명히 알았을 것입니다.

학자들은 당시 이삭의 나이를 20~25세로 보고 있습니다. 이때 아브라함의 나이는 최소 120~125세입니다. 그렇다면 이삭은 청년의 힘으로 늙은 아버지를 얼마든지 뿌리칠 수 있었습니다. 하지만 이삭은 '내가 죽어야 하는구나'라고 생각하면서 기꺼이 순종하고 번제단에 올라간 것입니다. 그래서 이삭은 기꺼이 십자가를 지신 예수 그리스도를 예표하기에 충분합니다. 마찬가지로 아들을 죽여야 했던 아브라함은 아들을 죽여야만 죄인을 살릴 수 있는 하나님 아버지를 예표하기에 충분한 것입니다.

하나님이 이삭을 고난 없이 살게 하신 것은 창세기 22장의 말도 안 되는 순종 때문이라고 볼 수 있습니다. 이해할 수 없는 하나님의 요구에 이삭은 이해할 수 없는 순종을 한 것입니다. 그래서 많은 학자들이 아브라함을 믿음의 조상이라고 한다면 이삭은 순종의 모델로 꼽는 것입니다. 이삭이 평탄한 인생을 살게 된 것은 모든 것에 순종해서가 아닙니다. 인생에 있어서 딱 한 번의 절대적 순종, 목숨을 건 순종을 했기 때문입니다.

하나님께서 '과연 이것을 순종할까'라고 반신반의하면서 하신 요구에도 이삭은 기꺼이 순종했습니다. 진짜 죽으려고 번제단에 올라간 이삭을 보면서, 또 백 세에 낳아 자기 목숨보다 더 중요하게 여긴 아들을 칼로 치려는 아브라함을 보면서 하나님이 놀라셨을 것입니다. 그런 이유로 하나님은 이삭의 인생 전체를 축복하셨습니다. 이해되지 않은 주님의 명령이라도 하나님이 원하신다면, 하나님께서 그 이유를 설명하지 않으셨음에도 불구하고 순종할 때 축복하시는 것입니다.

우리도 마찬가지입니다. 도저히 순종할 수 없는 부분을 순종하게 될 때 동일한 축복을 누리게 될 것입니다.

2. 이스마엘의 후예

야곱이 12명의 아들을 낳았고 열두 지파를 이루었습니다. 이스마엘도

12명을 낳았습니다. 하나님께서 이스마엘에게도 큰 민족을 이루겠다고 약속하셨기 때문입니다. 이는 하나님께서 이스라엘의 열두 지파만 구원을 계획하신 것이 아니라 이스마엘의 열두 지파에게도 구원 계획을 갖고 계심을 드러냅니다. 히브리 문화에서 '12'는 자녀의 숫자입니다. 그래서 마지막 때에는 중동 민족 중에서 전부는 아닐지라도 선택받은 하나님의 자녀가 나올 것임을 암시하고 있습니다. 버려진 민족 같지만 사실 그렇지 않은 것을 보여 주고 있습니다. 이스마엘의 열두 아들을 축복하셨고, 그 속에도 택한 백성이 있음을 믿어야 합니다.

3. 에서와 야곱의 출생

불임 부부 모티브

이삭이 그의 아내가 임신하지 못하므로 그를 위하여 여호와께 간구하매 여호와께서 그의 간구를 들으셨으므로 그의 아내 리브가가 임신하였더니 (창 25:21)

이삭의 아내 리브가는 임신을 하지 못했습니다. 하나님께서 구원의 역사를 이루어 가실 때 꼭 불임 부부를 등장시킵니다. 아브라함과 사라, 이삭과 리브가, 세례요한의 부모인 사가랴와 엘리사벳의 경우가 그렇습니다. 왜 그렇게 하시는 것일까요? 사람의 능력이 끊어진 곳에 하나님의 전능하신 능력으로 다시 새 일을 행하심을 보이시기 위해서입니다. 다시 말하면 생명을 낳고 살리는 능력이 사람이 아닌 하나님께만 있으며, 하나님만이 모든 불가능을 가능으로 바꾸시는 전능하신 분이심을 드러내기 위함입니다.

그런데 중요한 것은, 리브가가 임신하지 못할 때 이삭이 그를 위하여 하나님께 간구하되 여호와께서 이삭의 간구를 들으셨다고 기록하고 있습니다. 창세기 25장 21절에서만 '간구'라는 단어가 두 번 등장합니다. 이는 아내의 불임으로 인한 하나님의 약속의 위기가 닥쳤을 때 이삭은 하나님께 간청했습니다. 이삭은 기도의 사람이었습니다. 또한 불임의 여인 리브가가 임신한 것은 불가능한 자연적 질서를 역전시키는 하나님의 초월적 창조 행위인 것입니다.[49]

물론 하나님은 이삭에게 자녀를 주실 계획이 있었지만, 이삭이 기도하기를 원하셨습니다. '그냥 때가 되면 임신이 되겠지'라는 자세가 아니라 하나님이 그 일을 하시도록 이삭이 간구했다는 사실이 중요합니다.

예레미야 31장은 새 언약장입니다. 새 언약은 십계명의 옛 언약으로 사람을 바꿀 수 없으니 이제 하나님께서 성령을 보내어 부드러운 마음을 주고 순종하는 마음을 주겠다는 것이 새 언약장입니다. 그런데 에스겔 36장에도 새 언약이 선포됩니다. 하나님은 성령을 부어주겠다고 계속 약속하시면서 36장 끝부분에 "그래도 이스라엘 족속이 이같이 자기들에게 이루어 주기를 내게 구하여야 할지라"(겔 36:37)라고 명백하게 말씀하고 있습니다.

> 또 새 영을 너희 속에 두고 새 마음을 너희에게 주되 너희 육신에서 굳은 마음을 제거하고 부드러운 마음을 줄 것이며 (겔 36:26)

그러므로 하나님께서 일을 행하실지라도 그 일이 이루어지기까지 하나님의 백성이 기도해야 할 것을 명백하게 말씀하고 계십니다.

---

49 강규성, 『창조주 하나님의 방문』(서울: 예영비앤피, 2010), p. 139.

약속을 붙들고 기도하라

혹시 하나님 앞에 개인적인 약속을 받은 것이 있습니까? 물론 하나님께서는 이루어 가실 것입니다. 그럴지라도 하나님께서 그 일을 이루어 가시도록 계속 그 약속을 붙들고 기도할 때 하나님이 그 일을 행하신다는 사실을 기억해야 합니다.

에서와 야곱이 태어나다

리브가는 하나님의 은혜로 쌍둥이를 임신했습니다. 이 두 아이는 리브가의 뱃속에서부터 싸웠습니다. 여기서 '싸우다'라는 단어는 히브리어로 '라차츠(רצץ)'인데, '짓밟다, 부수다, 밟아 으깨다'라는 의미입니다. 이는 리브가의 태중 두 아이의 다툼이 단순한 다툼이 아니라 주도권을 장악하기 위한 처절한 싸움임을 가리킵니다.[50]

하나님은 두 민족이 뱃속에서 나뉘게 될 것이라고 말씀하십니다. 또 큰 자가 어린 자를 섬길 것이라는 예언을 주십니다. 그리고 첫째는 '붉고 전신이 털 옷' 같아서 이름을 에서라고 지었습니다. 동생은 형의 발꿈치를 잡고 있었기 때문에 야곱이라고 지었습니다.

사람이 걸을 때 누군가 뒤에서 발꿈치를 잡으면 넘어지게 됩니다. 야곱이 어머니의 뱃속부터 에서의 발꿈치를 잡았다는 것은 야곱의 기질이 어떤지 잘 말해 주고 있습니다. 즉 그가 누군가를 넘어뜨리는 기질을 가지고 있었다는 것입니다. 나중에 보면 에서의 장자권을 빼앗는 모습, 라반의 집에서 양이

---

50 앞의 책, p. 140.

나 염소를 취할 때 버드나무, 신풍나무, 살구나무를 동원해서 라반의 재물을 취하는 모습-물론 하나님의 계획이 있었지만-들을 볼 수 있습니다.

4. 장자권을 판 에서

이삭의 죄성과 연약함

이삭이 그랄에 거주하였더니 그 곳 사람들이 그의 아내에 대하여 물으매 그가 말하기를 그는 내 누이라 하였으니 리브가는 보기에 아리따우므로 그 곳 백성이 리브가로 말미암아 자기를 죽일까 하여 그는 내 아내라 하기를 두려워함이었더라 (창 26:6-7)

순종의 모델인 이삭도 아버지 아브라함과 똑같은 죄성을 드러냅니다. 블레셋 아비멜렉 왕이 리브가를 취하려고 할 때 자신의 아내 리브가를 누이라 속여 보냅니다. 자신의 목숨을 건지고자 했던 것입니다. 또한 이삭의 말년에는 시야가 어두워서 사람을 잘 알아보지 못했습니다. 그래서 에서에게 해야 할 장자의 축복을 차자인 야곱에게 하게 됩니다. 물론 배후에는 하나님의 섭리가 있었지만, 야곱이 이렇게 한 데에는 육체의 시야가 어두워졌다는 말 이상의 의미가 있습니다.

에서는 익숙한 사냥꾼이었기 때문에 주로 들에서 사냥하면서 자랐고, 야곱은 장막에서 조용히 어머니 리브가와 함께 자랐습니다. 아버지 이삭이 고기를 좋아했기 때문에 에서가 짐승을 사냥해서 아버지에게 대접했습니다. 그러니 야곱은 에서를 좋아했고, 어머니 리브가는 야곱을 더 사랑했습니다. 편 가르기 사랑을 하면 안 되지만, 야곱 부부는 편애했습니다.

이삭이 고기를 좋아한다고 해서 나쁜 것은 아니지만, 이 표현에서 이삭이 영적인 부분을 잃어 버리고 있음을 암시하는 구절로 볼 수도 있습니다. 하나님이 리브가에게 어린 자(동생)가 큰 자가 되고 큰 자가 어린 자를 섬기겠다고 말씀하셨을 때 리브가는 남편 이삭에게 분명히 이야기했을 것입니다. 그럼에도 불구하고 이삭이 큰아들 에서에게 장자권을 물려주려고 하는 것을 보면 그가 하나님의 말씀을 들었음에도 인간적인 자기 생각을 밀어붙이는 게 아닐까 추측하게 됩니다. 그래서 '고기'를 단순히 사냥한 짐승의 고기로 볼 수도 있지만, 영적인 하나님의 뜻보다 인간적인 자기의 뜻에 더 많이 치우쳐서 분별력을 상실한 모습을 단적으로 나타내는 단어라고 해석할 여지가 있는 것입니다.

리브가는 하나님의 뜻이 누구에게 더 있는가에 대해 생각했던 것으로 보입니다. 언뜻 보면 아버지와 어머니가 자식을 편 가른 것으로 보이지만, 다른 관점으로 보면 아버지와 어머니의 영적 성향을 보여 주는 것이기도 합니다. 이런 것을 볼 때 성경은 인물을 높이지 않는다는 사실을 알 수 있습니다. 위에서 언급한 사건들을 볼 때 이삭 또한 죄인이며, 하나님의 은혜 없이는 살 수 없는 연약한 자였음을 드러내기 때문입니다.

키아즘 구조로 본 야곱 이야기[51]

A 25:29-34 하나님의 뜻을 구함 / 탄생에서의 투쟁 / 야곱의 탄생
   B 26:1-2 -막간- 외국 궁궐에서의 리브가 / 이방과 조약
      C 27:1-28:9 에서를 두려워하는 야곱 - 도망
         D 28:10-22 사자들
            E 29:1-30 하란에 도착한 야곱
               F 29:31-30:24 야곱 아내들의 출산
               F′ 30:25-43 야곱 양떼들의 출산
            E′ 31:1-55 하란에서의 탈출
         D′ 32:1-32 사자들
      C′ 33:1-20 야곱의 귀환 - 에서를 두려워하는 야곱
   B′ 34:1-31 막간, 딸 디나가 외국의 상황에 처함 / 이방과의 조약
A′ 35:1-22 하나님 뜻 성취 / 탄생에서 애씀 / 야곱이 이스라엘이 됨

야곱 이야기를 키아즘 구조로 보면 중앙에 열두 아들의 출산과 야곱이 큰 부를 쌓은 장면이 위치하고 있습니다. 이스라엘의 열두 지파가 될 열두 아들의 출생과 하나님의 축복이 야곱 이야기에서는 가장 중요합니다.

에서가 장자의 명분을 가볍게 여기다

그 아이들이 장성하매 에서는 익숙한 사냥꾼이었으므로 들사람이 되고 야곱은 조용한 사람이었으므로 장막에 거주하니 이삭은 에서가 사냥한 고기를 좋아하므로 그를 사랑하고 리브가는 야곱을 사랑하였더라 야곱이 죽을 쑤었더니 에서

---

51 D. A. Dorsey의 연구를 기초로 B. K. Waltke가 세부적으로 분류한 동심원적 구조에서 재인용. 송제근, "창세기의 구조와 신학", 「그 말씀」(두란노, 2003년 1월).

가 들에서 돌아와서 심히 피곤하여 야곱에게 이르되 내가 피곤하니 그 붉은 것
을 내가 먹게 하라 한지라 그러므로 에서의 별명은 에돔이더라 야곱이 이르되
형의 장자의 명분을 오늘 내게 팔라 에서가 이르되 내가 죽게 되었으니 이 장자
의 명분이 내게 무엇이 유익하리요 야곱이 이르되 오늘 내게 맹세하라 에서가
맹세하고 장자의 명분을 야곱에게 판지라 야곱이 떡과 팥죽을 에서에게 주매 에
서가 먹으며 마시고 일어나 갔으니 에서가 장자의 명분을 가볍게 여김이었더라
(창 25:27-34)

야곱이 죽을 끓였는데, 죽을 쑨 동기가 그렇게 순수하지는 않은 것으로
보입니다. 처음부터 형의 발꿈치를 잡고 넘어뜨리는 기질을 가지고 있었기
때문에 장자권을 빼앗기 위해서 죽을 끓인 것으로 볼 수 있습니다. 이런 야
곱의 기질이 바로 우리의 모습입니다. 야곱을 보면서 우리 안에 있는 야곱
의 기질을 발견할 수 있어야 합니다.

인간적으로 보면 야곱보다는 에서가 훨씬 남자답고 괜찮아 보입니다. 그
러나 하나님은 에서가 아닌 야곱을 영적 장자로 선택하셨습니다. 여기에
서 우리가 받은 구원이 무엇인지 알 수 있습니다. 하나님은 우리가 대단하
고 하나님의 자녀가 될 만한 자격이 있어서 구원하신 게 아닙니다. 그러니
우리가 받은 구원에서 나의 자랑이 있을 수 없습니다. 복음을 제대로 깨닫
는다면 나의 자랑을 할 수 없습니다. 그런데 우리는 구원받고 난 후에 했던
행위와 열심, 충성과 헌신을 자랑합니다. 아닙니다. 오직 하나님과 하나님
의 은혜만을 자랑해야 합니다.

어쨌든 야곱은 장자권을 빼앗을 목적으로 팥죽을 끓였기 때문에 그 동
기를 드러내고 있습니다. "형의 장자의 명분을 오늘 내게 팔라"라고 한 것
입니다. 이것은 야곱이 늘 욕심내고 있었던 것입니다. 그러면 야곱은 왜 장

자권에 대한 욕심을 내었을까요? 성경에 의하면 장자는 2배의 상속을 받게 됩니다. 야곱은 단순히 두 배의 상속권이 탐났기 때문일까요? 그것은 아닙니다. 아브라함과 이삭을 통해 내려오는 영적 장자권 때문입니다.

야곱은 많은 약점을 지니고 있었지만, 한 가지 장점이 있었습니다. 그것은 영적인 것에 욕심이 많았다는 것입니다. 아브라함과 이삭 그리고 자기를 통해 흘러가게 될 구속의 역사 계보에 들어가고 싶은 영적 장자권입니다. 그는 야성적인 에서와 달리 장막에 거했던 자입니다. 장막에 거한다는 것은 단지 어머니의 일을 돕는다는 게 아니라 영적인 축복을 사모한다는 의미도 있습니다. 예를 들어, 창세기 9장 27절에서 노아가 그의 아들 야벳에게 "하나님이 야벳을 창대하게 하사 셈의 장막에 거하게 하시고"라고 축복하는 장면이 나옵니다. 여기서 야벳이 셈의 장막에 거한다는 것은 영적인 특권과 축복을 누린다는 것입니다. 그러므로 야곱이 장막에 거하기를 좋아한 것은 그가 하나님의 임재와 영적인 축복의 소중함을 아는 자였음을 의미합니다.[52]

연대를 계산해 보면 아브라함, 이삭, 야곱의 신앙 3대가 함께 살았던 시기가 있습니다. 3대가 한 집안에서 약 15년 동안 같이 있었습니다. 그 시기에 아브라함과 이삭의 신앙 간증과 하나님의 약속을 수없이 전해 들었을 것입니다. 야곱과 에서가 똑같이 들었겠지만, 이런 영적 욕심은 야곱이 가진 것이었습니다.

반면에 에서는 배고픔으로 인해 장자권을 팥죽과 바꾸어 버린 자입니다. 성경은 에서에 대해 하나님의 장자권을 소홀히 여겼다고 평가합니다. 창세기 25장 32절을 보면 에서는 "내가 죽게 되었으니 이 장자의 명분이 내게

---

52 앞의 책, p. 150.

무엇이 유익하리요"라고 말합니다. 장자의 명분을 가볍게 여긴 것입니다. 장자의 명분은 '베코라(בכירה)'라고 합니다. '가볍게 여기다'의 히브리어는 '바자(בזה)'인데, '멸시하다, 우습게 여기다, 무시하다'라는 뜻이 포함되어 있습니다. 이는 그가 장자권을 무시하고 멸시했다는 것을 의미합니다.

아브라함과 이삭의 계보를 잇는 장자의 특권은 다른 형제들보다 아버지의 유산을 두 배나 더 받게 되는 재산상의 특권이 중요한 것이 아닙니다. 하나님의 언약을 이어가는 언약의 상속자로서의 영적인 특권이라고 할 수 있습니다. 에서는 이런 장자의 명분을 육신의 배고픔을 잠시 채워 줄 팥죽한 그릇에 야곱에게 팔아 버린 것입니다. 에서는 하나님의 언약을 우습게 여기고, 그 언약을 이어갈 언약의 상속자로서의 특권에 아무런 관심도 없었습니다. 이것이 에서가 장자의 자리를 차지할 수 없는 이유 중 하나입니다. 에서는 베코라(장자권)를 경홀히 여겼기 때문에 장자로서 누릴 수 있는 하나님의 복(ברכה [베라카])을 잃어버린 것입니다.

히브리서 기자는 에서에 대해 다음과 같이 평가하고 있습니다.

음행하는 자와 혹 한 그릇 음식을 위하여 장자의 명분을 판 에서와 같이 망령된 자가 없도록 살피라 너희가 아는 바와 같이 그가 그 후에 축복을 이어받으려고 눈물을 흘리며 구하되 버린 바가 되어 회개할 기회를 얻지 못하였느니라 (히 12:16-17)

반면에 야곱은 도덕적으로 흠이 많고 아주 교활한 사람이었습니다. 하지만 하나님의 언약과 그 언약의 상속자 자리에 대한 거룩한 욕심이 있었습니다. 에서에게는 팥죽이 의미하는 '세상 가치, 세상 욕심, 세상 영광, 눈에 보이는 세상의 것'이 훨씬 중요했습니다. 그에 반해 눈에 보이지 않는 하나님과의 관계나 하나님의 축복의 통로가 되는 것은 의미가 없다고 생각했습니다. 하나님 나라의 동역자가 되는 것에는 관심이 없었습니다. 이처럼 에서는 어느 날 갑자기 장자권을 팔아 버린 것이 아닙니다. 평소에도 영적인 부분을 소홀히 여기며 산 것이 드러났을 뿐입니다.

나는 에서입니까, 야곱입니까?

신자는 에서처럼 하나님이 주신 장자권을 경홀히 여기고 팥죽이라는 육신의 정욕을 좇아 살아가면 안 됩니다. 나는 평소에 하나님과의 교제, 예배 생활, 기도와 말씀, 영적인 영역을 소홀히 여기고 있지는 않습니까? 나는 팥죽에 더 관심이 있는 자입니까? 아니면 하나님에 대해 더 관심 있는 자입니까? 나는 에서와 같은 자입니까? 야곱과 같은 자입니까?

야곱의 죄성

야곱은 어머니 뱃속에서부터 하나님의 선택을 받았습니다. 그에게 자격이 있어서가 아니라 하나님의 전적인 은혜였습니다. 그리고 하나님은 야곱을 통해 언약의 계보를 이어가기를 원하셨습니다. 그러나 그것은 하나님의 때와 하나님의 방법으로 이루어질 것입니다. 그런데 야곱은 하나님의 때와 방법을 기다리고 신뢰하지 않았습니다. 자신의 지혜와 열심과 꾀를 동원하여 이루고자 했습니다. 어머니 리브가와 짜고 형과 아버지 이삭을 철저히 속이게 됩니다. 야곱은 인간적인 열심뿐만 아니라 거짓과 시기로 결국 장자권을 탈취하게 됩니다. 또 이삭은 야곱에게 속아서 장자의 축복을 야곱에게 선포하게 됩니다.

야곱이 그렇게 사기를 치지 않았어도 하나님이 야곱을 통해 장자의 축복을 이어가실 것인데, 야곱이 인간적으로 서두른 것입니다. 야곱의 모습에서 깨달을 수 있는 것은, 신앙인은 결과도 중요하지만 과정이 아름다워야 한다는 것입니다. 예수 믿는 자들은 더욱 그렇게 해야 합니다. 하나님의 일은 하나님이 하십니다. 하나님의 때와 방법을 신뢰하면서 기다려야 합니다.

창세기 26장

이삭과 언약을 맺으시는 하나님

1. 그랄로 간 이삭

아브라함 때에 첫 흉년이 들었더니 그 땅에 또 흉년이 들매 이삭이 그랄로 가서
블레셋 왕 아비멜렉에게 이르렀더니 (창 26:1)

창세기 12장을 보면 아브라함의 때에도 그랄에 흉년이 있었습니다. 그런
데 그 땅에 다시 흉년이 든 것입니다. 그래서 이삭도 그랄로 내려가게 됩니
다. 블레셋 왕 아비멜렉-직분으로서 블레셋 왕들의 공통적인 이름-이 있는
곳에 머물게 되었습니다. 이때 하나님께서는 이삭에게 애굽으로 내려가지 말
고 하나님이 지시하는 땅에 거주하라고 명령하십니다. 왜 그러셨을까? 창세
기 12장에서 아버지 아브라함은 애굽으로 내려갔다가 어려움을 당한 적이
있습니다. 그래서 이삭에게는 애굽으로 내려가지 말 것을 요구하십니다.

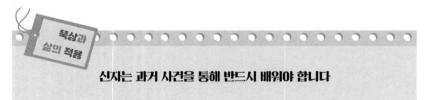

신자는 과거 사건을 통해 반드시 배워야 합니다

애굽에서의 아브라함의 실패를 보면서 이삭은 같은 실수와 실패를 반복하지 말아야
했습니다. 나는 성경의 기록들을 보면서도 같은 실패의 길을 걸어가고 있지는 않습
니까?

이삭과 맺은 언약(1차)

여호와께서 이삭에게 나타나 이르시되 애굽으로 내려가지 말고 내가 네게 지시
하는 땅에 거주하라 이 땅에 거류하면 내가 너와 함께 있어 네게 복을 주고 내가

이 모든 땅을 너와 네 자손에게 주리라 내가 네 아버지 아브라함에게 맹세한 것을 이루어 네 자손을 하늘의 별과 같이 번성하게 하며 이 모든 땅을 네 자손에게 주리니 네 자손으로 말미암아 천하 만민이 복을 받으리라 (창 26:2-4)

하나님은 이삭과 1차 언약을 맺으십니다. 이삭의 아버지 아브라함에게 하신 약속처럼 하나님은 이삭에게도 후손과 땅 그리고 천하 만민의 복을 약속하십니다.

여기서 가장 중요한 표현은 "내가 너와 함께 있어"입니다. 함께하시는 임마누엘 복이 최고의 복입니다. 우리 또한 하나님이 함께하시는 인생과 가정이 되어야 합니다. 그리고 최고의 복은 예수님입니다. 예수라는 최고의 복을 받았으니 이 복을 흘려 내보낼 수 있는 것입니다.

그리고 이 말씀에서 네 자손도 단수형 '제라(זרע)'입니다. 우리는 네 자손을 이스라엘 백성으로 생각하지만, 이삭을 통해서 주실 자식은 한 명입니다. 즉 성경은 예수 그리스도를 계속 조명하고 있는 것입니다.

그리고 "내가 네 아버지 아브라함에게 맹세한 것을 이루어"라고 기록하는데, 하나님은 아브라함에게 6번이나 약속하셨습니다. 그리고 "이 모든 땅을 네 자손에게 주리니"라고 할 때 여기 나오는 자손도 제라 단수형입니다. 물론 이스라엘 백성을 의미하기도 하지만, 단수형을 쓰고 있다는 것은 이스라엘을 통해서 오실 예수 그리스도에게 주시는 모든 땅을 말하는 것입니다. 즉 예수 그리스도를 통해 누리게 될 천하 만민의 복을 말하는 것입니다.

천하 만민이 복을 얻을 것이라는 말씀은 하나님이 아브라함에게 6번이나 언약하셨을 때 말씀하셨던 전용 문구입니다. 그런데 이삭에게도 똑같이 복을 약속하고 계십니다. 아버지 아브라함에게 하셨던 약속과 아들 이삭에게 하셨던 약속이 똑같습니다. 역시 방점은 복이 아니라 '천하 만민'에 찍혀 있는 것입니다. 복의 목적이 천하 만민에게 가야 하는 것입니다. 유대교에서 추구하는 복은 유대 민족만 중심이 된 이 땅의 헛된 메시아 왕국을 꿈꾸는 것입니다.

> 이는 아브라함이 내 말을 순종하고 내 명령과 내 계명과 내 율례와 내 법도를 지켰음이라 하시니라 (창 26:5)

하나님께서 이삭에게 후손과 땅, 천하 만민의 복을 약속하신 데에는 그의 아버지 아브라함이 "내 말을 순종하고 내 명령과 내 계명과 내 율례와 내 법도를 지켰음이라"라고 그 이유를 밝히십니다. 이것을 통해 부모 세대의 신앙이 자손만대에 어떤 영향을 미치게 되는지 잘 보여 주고 있습니다. 우리의 신앙이 자녀 세대에 미치는 것은 절대적입니다. 그런데 여기서 중요한 것은 아브라함의 복이 여기까지 흘러가지만, 그다음 문맥에서는 아브라함의 죄성이 이삭에게 흘러가는 것을 볼 수 있습니다.

이삭의 본성

> 이삭이 그랄에 거주하였더니 그 곳 사람들이 그의 아내에 대하여 물으매 그가 말하기를 그는 내 누이라 하였으니 리브가는 보기에 아리따우므로 그 곳 백성이 리브가로 말미암아 자기를 죽일까 하여 그는 내 아내라 하기를 두려워함이었더라 이삭이 거기 오래 거주하였더니 이삭이 그 아내 리브가를 껴안은 것을 블레셋 왕 아비멜렉이 창으로 내다본지라 (창 26:6-8)

이삭이 그랄 땅에 오랫동안 거주하고 있었는데, 이삭은 그랄 백성들에게 아내 리브가를 자기의 누이라고 말했습니다. 이는 아내 리브가가 아리따웠기에 그랄 백성들이 자기를 죽이고 아내를 빼앗을까 두려웠던 것입니다. 그러던 어느 날 이삭이 아내 리브가를 껴안은 것을 아비멜렉이 보게 되었습니다. 그래서 아비멜렉이 이삭에게 "분명히 네 아내거늘 어찌 네 누이라 하였느냐"라고 따졌습니다. 이에 이삭이 "내 생각에 그로 말미암아 내가 죽게 될까 두려워하였음이로라"라고 대답합니다. 이렇게 아브라함의 죄성이 이삭에게 흘러가는 것을 볼 수 있습니다.

2. 하나님의 개입과 백 배의 축복

아비멜렉이 이르되 네가 어찌 우리에게 이렇게 행하였느냐 백성 중 하나가 네 아내와 동침할 뻔하였도다 네가 죄를 우리에게 입혔으리라 아비멜렉이 이에 모든 백성에게 명하여 이르되 이 사람이나 그의 아내를 범하는 자는 죽이리라 하였더라 이삭이 그 땅에서 농사하여 그 해에 백 배나 얻었고 여호와께서 복을 주시므로 그 사람이 창대하고 왕성하여 마침내 거부가 되어 (창 26:10-13)

아비멜렉 왕은 자신의 백성들이 이삭의 아내를 빼앗아 범죄하지 않도록 백성들에게 엄히 명령함으로써 이삭이 위기를 넘기게 됩니다. 이런 아비멜렉 왕의 결정은 하나님의 간섭하심이 있었기에 가능한 일이었을 것입니다. 그런데 재미있는 것은 아내를 누이라 속인 사건 다음에 이어지는 단락입니다. 이삭이 백 배의 축복을 얻게 된다는 내용입니다. 여기에는 저자의 의도가 있습니다. 이는 이삭이 지닌 연약한 본성을 먼저 보여주고 그가 얼마나 부족한 사람인지를 드러냅니다. 그다음에 이삭이 백 배의 축복을 받는 장면을 연결하여 자격이 없는 자에게 베푸시는 하나님의 은혜를 부각하고 있는 것입니다.

창세기 12장에서 3대 언약을 약속하신 다음에 아브라함이 아내를 누이로 속이는 사건이 바로 이어지는 것을 보았습니다. 이 사건은 아브라함이 3대 복을 받을 수 있는 조건과 자격이 없으며, 오직 하나님의 은혜였음을 아내를 판 사건을 통해서 드러내는 것입니다.

마찬가지로 창세기의 저자는 똑같은 이야기를 순서만 바꾸어서 하고 있습니다. 여기서는 이삭이 아내를 판 사건을 먼저 쓰고 백 배의 축복을 받은 내용을 뒤에 쓰고 있으며, 저자가 하고 싶은 이야기는 동일합니다. 앞뒤 문맥을 연결해 볼 때 이삭이 백 배나 복을 받을 만한 자격이 없다는 사실을 알 수 있습니다. 결국 이삭은 하나님의 은혜 때문에 복을 누렸다는 것을 문맥의 구조 속에서 명백하게 드러내고 있습니다.

거부가 된 이삭

하나님이 이삭에게 일 년에 백 배의 복을 받게 하셔서 창대하고 왕성하여 마침내 거부가 되었습니다. 그런데 "여호와께서 복을 주시므로"라고 표현하고 있습니다. 하나님이 함께하시면 복이 임하는 것입니다.

우리는 여기서 주목할 것이 있습니다. 하나님이 이삭에게 백 배의 축복을 주시기 전에 이삭은 그랄 땅에서 자기의 역할을 성실하게 했다는 사실입니다. 이삭은 씨를 뿌리고 농사를 지으면서 인간의 책임을 다한 것입니다. 그는 또한 기근의 때에 물을 얻기 위해 열심히 우물을 팠습니다. 이삭이 받은 복은 물론 전적인 하나님의 은혜였지만, 또한 하나님의 도우심을 믿고 열심히 자기의 일을 묵묵히 해낸 성실함도 있었습니다.

시기하여 우물을 막아 버린 블레셋 사람

양과 소가 떼를 이루고 종이 심히 많으므로 블레셋 사람이 그를 시기하여 그 아버지
아브라함 때에 그 아버지의 종들이 판 모든 우물을 막고 흙으로 메웠더라 아비멜렉이
이삭에게 이르되 네가 우리보다 크게 강성한즉 우리를 떠나라 이삭이 그 곳을 떠나 그
랄 골짜기에 장막을 치고 거기 거류하며 (창 26:14-17)

그런데 문제는 하나님의 복을 받으면 영적으로나 육적으로 그 복을 시기하는 사람이 생
기기 마련입니다. 이삭이 복을 받게 나자 블레셋 사람들이 시기하여 공격하기 시작했습
니다. 블레셋은 5개 도시가 연합하여 세운 나라입니다. 그랄 성은 5대 연합 성 중에서도
대표적인 성입니다. 이삭이 복을 누리자 블레셋이 시기하여 아브라함 때 판 우물을 이삭
이 사용하고 있었는데, 그 우물을 흙으로 메워 버립니다. (창세기 20장에서 아브라함이
그랄에 머물렀습니다.) 양과 소 떼를 유지하기 위해서 우물은 절대적입니다. 그런데 이
우물을 메워 버리면 이삭이 받은 양 떼와 소 떼의 복을 누리기 어렵습니다. 블레셋 사람
들이 우물을 메운 이유는 "네가 우리보다 크게 강성한즉 우리를 떠나라"라는 것입니다.

이삭은 이 문제를 어떻게 처리했을까요? 지금까지 아버지 아브라함이 판 우물을 쓰
고 있다가 강제로 메워졌습니다. 이삭은 조용히 그곳을 떠나서 다시 우물을 파게 됩니
다. 그리고 이런 일이 4번이나 반복됩니다. 신기한 것은 우물을 팔 때마다, 손을 대는
곳마다 물이 나오는 복을 누리게 됩니다.

여기에 이삭의 영성이 있습니다. 이삭은 문제가 생길 때 사람하고 싸우지 않습니다.
오히려 손해를 보더라도 하나님과 상대하는 것이 이삭의 영성입니다. 사람과 상대해
서는 지고 손해 보고 양보하지만, 하나님과 상대하여 더 큰 축복을 얻어내는 영성입니
다. 그래서 이삭에게는 백 배의 축복이 오는 것입니다.

그러면 이삭은 왜 싸우지 않았을까요? 단순히 기질이 착했기 때문만은 아닙니다.
이삭이 하나님께 배운 것이 있기 때문입니다. 창세기 22장의 사건에서 배운 것입니다.
하나님께서 내 생명까지라도 요구하실 때 드리면 하나님은 그 사랑과 마음을 확인하
시고 열 배, 백 배도 더하여 주신다는 사실을 청년의 때에 이미 터득한 것입니다. 하나
님이 요구하실 때는 생명까지도 드리려고 했고, 사람들이 빼앗으려고 할 때는 굳이 지
키려고 하지 않고 양보합니다. 하나님께서 더 큰 것으로 돌려주실 것을 배웠기 때문입
니다. 이삭은 이것을 이미 청년의 때에 배운 것입니다.

하나님이 준비한 '그다음'을 믿는가?

나는 이삭처럼 당장의 손해와 억울함을 십자가에 묻고 하나님이 주시는 '그다음'을 믿고 신뢰할 수 있습니까?

첫 번째 우물 에섹: 다툼

이삭의 종들이 골짜기를 파서 샘 근원을 얻었더니 그랄 목자들이 이삭의 목자와 다투어 이르되 이 물은 우리의 것이라 하매 이삭이 그 다툼으로 말미암아 그 우물 이름을 에섹이라 하였으며 (창 26:19-20)

첫 번째 판 우물의 이름은 '에섹(עֵשֶׂק)'이라고 불렀습니다. 에섹은 '다투다'라는 뜻입니다. 처음에 빼앗겨 흙으로 메워진 우물도 아브라함이 판 우물이고, 에섹 우물도 예전에 아브라함이 팠던 우물입니다. 아브라함이 죽자 흙으로 메워놓은 것입니다. 마틴 로이드 존스(D.M. Lloyd Jones) 목사가 쓴 『부흥(Revival)』이라는 책에서는 이삭의 예를 들어 부흥에 대해 기록하고 있습니다. 요약하면 다음과 같습니다.

부흥은 스스로 새로운 우물을 개발하는 것이 아닙니다. 성경 안에 나와 있는 아브라함이, 믿음의 선조들이 파서 맛보았던 그 샘물들, 그 원리로 돌아가서 그 우물을 다시 파는 것입니다. 그러나 우리가 그 우물을 다시 파려고 할 때 사탄이 흙과 나무와 가지들로 부흥의 우물을 이미 메꾸어 놓았으므로 그것을 뽑아내고 제거하는 일을 먼저 해야 합니다.

여기서 블레셋 사람들이 메운 흙과 나무와 가지들은 인본주의, 기복주의, 종교다원주의, 극단적 신비주의 등입니다. 이런 것들이 제거되어야 한다고 말하고 있습니다. 교회가 부흥하려면 특히 초대교회의 우리 믿음의 조상들이 어떻게 우물을 파서 샘물을 이끌어 냈는지 옛 우물로 돌아가서 그 우물을 후대의 사람들이 다시 파면 된다고 말할 수 있습니다. 그러면 다시 터져 나오게 되는 것입니다.

이삭이 이 우물을 다시 팔 때도 에섹의 목자들과 다투었던 것으로 보입니다. 이미 오래전에 메꾸어져 있을 뿐만 아니라 이 우물을 재건하는 과정에서 그랄 목자들이 경계하고 있는 것입니다. 우물이 복음의 역사이자 부흥의 역사라고 믿는다면 이미 복음의 역사와 부흥의 역사를 막고 있는 세력들이 있습니다. 또 부흥의 우물을 다시 회복하려고 할 때 회복의 노력을 방해하는 사탄의 역사가 있다는 것도 알 수 있습니다. 결국 싸워야만 하는데, 그래서 이 우물이 '에섹'입니다. 이 시대에 부흥의 역사를 다시 맛보려면 '에섹의 싸움'을 다시 하지 않을 수 없습니다.

동성애를 찬성하는 자들과 에섹의 싸움을 해야 하고, 교회와 정치 및 언론 등에 침투해 들어와 있는 인본주의 사상들과 에섹의 싸움이 있어야 합니다. 이미 사탄이 복음이라는 우물에 흙, 나무, 가지들을 너무나 많이 뿌려 놓았기 때문에 이것을 제거하는 에섹의 싸움을 해야 합니다.

두 번째 우물 싯나: 적대

또 다른 우물을 팠더니 그들이 또 다투므로 그 이름을 싯나라 하였으며 (창 26:21)

이삭은 다른 장소로 옮겨서 다시 우물을 팠는데, 이름을 '싯나(שִׂטְנָה)'라고 했습니다. 이는 이삭이 우물을 파는 동안에 많은 대적들과 어려움이 있었음을 의미합니다. 번영신학, 기복주의, 혼합주의, 극단적 신비주의, 율법주의 구원관, 방종주의와 같은 거짓 복음이 난무하는 현대 교회에게 다시 한 번 생수의 물을 공급하는 복음의 우물을 파는 일은 절대로 쉬운 일이 아닙니다. 이 일에는 수많은 대적들의 방해와 공격이 있음을 알아야 합니다.

세 번째 우물 르호봇: 넓히다

이삭이 거기서 옮겨 다른 우물을 팠더니 그들이 다투지 아니하였으므로 그 이름을 르호봇이라 하여 이르되 이제는 여호와께서 우리를 위하여 넓게 하셨으니 이 땅에서 우리가 번성하리로다 하였더라 (창 26:22)

이삭이 세 번째 우물을 파게 되는데, 이름을 '르호봇(רְחֹבוֹת)'이라고 불렀습니다. 여기서는 다투지 않았다고 합니다. 르호봇은 '하나님이 넓혀 주셨다'라는 뜻입니다. 그렇습니다. 우리의 사역의 지경도, 환경도, 물질의 지경도 넓혀지는 복을 받아야 합니다. 사랑, 용서, 겸손, 온유, 인내의 지경도 넓혀져야 합니다. 르호봇의 축복이 있어야 합니다. 말씀이 넓어지는 말씀의 르호봇과 기도의 르호봇도 있어야 합니다. 하나님이 넓히셔야만 합니다.

이삭과 맺은 언약(2차)

이삭이 거기서부터 브엘세바로 올라갔더니 그 밤에 여호와께서 그에게 나타나 이르시되 나는 네 아버지 아브라함의 하나님이니 두려워하지 말라 내 종 아브라함을 위하여 내가 너와 함께 있어 네게 복을 주어 네 자손이 번성하게 하리라 하신지라 (창 26:23-24)

이삭은 우물을 중심으로 옮겨 다녔는데, 이번에는 브엘세바로 옮겼습니다. 그런데 하나님께서 밤에 이삭에게 나타나셨습니다. 이삭에게 "나는 네 아버지 아브라함의 하나님"이라고 말씀하십니다. 이삭은 아브라함과 함께 살면서 아버지를 드라마틱하게 인도하신 하나님을 보았을 것입니다. 그리고 그 하나님께서 자신의 삶도 그렇게 인도하시리라 기대했을 것입니다. 그것을 아신 하나님께서 "내가 너의 아버지 아브라함의 하나님"이라고 하시면서 아브라함에게 역사하신 하나님이 이삭에게도 역사하실 것이라는 의미로 말씀하고 계십니다. 이어서 "두려워하지 말라 내 종 아브라함을 위하여 내가 너와 함께 있어 네게 복을 주어 네 자손이 번성하게 하리라"라고 하십니다. 여기서 이삭과 '함께' 있다는 말이 두 번 나오게 됩니다.

3. 이삭과 아비멜렉의 계약

아비멜렉과의 평화 조약

아비멜렉이 그 친구 아훗삿과 군대 장관 비골과 더불어 그랄에서부터 이삭에게로 온지라 이삭이 그들에게 이르되 너희가 나를 미워하여 나에게 너희를 떠나게 하였거늘 어찌하여 내게 왔느냐 그들이 이르되 여호와께서 너와 함께 계심을 우리가 분명히 보았으므로 우리의 사이 곧 우리와 너 사이에 맹세하여 너와 계약을 맺으리라 말하였노라 너는 우리를 해하지 말라 이는 우리가 너를 범하지 아니하고 선한 일만 네게 행하여 네가 평안히 가게 하였음이니라 이제 너는 여호와께 복을 받은 자니라 (창 26:26-29)

그랄 왕 아비멜렉과 아훗삿과 군대 장관 비골이 그랄에서부터 이삭에게로 왔습니다. 그랄의 백성들이 이삭의 우물을 빼앗아도, 또다시 이삭이 우물을 파면 물이 나오는 것은 하나님이 이삭과 함께하시기 때문임을 깨달은 것입니다. 그래서 아비멜렉이 이삭에게 평화 조약을 맺을 것을 청합니다. 이와 비슷한 일이 이삭의 아버지 아브라함에게도 있었습니다.

아브라함과 이삭에게 이방 왕이 스스로 와서 그들과 함께하시는 하나님의 역사를 보고 하나님을 찬양합니다. 이런 장면은 가나안 땅에 들어가 이방의 빛이 되어 이방인들을 하나님께로 돌이키는 일을 감당해야 할 이스라엘의 정체성과 사명을 예고하는 것입니다.

여호와께서 너와 함께 계심을 우리가 분명히 보았으므로

그들이 이르되 여호와께서 너와 함께 계심을 우리가 분명히 보았으므로 우리의 사이 곧 우리와 너 사이에 맹세하여 너와 계약을 맺으리라 말하였노라 너는 우리를 해하지 말라 이는 우리가 너를 범하지 아니하고 선한 일만 네게 행하여 네가 평안히 가게 하였음이니라 이제 너는 여호와께 복을 받은 자니라 (창 26:28-29)

결국 하나님이 함께하시는 인생은 원수들까지도 친구로 바꾸어 놓습니다. 아비말렉이 와서 "여호와께서 너와 함께 계심을 우리가 분명히 보았으므로"라고 말한 것입니다. 이삭을 괴롭히고 방해하던 대적의 입에서 나온 말입니다. 마찬가지로 우리 또한 나를 괴롭히는 원수들이 와서 항복하면서 하는 말이 이 말이 될 정도로 하나님이 함께하시는 인생이 되어야 합니다.

이어 아비멜렉이 맹세하면서 계약을 맺자고 말합니다. 그리고 자신들이 이삭을 평안히 가게 하였으므로 해하지 말아달라고 부탁하고 있습니다.

이제 너는 여호와께 복을 받은 자니라

아비멜렉은 이삭에게 '너는 여호와께 복을 받은 자'라고 선포합니다. 이삭의 축복은 이런 것입니다. 이방인이 보기에도 '하나님의 복'이 임한 인생입니다.

이방인이 보기에도 '하나님의 복'이 임한 인생입니다

예수님을 믿는 자들은 이런 삶을 위해 기도해야 합니다. 불신자들이 보기에 하나님이 함께하시는 인생, 하나님이 복 주시는 인생이어야 합니다. 이것을 위해 기도해야 합니다.

네 번째 우물 세바: 맹세

그 날에 이삭의 종들이 자기들이 판 우물에 대하여 이삭에게 와서 알리어 이르되 우리가 물을 얻었나이다 하매 그가 그 이름을 세바라 한지라 그러므로 그 성읍 이름이 오늘까지 브엘세바더라 (창 26:32-33)

그들을 위하여 잔치를 베풀매

이삭이 그들을 위하여 잔치를 베풀매 그들이 먹고 마시고 아침에 일찍이 일어나 서로 맹세한 후에 이삭이 그들을 보내매 그들이 평안히 갔더라 그 날에 이삭의 종들이 자기들이 판 우물에 대하여 이삭에게 와서 알리어 이르되 우리가 물을 얻었나이다 하매 그가 그 이름을 세바라 한지라 그러므로 그 성읍 이름이 오늘까지 브엘세바더라 (창 26:30-33)

이삭이 잔치를 베풀고 먹고 마신 후 아침이 되어 그들을 평안히 보냈습니다. 그리고 이삭의 종들이 이삭에게 와서 자신들이 판 우물에 대해 '우리가 물을 얻었다'라고 하자 이삭이 그 우물의 이름을 '세바(שבעה)'라고 합니다. 그리고 그 성읍의 이름은 '브엘세바'로 불리게 됩니다.

4. 에서의 결혼

에서가 사십 세에 헷 족속 브에리의 딸 유딧과 헷 족속 엘론의 딸 바스맛을 아내로 맞이하였더니 그들이 이삭과 리브가의 마음에 근심이 되었더라 (창 26:34-35)

이삭은 아브라함의 혈통, 즉 셋 계열을 통해서 내려오는 거룩한 계보가 흐트러지기를 원하지 않았습니다. 그런데 에서가 이방인 헷 족속의 딸들을 아내로 삼았습니다.

모세가 쓴 창세기는 가나안 땅에 들어가서 바알 문화를 무너뜨리고 하나님 나라를 세워야 할 출애굽 2세대가 듣고 읽고 있는 것입니다. 출애굽 2세대는 가나안에 들어가서 이방인과 섞이는 것이 아니라 구별되어야 합니다. 이삭은 에서가 이방인 딸을 아내로 취하는 것 때문에 마음에 근심이 되었습니다. 이 본문은 출애굽 2세대가 가나안 땅에 들어갈 때 절대 이방인들과 섞이지 말라는 경고이기도 합니다.

장자권을 탈취한 야곱의 도망

1. 에서를 축복하려는 이삭

이삭이 나이가 많아 눈이 어두워 잘 보지 못하더니 맏아들 에서를 불러 이르되 내 아들아 하매 그가 이르되 내가 여기 있나이다 하니 이삭이 이르되 내가 이제 늙어 어느 날 죽을는지 알지 못하니 그런즉 네 기구 곧 화살통과 활을 가지고 들에 가서 나를 위하여 사냥하여 내가 즐기는 별미를 만들어 내게로 가져와서 먹게 하여 내가 죽기 전에 내 마음껏 네게 축복하게 하라 (창 27:1-4)

창세기 27장에서도 이삭의 이야기가 나오지만, 이제는 본격적으로 야곱의 이야기가 시작됩니다. 이삭이 나이가 많아서 눈이 어두워졌습니다. '어둡다'가 히브리어로 '카하(קהה)'인데, '약해지다'라는 뜻이 있습니다. 문자적으로는 시력이 약해진 것을 의미하지만, 이는 단순히 육신의 시력만 말하는 것이 아닙니다. 즉 이삭의 눈이 약해졌다는 것뿐만 아니라 영적 분별력까지 약해졌음을 의미합니다. 이 단어는 사무엘상에서 엘리 제사장의 눈이 어두워졌을 때도 사용되었는데, 마찬가지로 단지 엘리 제사장의 육적인 눈이 어두워졌을 때를 말하기보다 영적 분별력의 상태를 의미합니다.

묵상과 삶의 적용

날마다 영적 분별력이 밝아지고 있습니까?

리브가가 에서와 야곱을 임신했을 때 하나님께서 하신 말씀이 있었기 때문에 남편인 이삭도 하나님의 마음이 어디에 있었는지 충분히 들었을 것입니다. 그럼에도 이삭은 아내를 통해 들었던 하나님의 마음을 무시하고 인간적인 육적 계열을 따라 에서에게 축복하려고 했습니다.

이삭은 하나님의 뜻이 어디에 있는지를 살폈던 20대의 총명함, 즉 번제단에서 자기 자신을 드릴만큼 하나님의 뜻에 헌신했던 총명함이 있었습니다. 하지만 이제 그 총명함이 모두 사라지고 아내를 통해 들었던 야곱을 향한 하나님의 마음을 알면서도 무시하면서까지 첫째 아들 에서에게 장자의 축복을 하려고 했습니다. 그래서 에서에게 별미를 요구하고 있는 것입니다. 게다가 여기에서 고기를 좋아했다라는 표현이 두 번 반복되고 있습니다. 물론 이삭이 고기를 좋아하는 식습관을 이야기하는 것이기도 하지만, 육적인 것을 계속 추구하다 보니 영적인 눈이 흐려져 있는 상태를 말한다고 해석할 수 있습니다.

야곱은 한평생 육적인 것을 추구하다가 얍복강에서 하나님을 만나고 허벅지 관절이 어긋난 후에 영적인 사람으로 바뀌게 됩니다. 나중에는 애굽으로 내려가서 요셉의 아들 므낫세와 에브라임을 축복할 때 형인 므낫세가 장자이므로 요셉은 아버지 야곱의 오른손이 므낫세에게 올려지기를 원했습니다. 그러나 아버지 야곱이 거꾸로 손대어 에브라임을 축복하게 됩니다. 이때 요셉이 말리자 야곱은 '나도 다 안다'라고 하면서 오히려 차자인 에브라임에게 장자권을 축복합니다.

반면에 이삭의 이야기는 반대입니다. 영적으로 총명했던 이삭은 노년에 영적인 분별력이 흐려지면서 육적 장자인 에서에게 축복하려고 합니다. 비록 처음에는 육적인 삶을 살았지만, 얍복강에서 영적인 사람으로 변화된 야곱은 후에 므낫세와 에브라임을 축복할 때 육적인 순서를 따르지 않고 하나님의 뜻이 차자에게 있음을 읽어냅니다. 그래서 '카하'는 단순히 눈이 어두워진 것만을 말하는 게 아님을 생각해 볼 수 있습니다.

리브가의 책략

이삭이 그의 아들 에서에게 말할 때에 리브가가 들었더니 에서가 사냥하여 오려고 들로 나가매 리브가가 그의 아들 야곱에게 말하여 이르되 네 아버지가 네 형 에서에게 말씀하시는 것을 내가 들으니 이르시기를 나를 위하여 사냥하여 가져다가 별미를 만들어 내가 먹게 하여 죽기 전에 여호와 앞에서 네게 축복하게 하라 하셨으니 그런즉 내 아들아 내 말을 따라 내가 네게 명하는 대로 염소 떼에 가서 거기서 좋은 염소 새끼 두 마리를 내게로 가져오면 내가 그것으로 네 아버지를 위하여 그가 즐기시는 별미를 만들리니 네가 그것을 네 아버지께 가져다 드려서 그가 죽기 전에 네게 축복하기 위하여 잡수시게 하라 야곱이 그 어머니 리브가에게 이르되 내 형 에서는 털이 많은 사람이요 나는 매끈매끈한 사람인즉 아버지께서 나를 만지실진대 내가 아버지의 눈에 속이는 자로 보일지라 복은 고사하고 저주를 받을까 하나이다 어머니가 그에게 이르되 내 아들아 너의 저주는 내게로 돌리리니 내 말만 따르고 가서 가져오라 (창 27:5-13)

리브가는 남편 이삭이 '내가 죽기 전에 에서를 마음껏 축복하겠다'라고 하는 말을 들었습니다. 리브가는 하나님의 계보가 야곱을 통해 흘러가야 한다는 사실을 알고 있었기 때문에 그것을 성취하기 위해 자신의 방법을 사용하기로 결심했습니다.

리브가가 야곱에게 염소 새끼 두 마리로 별미를 만들어서 이삭에게 가져다 주도록 합니다. 야곱은 매끈매끈한 자이기 때문에 에서의 의복을 가져다가 입히고 염소 새끼의 가죽을 야곱의 손과 목의 매끈매끈한 곳에 털을 입혀서 에서처럼 꾸민 후 별미를 가지고 들어가게 합니다.

묵상과 삶의 적용

　　　　리브가는 하나님의 뜻과 목적을 이루기 위해 거짓말과 거짓 행동으로 남편을 속이는 인간적인 방법을 사용했습니다. 과연 이것을 하나님이 기뻐하셨을까요? 절대 아닙니다. 아무리 목적이 옳아도 그 과정과 방법도 하나님이 인정하셔야 합니다. 하나님의 일은 하나님의 방법으로 이루어지는 것입니다. 하나님의 뜻을 이루고 싶은 자들은 예레미야의 고백을 새겨들어야 합니다.

기다리는 자들에게나 구하는 영혼들에게 여호와는 선하시도다 사람이 여호와의 구원을 바라고 잠잠히 기다림이 좋도다 (애 3:25-26)

2. 이삭을 속이고 장자의 축복을 받는 야곱

그가 가서 끌어다가 어머니에게로 가져왔더니 그의 어머니가 그의 아버지가 즐기는 별미를 만들었더라 리브가가 집 안 자기에게 있는 그의 맏아들 에서의 좋은 의복을 가져다가 그의 작은 아들 야곱에게 입히고 또 염소 새끼의 가죽을 그의 손과 목의 매끈매끈한 곳에 입히고 자기가 만든 별미와 떡을 자기 아들 야곱의 손에 주니 야곱이 아버지에게 나아가서 내 아버지여 하고 부르니 이르되 내가 여기 있노라 내 아들아 네가 누구냐 야곱이 아버지에게 대답하되 나는 아버지의 맏아들 에서로소이다 아버지께서 내게 명하신 대로 내가 하였사오니 원하건대 일어나 앉아서 내가 사냥한 고기를 잡수시고 아버지 마음껏 내게 축복하소서 이삭이 그의 아들에게 이르되 내 아들아 네가 어떻게 이같이 속히 잡았느냐 그가 이르되 아버지의 하나님 여호와께서 나로 순조롭게 만나게 하셨음이니이다 이삭이 야곱에게 이르되 내 아들아 가까이 오라 네가 과연 내 아들 에서인지 아닌지 내가 너를 만져보려 하노라 야곱이 그 아버지 이삭에게 가까이 가니 이삭이 만지며 이르되 음성은 야곱의 음성이나 손은 에서의 손이로다 하며 그의 손이 형 에서의 손과 같이 털이 있으므로 분별하지 못하고 축복하였더라 이삭이 이르되 네가 참 내 아들 에서냐 그가 대답하되 그러하니이다 이삭이 이르되 내게로 가져오라 내 아들이 사냥한 고기를 먹고 내 마음껏 네게 축복하리라 야곱이 그에게로 가져가매 그가 먹고 또 포도주를 가져가매 그가 마시고 그의 아버지 이삭이 그에게 이르되 내 아들아 가까이 와서 내게 입맞추라 (창 27:14-26)

이때 야곱이 '나는 아버지의 맏아들 에서입니다'라고 말합니다. 이에 이삭은 어떻게 이같이 속히 잡았느냐고 물었더니 야곱은 하나님께서 순조롭게 만나게 하셨다고 하면서 하나님까지 끌어들여 거짓말을 합니다. 이때 이삭이 야곱을 만지면서 음성은 야곱이지만 손은 에서의 손이라고 말합니다. 여기에서 성경은 23절에 "분별하지 못하고 축복하였더라"라고 말하고 있습니다. 이중 역설이 있는 것입니다. 이삭이 영적 분별력이 없는 것을 통해 차자인 야곱을 장자로 세우고자 했던 하나님의 뜻을 이루고 계신 것입니다. 이어서 이삭이 야곱을 축복하는 내용이 나옵니다.

> 그가 가까이 가서 그에게 입맞추니 아버지가 그의 옷의 향취를 맡고 그에게 축
> 복하여 이르되 내 아들의 향취는 여호와께서 복 주신 밭의 향취로다 하나님은
> 하늘의 이슬과 땅의 기름짐이며 풍성한 곡식과 포도주를 네게 주시기를 원하노
> 라 만민이 너를 섬기고 열국이 네게 굴복하리니 네가 형제들의 주가 되고 네 어
> 머니의 아들들이 네게 굴복하며 너를 저주하는 자는 저주를 받고 너를 축복하는
> 자는 복을 받기를 원하노라 (창 27:27-29)

하나님의 뜻을 이루는 방법도 하나님의 방법이어야 한다

신자는 하나님의 목적을 이루는 인생을 살아야 합니다. 그러나 그 목적을 이루는 과정과 방법도 하나님이 기뻐하셔야 합니다. 목적과 방법 두 가지 모두 하나님의 뜻대로 행해져야 합니다. 나는 어떻습니까?

그가 가까이 가서 그에게 입맞추니 아버지가 그의 옷의 향취를 맡고 그에게 축복하여 이르되 내 아들의 향취는 여호와께서 복 주신 밭의 향취로다 하나님은 하늘의 이슬과 땅의 기름짐이며 풍성한 곡식과 포도주를 네게 주시기를 원하노라 만민이 너를 섬기고 열국이 네게 굴복하리니 네가 형제들의 주가 되고 네 어머니의 아들들이 네게 굴복하며 너를 저주하는 자는 저주를 받고 너를 축복하는 자는 복을 받기를 원하노라 (창 27:27-29)

위에 나오는 축복의 내용 중에 "형제들의 주가 되고"라는 표현이 나오는데, 이 축복으로 인해 에돔 족속들이 이스라엘을 섬기게 됩니다. 그리고 "너를 저주하는 자는 저주를 받고 축복하는 자는 복을 받기 원하노라" 하면서 장자권의 전수가 끝나게 됩니다. 결과적으로 하나님의 약속을 이루긴 했지만, 이 방법이 과연 하나님의 방법이었을까요? 이 방법이 옳았던 것일까요? 목적이 성취되면 하나님의 방법이 아니어도 괜찮은 것일까요? 목적이 하나님의 목적이라면 방법도 하나님의 방법이 되어야 합니다. 야곱과 리브가의 책략이 아니었을지라도 하나님께서 차자를 세우고자 하시면 어떻게든 세우셨을 것입니다. 그런데 이런 인간적인 방법 때문에 20년 동안 연단과 훈련을 받게 되는 것입니다.

3. 에서의 분노

이삭이 야곱에게 축복하기를 마치매 야곱이 그의 아버지 이삭 앞에서 나가자 곧 그의 형 에서가 사냥하여 돌아온지라 그가 별미를 만들어 아버지에게로 가지고 가서 이르되 아버지여 일어나서 아들이 사냥한 고기를 잡수시고 마음껏 내게 축복하소서 그의 아버지 이삭이 그에게 이르되 너는 누구냐 그가 대답하되 나는 아버지의 아들 곧 아버지의 맏아들 에서로소이다 이삭이 심히 크게 떨며 이르되 그러면 사냥한 고기를 내게 가져온 자가 누구냐 네가 오기 전에 내가 다 먹고 그를 위하여 축복하였은즉 그가 반드시 복을 받을 것이니라 에서가 그의 아버지의 말을 듣고 소리 질러 슬피 울며 아버지에게 이르되 내 아버지여 내게 축복하소서 내게도 그리하소서 이삭이 이르되 네 아우가 와서 속여 네 복을 빼앗았도다 에서가 이르되 그의 이름을 야곱이라 함이 합당하지 아니하니까 그가 나를 속임이 이것이 두 번째니이다 전에는 나의 장자의 명분을 빼앗고 이제는 내 복을 빼앗았나이다 또 이르되 아버지께서 나를 위하여 빌 복을 남기지 아니하셨나이까 (창 27:30-36)

에서가 사냥에서 돌아왔습니다. 별미를 만들어 아버지 야곱에게로 가서 고기를 잡수시고 마음껏 축복해 달라고 했는데, 그제야 이삭이 에서인 줄 알고 크게 놀랐습니다. 그리고 이미 야곱에게 축복하였기 때문에 돌이킬 수 없다고 이야기합니다. 이 이야기를 들은 에서는 분노하게 됩니다.

에서가 소리 질러 울면서 아우가 자신을 속여 복을 빼앗았다고 합니다. 자신을 속인 것이 두 번째라고 말하는데, 첫 번째는 장자의 명분을 빼앗은 것입니다. 그러나 창세기 25장에서 에서가 자신의 입으로 "장자의 명분이 내게 무엇이 유익하리요"라고 한 것에 대한 입술의 열매입니다. 그래서 언어 사용을 복 되게 해야 합니다. 언어는 반드시 언젠가 자신의 열매를 스스로 거두기 때문입니다.

그런데 에서가 재미있는 표현을 합니다. "그의 이름을 야곱이라 함이 합당하지 아니하니이까"라고 합니다. 이 말은 내 동생이 야곱이라고 불릴 만하다는 것입니다. 에서는 자신의 복을 빼앗은 야곱에게 '뒤통수를 때리는 자, 뒤에서 사기 치는 자'의 이름이 합당하다고 말하고 있습니다.

야곱을 3번째 언약의 다리로 세우는 것이 하나님의 분명한 뜻이었지만, 그 목적을 이루기 위해서 인간적인 방법을 쓰는 것은 하나님의 뜻이 아니었습니다. 그래서 목적도 하나님의 목적이었다면 방법도 하나님의 방법이어야 한다는 것을 반드시 기억해야 합니다.

에서의 운명

그 아버지 이삭이 그에게 대답하여 이르되 네 주소는 땅의 기름짐에서 멀고 내리는 하늘 이슬에서 멀 것이며 너는 칼을 믿고 생활하겠고 네 아우를 섬길 것이며 네가 매임을 벗을 때에는 그 멍에를 네 목에서 떨쳐버리리라 하였더라 (창에서가 울면서 분노하자 이삭이 에서에게 "내가 그를 너의 주로 세우고 그의 모든 형제를 내가 그에게 종으로 주었"음을 다시 한 번 선언합니다. 에서는 다시 소리 높여 울었습니다. 이어서 이삭은 "너는 칼을 믿고 생활하겠고 네 아우를 섬길 것"이라고 합니다. 이때부터 에서는 야곱을 미워하기 시작했습니다.

'미워하다'가 히브리어로 '사탄(שׂטן)'입니다. 그런데 사탄이 헬라어로 '사타나스(Σατανας)'입니다. 미움과 사탄의 발음이 비슷합니다. 이는 미움 안에 사탄의 역사가 있다는 것입니다. 이때 에서가 "내 아우 야곱을 죽이리라"라고 말합니다. 에서의 결심을 리브가가 들은 것입니다.

도피하는 야곱

그의 아버지가 야곱에게 축복한 그 축복으로 말미암아 에서가 야곱을 미워하여 심중에 이르기를 아버지를 곡할 때가 가까웠은즉 내가 내 아우 야곱을 죽이리라 하였더니 맏아들 에서의 이 말이 리브가에게 들리매 이에 사람을 보내어 작은 아들 야곱을 불러 그에게 이르되 네 형 에서가 너를 죽여 그 한을 풀려 하니 내 아들아 내 말을 따라 일어나 하란으로 가서 내 오라버니 라반에게로 피신하여 네 형의 노가 풀리기까지 몇 날 동안 그와 함께 거주하라 (창 27:41-44)

리브가는 야곱을 불러서 "네 형 에서가 너를 죽여 그 한을 풀려 하니 내 아들아 내 말을 따라 일어나 하란으로 가서 내 오라버니 라반에게로 피신하여 네 형의 노가 풀리기까지 몇 날 동안 그와 함께 거주하라"라고 합니다. 하루에 둘을 잃을 수 없다는 것입니다. 형의 복수를 피해 야곱을 자신의 오빠가 사는 밧단아람으로 도피시키는 리브가는 이날 이후로 다시는 야곱의 얼굴을 보지 못하고 생을 마감했습니다.

야곱의 이야기에서 중요한 핵심 메시지는, 하나님의 일은 하나님의 방법으로 해야 한다는 것입니다. 야곱의 인간적인 방법을 통해 비록 목적은 이루었지만 너무나 많은 부작용과 굳이 없어도 될 방황의 세월을 보내게 됩니다. 야곱은 거짓말의 죄와 인간적인 방법을 사용한 것으로 인해 앞으로 너무나 큰 대가를 치러야만 했습니다.

우리가 겪고 있는 고난이 다 하나님 때문에 온다고 생각하는 것은 오산입니다. 물론 하나님께서 주권적으로 주시는 고난도 있지만, 내가 하나님의 방법과 인도하심을 믿지 않고 내 열심과 내 뜻으로 하다가 사고를 쳤기 때문에 당하는 고생이 있습니다. 물론 그 안에도 하나님의 훈련하심이 있지만, 하나님의 인도하심을 잘 구해야 합니다.

창세기 28장

벧엘 언약 1

1. 야곱에 대한 이삭의 축복

야곱을 향한 이삭의 당부

이삭이 야곱을 불러 그에게 축복하고 또 당부하여 이르되 너는 가나안 사람의 딸들 중에서 아내를 맞이하지 말고 일어나 밧단아람으로 가서 네 외조부 브두엘의 집에 이르러 거기서 네 외삼촌 라반의 딸 중에서 아내를 맞이하라 (창 28:1-2)

이삭은 야곱을 보내면서 이방 여인 중에서 아내를 맞이하지 말라고 말합니다. 아브라함과 이삭은 순수한 혈통을 이어가려고 노력한 사람들입니다. 큰아들 에서가 이미 가나안 여인을 취하면서 이삭과 리브가의 근심이 되었기 때문에 야곱에게는 하나님의 백성이라는 순수함을 지키라고 이야기하고 보내게 됩니다. 그리고 라반의 집으로 피신시키면서 라반의 딸 중에서 아내를 맞이하도록 명령합니다.

전능하신 하나님이

전능하신 하나님이 네게 복을 주시어 네가 생육하고 번성하게 하여 네가 여러 족속을 이루게 하시고 아브라함에게 허락하신 복을 네게 주시되 너와 너와 함께 네 자손에게도 주사 하나님이 아브라함에게 주신 땅 곧 네가 거류하는 땅을 네가 차지하게 하시기를 원하노라 (창 28:3-4)

이삭은 야곱에게 하나님이 그에게 복을 주셔서 여러 족속을 이루게 하시고, 아브라함에게 약속한 땅을 주실 것임을 재차 축복합니다. 이삭은 이 모든 복이 전능하신 하나님으로부터 오는 것임을 가르칩니다.

2. 이스마엘의 딸을 취한 에서

에서가 또 본즉 가나안 사람의 딸들이 그의 아버지 이삭을 기쁘게 하지 못하는 지라 이에 에서가 이스마엘에게 가서 그 본처들 외에 아브라함의 아들 이스마엘의 딸이요 느바욧의 누이인 마할랏을 아내로 맞이하였더라 (창 28:8-9)

에서는 자신이 아내로 취한 두 명의 이방 여인으로 인해 이삭이 만족하지 않음을 알게 됩니다. 그래서 아브라함의 첫째 아들인 이스마엘의 딸 마할랏을 아내로 맞아들이게 됩니다.

3. 야곱과 맺은 언약(1차)

야곱이 브엘세바에서 떠나 하란으로 향하여 가더니 한 곳에 이르러는 해가 진지라 거기서 유숙하려고 그 곳의 한 돌을 가져다가 베개로 삼고 거기 누워 자더니 꿈에 본즉 사닥다리가 땅 위에 서 있는데 그 꼭대기가 하늘에 닿았고 또 본즉 하나님의 사자들이 그 위에서 오르락내리락 하고 (창 28:10-12)

야곱에 벧엘에 도착해서 돌을 베게 삼아 잠을 자는데 환상이 열렸습니다. 사닥다리가 땅 위에 서는데 그 꼭대기가 하늘에 닿았습니다. 사닥다리의 밑은 땅에 닿고 꼭대기는 하늘에 닿은 것입니다. 인류 역사상 하늘과 땅을 연결한 최초의 다리가 나온 것입니다. 예수님은 이것을 요한복음 2장에서 나다나엘에게 말씀하셨습니다. "하늘이 열리고 하나님의 사자들이 인자 위에 오르락내리락하는 것을 보리라"고 하셨습니다. 이 말씀은 창세기 28장의 이 장면을 그대로 인용해서 "내가 이것을 성취했다"라고 말씀하시는 것입니다.

이때 하늘과 땅을 연결하시는 사닥다리는 신약 시대의 예수님을 예표합니다. 거룩한 하늘과 타락한 땅을 유일하게 이었던 단 하나의 사닥다리가 예수님의 십자가입니다. 그 위에 하나님의 사자들이 오르락내리락하게 됩니다. 이것은 십자가 사건을 예표하고 있는 것입니다.

그리고 야곱이 보니 "여호와께서 그 위에 서서"라고 표현합니다. 하나님이 사닥다리 위에 서 계셨습니다. 즉 하늘과 땅을 유일하게 연결하시는 예수님 위에 계셨습니다. 이 장면은 "내가 곧 길이요 생명이요 진리이니 나로 말미암지 않고는 아버지께로 갈 자가 없다"라고 하신 유일한 사닥다리인 것입니다. 예수라는 사닥다리 위에 하나님이 임재해 계십니다. 반드시 예수님을 통해서만 나아갈 수 있는 것입니다. 가톨릭교회는 예수 그리스도를 배제하고 성인들을 통해서 하나님께 나아갈 수 있다고 하지만, 이는 이단입니다. 하나님 앞에 나아갈 수 있는 중보자는 예수님 외에는 아무도 없습니다.

땅의 모든 족속

또 본즉 여호와께서 그 위에 서서 이르시되 나는 여호와니 너의 조부 아브라함의 하나님이요 이삭의 하나님이라 네가 누워 있는 땅을 내가 너와 네 자손에게 주리니 네 자손이 땅의 티끌 같이 되어 네가 서쪽과 동쪽과 북쪽과 남쪽으로 퍼져나갈지며 땅의 모든 족속이 너와 네 자손으로 말미암아 복을 받으리라 (창 28:13-14)

그 위에 서서 여호와 하나님이심을 알려 주십니다. 그리고 야곱이 누워 있는 땅을 너와 네 자손에게 주고 동서남북으로 퍼져 나갈 것을 말씀하십니다. 실제로 야곱의 열두 아들을 통해 퍼져 나가도록 약속을 지키신 것을 알 수 있습니다.

네 자손이 땅의 티끌 같이 되어 네가 서쪽과 동쪽과 북쪽과 남쪽으로 퍼져나갈지며 땅의 모든 족속이 너와 네 자손으로 말미암아 복을 받으리라 내가 너와 함께 있어 네가 어디로 가든지 너를 지키며 너를 이끌어 이 땅으로 돌아오게 할지라 내가 네게 허락한 것을 다 이루기까지 너를 떠나지 아니하리라 하신지라 (창 28:14-15)

하나님은 땅의 모든 족속이 야곱과 야곱의 자손으로 인해 복을 받을 것이라고 말씀하셨습니다. 이 말씀은 무엇보다도 '땅의 모든 족속'이란 표현에 방점이 찍혀 있습니다. 이것을 보면 아브라함, 이삭, 야곱에게 하신 언약의 말씀 가운데 '천하 만민, 땅의 모든 족속'이 반복되는 것을 볼 수 있습니다. 예수님께서 이 말씀을 받으셔서 마태복음 28장의 마지막 절에서도 "모든 민족을 제자로 삼아"라고 말씀하신 것입니다. 나는 하나님이 주시는 복이 '나만을 위한 복'이 아니라 '천하 만민과 땅의 모든 민족을 위한 복'임을 깊이 새기고 있습니까? 나는 복의 목적이 분명한 자입니까?

하나님이 함께하심

야곱에게도 하나님은 '너와 함께' 있겠다고 말씀하십니다. 하나님이 함께하시면 됩니다. 그런데 "너를 이끌어 이 땅으로 돌아오게 할지라"라고 하셨는데, 그 세월이 20년이나 걸린 것입니다. 창세기 28장에서 약속하셨는데, 야곱은 32장에 돌아오게 됩니다. 어디로 가든지 지키고 반드시 돌아오게 하신다고 약속하시는데, 하나님은 "내가 네게 허락한 것을 다 이루기까지 너를 떠나지 않겠다"라고 하십니다. 하나님은 야곱 안에, 야곱을 통해 하실 일들을 다 이루시기까지 야곱을 떠나지 않으실 것입니다. 하나님은 인간의 악함과 약함 때문에 당신의 일을 포기하는 분이 아니십니다. 야곱의 실패와 실수에도 불구하고 하나님은 반드시 아브라함에게 하신 언약을 이루실 것입니다.

또한 하나님은 단지 약속만 하시고 나 몰라라 하지 않으십니다. 당신이 하신 말씀을 이루시기 위해 야곱이 어디로 가든지 그와 동행하십니다. 하나님은 행동하시는 분이십니다. 앞으로 야곱은 하나님의 약속을 의지하여 모든 일에 믿음으로 행하기만 하면 됩니다.

야곱을 통해서 하나님의 음성이 이 책을 읽는 독자들에게도 들려야 합니다. 우리도 똑같은 야곱의 모습을 지닌 자들입니다. 각자에게 허락한 사명이 있습니다. 하나님께서 그것을 다 이루시기까지 떠나지 않음을 믿어야 합니다. 그리고 허락한 것을 다 이룰 때까지 계속 훈련하시겠다는 의미도 담겨 있습니다. 그래서 허락한 것을 다 이룰 때까지 떠나지 않을 것을 알고 하나님께 순종하며 갈 것인가, 아니면 끝까지 불순종하면서 끌려갈 것인가의 선택은 우리에게 달려 있는 것입니다.

하나님이 과연 여기 계시거늘

야곱이 잠이 깨어 이르되 여호와께서 과연 여기 계시거늘 내가 알지 못하였도다
(창 28:16)

야곱이 꿈에서 깨어난 후에 "하나님께서 과연 여기 계시거늘 내가 알지

못하였도다"라고 고백하게 됩니다. 야곱이 도망가면서 너무 지치고 힘드니까 여기에는 하나님이 계시지 않는다고 생각한 것입니다. 그런데 하나님께서 눈을 열어 주시니 이 고난의 현실에서도 하나님이 함께 계심을 깨달은 것입니다. 하나님이 야곱에게 사닥다리 환상을 보여 주지 않으셨을 때는 하나님이 없는 것처럼 느껴졌습니다. 그러나 현실에서 바뀐 것은 하나도 없지만 한 가지 바뀐 것이 있습니다. 하나님께서 눈을 열어 주시니 이 고난의 현실에 하나님께서 이미 와 계신다는 사실입니다. 그래서 "과연 여기 계시거늘"이라고 고백한 것입니다. 우리가 있는 곳에도 벧엘의 사닥다리가 열리는 역사가 있기를 바랍니다.

벧엘: 하나님의 집

이에 두려워하여 이르되 두렵도다 이 곳이여 이것은 다름 아닌 하나님의 집이요 이는 하늘의 문이로다 하고 야곱이 아침에 일찍이 일어나 베개로 삼았던 돌을 가져다가 기둥으로 세우고 그 위에 기름을 붓고 그 곳 이름을 벧엘이라 하였더라 이 성의 옛 이름은 루스더라 (창 28:17-19)

4. 벧엘에서의 서원

꿈에 사닥다리 환상과 하나님의 약속을 받은 야곱은 아침에 일어나 베개로 삼았던 돌을 가져다가 기둥으로 세우고 그 위에 기름을 붓고 그곳 이름을 벧엘이라 부르게 됩니다. 벧엘(בֵּית־אֵל)은 '하나님의 집'이란 의미입니다.

형 에서의 살해 위협을 피해 도망가던 야곱, 공포와 두려움 속에서 떨며 잠을 청한 고통의 장소에 하나님께서 임하시자 그곳은 더 이상 절망의 장소가 아니라 하나님이 임재하시는 하나님의 집(성전)이요, 하늘의 문으로 바뀝니다. 하나님이 함께하시니 두려움의 땅이 오히려 하늘로 들어가는 문으로 바뀐 것입니다.

그렇습니다. 신자들의 삶에도 두려움의 자리가 있습니다. 그러나 그곳에 하나님이 함께하시기에 그 자리는 하나님이 임재하시는 땅, 하나님의 위로가 임하는 땅, 하나님의 약속이 임하는 땅, 하나님과 교제하는 땅, 즉 벧엘이라는 것을 알아야 합니다. 이런 영적인 눈이 열리면 내 삶의 환경을 바라보는 관점도 바뀌게 될 것입니다.

야곱의 서원

야곱이 서원하여 이르되 하나님이 나와 함께 계셔서 내가 가는 이 길에서 나를 지키시고 먹을 떡과 입을 옷을 주시어 내가 평안히 아버지 집으로 돌아가게 하시오면 여호와께서 나의 하나님이 되실 것이요 내가 기둥으로 세운 이 돌이 하나님의 집이 될 것이요 하나님께서 내게 주신 모든 것에서 십분의 일을 내가 반드시 하나님께 드리겠나이다 하였더라 (창 28:20-22)

하나님의 은혜가 임하자 야곱이 서원을 하게 됩니다. "하나님이 나와 함께 계셔서 … 평안히 아버지 집으로 돌아가게 하시오면" 하고 말하는데, 이것이 이루어지기까지 20년의 세월이 걸린 것입니다. 그렇게 돌아오게 하시면 '나의 하나님이 되실 것이며 돌기둥이 하나님의 집이 될 것입니다'라고 고백하면서 그때 하나님이 내게 주신 모든 것에서 십 분의 일을 반드시 드리겠다고 서원하게 됩니다.

십일조가 아브라함 때 한 번 나오고 여기서 두 번째 나오고 있습니다. 그런데 이 고백에는 공통점이 있습니다. '내게 주신 모든 부요가 다 하나님께서 주신 것이므로 십 분의 일을 드리겠다'라고 고백하는 것입니다.

20년 동안 고난을 겪은 야곱

이제 20년 동안 야곱에 대한 하나님의 훈련과 연단이 본격적으로 시작됩니다. 하나님께서는 20년 동안 그의 삼촌 라반을 통해 야곱의 육적 자아를 부수고 연단하셔서 하나님의 약속을 이를 언약의 상속자로 만들어 가십니다. 하나님은 야곱을 번성케 하기 전에 먼저 그를 낮추십니다. 하나님은 속이는 자인 야곱을 속이는 자인 라반에게 보내어 그를 언약의 상속자답게 빚으려고 하십니다. 20년이라는 고난의 세월 동안 야곱은 삼촌 라반을 통해 다듬어지게 됩니다.

1. 야곱이 라헬을 만나다

야곱이 그의 외삼촌 라반의 딸 라헬과 그의 외삼촌의 양을 보고 나아가 우물 아귀에서 돌을 옮기고 외삼촌 라반의 양 떼에게 물을 먹이고 그가 라헬에게 입맞추고 소리 내어 울며 그에게 자기가 그의 아버지의 생질이요 리브가의 아들 됨을 말하였더니 라헬이 달려가서 그 아버지에게 알리매 라반이 그의 생질 야곱의 소식을 듣고 달려와서 그를 영접하여 안고 입맞추며 자기 집으로 인도하여 들이니 야곱이 자기의 모든 일을 라반에게 말하매 라반이 이르되 너는 참으로 내 혈육이로다 하였더라 야곱이 한 달을 그와 함께 거주하더니 라반이 야곱에게 이르되 네가 비록 내 생질이나 어찌 그저 내 일을 하겠느냐 네 품삯을 어떻게 할지 내게 말하라 라반에게 두 딸이 있으니 언니의 이름은 레아요 아우의 이름은 라헬이라 (창 29:10-16)

야곱과 라헬이 만나게 되어 라반의 집으로 안내받게 됩니다. 라반이 야곱에게 "내 일을 하겠느냐 네 품삯을 어떻게 할지 내게 말하라"라고 합니다. 이때 야곱의 마음에 라헬을 사랑하므로 라헬을 위해서 7년 동안 봉사하겠다고 합니다.

레아(לֵאָה)는 이름의 뜻이 '들소'입니다. 라헬(רָחֵל)은 '암양'이라는 뜻입니다. 라헬은 곱고 아리따웠지만, 레아는 시력이 약하다고 나옵니다. '시력이 약하다'의 히브리어 원어는 '라크(רַךְ)'입니다. 이는 물리적으로 시력이 약하다는 의미라기보다 원어적 의미로 '온화하다'로 볼 수 있습니다. 즉 '시력이 선하고 온화하다'라는 의미인 것입니다. 외모적인 아름다움은 라헬이 낫지만, 실제로 포근하고 따뜻하고 품을 줄 아는 사람은 레아였음을 알려 줍니다.

한 가지 흥미로운 것은, 야곱이 사랑한 여인은 라헬이었지만, 하나님께서는 열두 지파의 영적 장자를 레아의 아들인 유다를 통해서 세우셨다는 사실입니다. 그리고 레아와 라헬의 일생을 추적해 보면 하나님께서 레아의 기도를 더 많이 들어주신 것을 알 수 있습니다. 남편에게 인간적으로 사랑받지 못한 레아를 하나님께서 더 긍휼히 여기시고 응답해 주시는 것을 볼 수 있습니다. 하나님께서 레아의 심정을 충분히 이해하고 계셨던 것입니다.

칠 년을 며칠 같이 여겼더라

레아는 시력이 약하고 라헬은 곱고 아리따우니 야곱이 라헬을 더 사랑하므로 대답하되 내가 외삼촌의 작은 딸 라헬을 위하여 외삼촌에게 칠 년을 섬기리이다 라반이 이르되 그를 네게 주는 것이 타인에게 주는 것보다 나으니 나와 함께 있으라 야곱이 라헬을 위하여 칠 년 동안 라반을 섬겼으나 그를 사랑하는 까닭에 칠 년을 며칠 같이 여겼더라 (창 29:17-20)

야곱은 라헬을 위해 7년 동안 라반을 섬겼는데, 사랑하는 까닭에 7년을 며칠 같이 여겼다고 말합니다. 이는 야곱의 연애담을 이야기하는 것이라기보다 신앙의 본질을 말하고 있습니다. 사랑이 있으므로 7년 동안 긴 시간을 며칠로 여긴 것입니다.

신앙은 사랑을 전제로 합니다

신앙은 그런 것입니다. 하나님을 향한 사랑이 있으면 7년이 수일 같은 것입니다. 그러나 하나님을 향한 사랑이 없으면 신앙생활만큼 부담스럽고 지겨운 것이 없습니다. 나는 하나님을 사랑하여 신앙생활을 하고 있습니까?

2. 라반이 야곱을 속이다

야곱이 라반에게 이르되 내 기한이 찼으니 내 아내를 내게 주소서 내가 그에게 들어가겠나이다 라반이 그 곳 사람을 다 모아 잔치하고 저녁에 그의 딸 레아를 야곱에게로 데려가매 야곱이 그에게로 들어가니라 라반이 또 그의 여종 실바를 그의 딸 레아에게 시녀로 주었더라 (창 29:21-24)

7년의 노동이 끝나는 날 약속대로 야곱은 사랑하는 여인 라헬과의 신혼을 꿈꾸었습니다. 그런데 라반이 야곱을 속여서 레아를 먼저 야곱의 방에 들여보냈습니다. 인생은 참 재미있습니다. 거짓과 사기의 대가인 야곱이 오히려 삼촌 라반에게 속게 됩니다. 뛰는 놈 위에 나는 놈이 있었던 것입니

다. 야곱은 라반의 모습에서 아마도 자신의 모습을 보았을 것입니다. 자신
도 이렇게 형 에서의 마음을 아프게 한 일이 기억났을지도 모릅니다.

다른 사람의 모습을 통해 나를 보십시오

나를 힘들게 하는 사람을 볼 때 그 사람의 죄악의 모습이 나에게도 있다는 것을 볼 수
있어야 합니다. 하나님은 야곱의 기질과 죄성을 깨뜨리기 위해서 야곱보다 더 강한 사
람을 붙이신 것입니다.

라헬을 얻기 위한 7년의 수고

야곱이 아침에 보니 레아라 라반에게 이르되 외삼촌이 어찌하여 내게 이같이 행
하셨나이까 내가 라헬을 위하여 외삼촌을 섬기지 아니하였나이까 외삼촌이 나
를 속이심은 어찌됨이니이까 라반이 이르되 언니보다 아우를 먼저 주는 것은 우
리 지방에서 하지 아니하는 바이라 이를 위하여 칠 일을 채우라 우리가 그도 네
게 주리니 네가 또 나를 칠 년 동안 섬길지니라 야곱이 그대로 하여 그 칠 일을
채우매 라반이 딸 라헬도 그에게 아내로 주고 라반이 또 그의 여종 빌하를 그의
딸 라헬에게 주어 시녀가 되게 하매 야곱이 또한 라헬에게로 들어갔고 그가 레
아보다 라헬을 더 사랑하여 다시 칠 년 동안 라반을 섬겼더라 (창 29:25-30)

야곱이 첫날 밤을 지내고 아침에 보니 레아였습니다. 그래서 야곱이 항
의를 하자 라반의 답은 "언니보다 아우를 먼저 주는 것은 우리 지방에서 하
지 아니하는 바이라"라고 합니다. 그리고 라반이 레아를 위해 칠 일을 채운

후 라헬도 줄 것이니 라헬을 위해 칠 년을 더 섬길 것을 요구합니다. 야곱이 라헬을 사랑하므로 다시 칠 년 동안 라반을 섬기게 됩니다.

레아의 태를 여시다

여호와께서 레아가 사랑 받지 못함을 보시고 그의 태를 여셨으나 라헬은 자녀가 없었더라 (창 29:31)

공평하신 하나님

하나님은 공평하십니다. 남편의 사랑을 받지 못한 레아에게는 자녀의 축복을 주셨습니다. 그러나 남편의 사랑을 독차지한 라헬은 자녀가 없었습니다. 하나님은 한 사람에게 모든 것을 주시지 않습니다. 그를 겸손하게 하기 위함입니다. 하나님께서 레아가 사랑받지 못함을 보셨습니다. 그리고 레아를 긍휼히 여기서 르우벤, 시므온, 레위, 유다 4명의 아들을 주셨습니다.

3. 레아의 네 자녀

르우벤(1)

레아가 임신하여 아들을 낳고 그 이름을 르우벤이라 하여 이르되 여호와께서 나의 괴로움을 돌보셨으니 이제는 내 남편이 나를 사랑하리로다 하였더라 (창 29:32)

레아는 아들들의 이름에 자신의 고통스러운 마음과 소원을 담고 있는 것을 볼 수 있습니다. 르우벤(רְאוּבֵן)이라는 이름의 뜻이 '하나님이 나의 괴로움을 보셨으므로 이제는 내 남편이 나를 사랑할 것이다'입니다.

시므온 (2)

그가 다시 임신하여 아들을 낳고 이르되 여호와께서 내가 사랑 받지 못함을 들으셨으므로 내게 이 아들도 주셨도다 하고 그의 이름을 시므온이라 하였으며 (창 29:33)

둘째 아들을 낳고 시므온이라고 지었습니다. 시므온(שִׁמְעוֹן)은 '들으시다'라는 뜻입니다. 이는 하나님께서 내가 사랑받지 못하고 있는 것을 들으셨다는 한을 담고 있습니다.

레위 (3)

그가 또 임신하여 아들을 낳고 이르되 내가 그에게 세 아들을 낳았으니 내 남편이 지금부터 나와 연합하리로다 하고 그의 이름을 레위라 하였으며 (창 29:34)

셋째 아들 레위(לֵוִי)의 이름은 '연합하다'라는 뜻입니다. 이는 레위를 낳은 후 이제는 남편 야곱이 자신과 연합할 것이라는 소망이 담긴 이름입니다.

유다 (4)

그가 또 임신하여 아들을 낳고 이르되 내가 이제는 여호와를 찬송하리로다 하고 이로 말미암아 그가 그의 이름을 유다라 하였고 그의 출산이 멈추었더라 (창 29:35)

넷째 아들 유다(יהודה)를 낳은 후 '내가 이제는 여호와를 찬송하겠다'라고 합니다. 분위기가 바뀌는 것을 알 수 있습니다. 르우벤, 시므온, 레위까지는 '남편의 사랑이 언제 내게 올까' 하고 소망을 가지고 남편을 바라보다가 이제는 레아가 남편에 대한 사랑을 포기한 것입니다. 지금까지 남편 때문에 살고 남편만 바라보았던 시선을 들어 하나님께 두기 시작하는 시점입니다. 이제는 내가 하나님께만 소망을 두고 찬송하는 인생을 누리겠다는 깊은 의미가 담겨 있습니다.

묵상과 삶의 적용

유다라는 이름에 담긴 레아의 신앙

사람의 이름은 곧 그의 정체성을 의미합니다. 레아의 네 아들이 이름을 통해 레아가 하나님을 향해 성숙해져 가고 있음을 알 수 있습니다. 특히 네 번째 아들 유다의 이름의 뜻이 중요합니다. 나의 인생도 '유다,' 즉 '여호와를 찬양하라'라는 고백의 자리까지 나오고 있습니까?

창세기 30장

야곱의 술수

1. 빌하(라헬의 시녀)의 두 자녀

라헬이 자기가 야곱에게서 아들을 낳지 못함을 보고 그의 언니를 시기하여 야곱에게 이르되 내게 자식을 낳게 하라 그렇지 아니하면 내가 죽겠노라 (창 30:1)

레아에 비해 라헬이 자녀를 낳지 못함으로 시기하고 화를 내자 야곱은 임신을 못하게 하시는 분이 하나님이신데 내가 하나님을 대신할 수 있겠느냐고 설득합니다. 남편의 사랑을 받는 라헬은 자식에 대한 복을 누리지 못한 것입니다. 그래서 자신의 여종 빌하를 들여보냅니다. 그런데 빌하(בִּלְהָה)의 이름 뜻이 '걱정'입니다. 이 빌하를 통해 단과 납달리를 낳게 됩니다.

단 (5)

빌하가 임신하여 야곱에게 아들을 낳은지라 라헬이 이르되 하나님이 내 억울함을 푸시려고 내 호소를 들으사 내게 아들을 주셨다 하고 이로 말미암아 그의 이름을 단이라 하였으며 (창 30:5-6)

라헬은 빌하를 통해 얻은 첫 번째 아들의 이름을 단(דָּן)이라고 지었습니다. 이 이름은 '심판, 재판장'이란 의미입니다. 하나님께서 라헬의 억울함을 푸시고 자신의 호소를 들어주셨다는 의미입니다. 단은 훗날 가나안 땅에 들어가 기업으로 받은 땅을 지켜내지 못하고, 북쪽에 라이스 땅을 점령해서 살다가 앗수르에게 제일 먼저 심판을 당하게 됩니다. 이름 그대로 되었습니다. 가나안 땅의 이방 민족에게 하나님의 심판을 행하는 사명을 포기하니, 오히려 그들이 이방인들에게 정복을 당한 것입니다.

납달리 (6)

라헬의 시녀 빌하가 다시 임신하여 둘째 아들을 야곱에게 낳으매 라헬이 이르되 내가 언니와 크게 경쟁하여 이겼다 하고 그의 이름을 납달리라 하였더라 (창 30:7-8)

납달리(נַפְתָּלִי)의 뜻은 '씨름하다'입니다. 빌하가 둘째 아들을 낳았을 때 라헬은 남편을 두고 언니 레아와 경쟁하여 승리했다는 의미로 납달리란 이름을 지어 주었습니다.

2. 실바(레아의 시녀)의 두 자녀

갓 (7)

레아가 자기의 출산이 멈춤을 보고 그의 시녀 실바를 데려다가 야곱에게 주어 아내로 삼게 하였더니 레아의 시녀 실바가 야곱에게서 아들을 낳으매 레아가 이르되 복되도다 하고 그의 이름을 갓이라 하였으며 (창 30:9-11)

레아도 자신의 출산이 멈춘 것을 알고 그녀의 시녀 실바를 통해 아들을 얻게 됩니다. 실바가 낳은 아들은 갓(גָּד, 행운, 복)과 아셀(אָשֵׁר, 기쁨)입니다. 라헬은 시종을 통해 얻은 아들들의 이름을 '심판' '씨름하다'의 부정적 의미로 짓는 반면에 레아는 유다를 낳은 후 하나님을 바라보기 시작하면서 인생의 한이 풀어지기 시작합니다. 그래서 실바를 통해 아들을 얻었는데, '행운'이라는 뜻으로 갓이라는 이름을 짓습니다.

아셀 (8)

> 레아의 시녀 실바가 둘째 아들을 야곱에게 낳으매 레아가 이르되 기쁘도다 모
> 든 딸들이 나를 기쁜 자라 하리로다 하고 그의 이름을 아셀이라 하였더라 (창
> 30:12-13)

그리고 또 실바가 아셀을 낳았는데, '기쁨'이라는 뜻의 '아셀'로 짓습니
다. 남편 야곱은 아직도 레아를 바라보지 않지만, 시녀를 통해 얻은 아들의
이름을 지으면서 '행운' '기쁨'으로 지을 수 있었던 것은 하나님을 바라보면
서 인생이 바뀌기 시작했기 때문입니다.

합환채를 요구한 라헬

> 밀 거둘 때 르우벤이 나가서 들에서 합환채를 얻어 그의 어머니 레아에게 드렸
> 더니 라헬이 레아에게 이르되 언니의 아들의 합환채를 청구하노라 레아가 그에
> 게 이르되 네가 내 남편을 빼앗은 것이 작은 일이냐 그런데 네가 내 아들의 합환
> 채도 빼앗고자 하느냐 라헬이 이르되 그러면 언니의 아들의 합환채 대신에 오늘
> 밤에 내 남편이 언니와 동침하리라 하니라 저물 때에 야곱이 들에서 돌아오매
> 레아가 나와서 그를 영접하며 이르되 내게로 들어오라 내가 내 아들의 합환채로
> 당신을 샀노라 그 밤에 야곱이 그와 동침하였더라 (창 30:14-16)

레아의 아들 르우벤이 합환채(合歡菜, mandrake)를 구해와서 남편에게 사랑

받지 못하는 어머니에게 선물합니다. 합환채는 문자적으로 '사랑 과일'이 란 의미인데, 지중해와 가나안 지역에서 자라는 식물입니다. 합환채는 남 자들의 정력제나 여자들의 불임을 치료하는 데 사용되었다고 합니다.[53] 그 러자 라헬이 이 합환채를 달라고 요구하게 됩니다. 그 대신에 야곱과 레아 가 그날 밤에 동침하게 됩니다.

3. 레아의 재임신

> 하나님이 레아의 소원을 들으셨으므로 그가 임신하여 다섯째 아들을 야곱에게
> 낳은지라 (창 30:17)

하나님께서 레아를 축복하셔서 출산이 멈추었던 레아를 다시 임신케 하 십니다. 이는 하나님께서 레아의 소원을 들으셨기 때문입니다. 하나님은 상처와 한이 있는 자들의 눈물의 기도를 들어주시는 좋은 아버지이십니다.

잇사갈 (9)

> 레아가 이르되 내가 내 시녀를 내 남편에게 주었으므로 하나님이 내게 그 값을
> 주셨다 하고 그의 이름을 잇사갈이라 하였으며 (창 30:18)

레아는 다섯 번째 아들을 낳아서 잇사갈(יִשָּׂשכָר)이라고 지었습니다. '보상'

---

53 송병현, 『엑스포지멘터리 창세기』(서울: 국제제자훈련원, 2010), p. 540.

이란 뜻인데, 하나님께서 자신의 눈물과 고통에 대한 보상을 주셨음을 의미합니다.

스불론 (10)

레아가 다시 임신하여 여섯째 아들을 야곱에게 낳은지라 레아가 이르되 하나님이 내게 후한 선물을 주시도다 내가 남편에게 여섯 아들을 낳았으니 이제는 그가 나와 함께 살리라 하고 그의 이름을 스불론이라 하였으며 (창 30:19-20)

스불론(זְבוּלוּן)의 의미는 분명치 않습니다. '선물, 명예, 거주' 등 다양한 해석이 있습니다. 어쨌든 이 이름은 '이제는 남편 야곱이 자신(레아)과 함께 더불어 살 것이다'라는 레아의 소망이 담겨 있습니다.

레아의 딸, 디나

그 후에 그가 딸을 낳고 그의 이름을 디나라 하였더라 (창 30:21)

레아가 딸을 낳았는데, 디나(דִּינָה)는 '공의, 심판'이라는 뜻을 가지고 있습니다. 이로써 레아는 아들 6명과 딸 1명 등 총 7명의 자녀를 두었습니다. 그녀는 비록 남편의 사랑을 받지 못했지만, 하나님으로부터 영적 축복을 받았습니다. 그녀의 셋째 아들인 레위는 훗날 제사장 지파가 되고, 그녀의 넷째 아들인 유다를 통해서는 메시아가 탄생하게 됩니다.

4. 라헬이 요셉을 낳다

하나님이 라헬을 생각하신지라 하나님이 그의 소원을 들으시고 그의 태를 여셨으므로 그가 임신하여 아들을 낳고 이르되 하나님이 내 부끄러움을 씻으셨다 하고 그 이름을 요셉이라 하니 여호와는 다시 다른 아들을 내게 더하시기를 원하노라 하였더라 (창 30:22-24)

하나님께서는 자식이 없는 라헬을 생각하시고 그의 소원을 들으신 후 태를 여셨습니다. 하나님은 자비의 하나님입니다. 그 자녀의 고통을 외면하는 분이 아닙니다. 하나님이 라헬의 태를 여셨기 때문에 자녀를 낳을 수 있었습니다. 만약 하나님이 여시지 않으면 어떤 것도 열리지 않습니다.

요셉 (11)

라헬은 하나님께서 자식이 없는 자신의 부끄러움을 씻으셨다는 고백으로 첫 아들의 이름을 요셉이라고 지었습니다. 요셉(יוסף)의 뜻은 '하나님께서 다른 아들을 더하시기를 원한다'입니다. 라헬의 소원이 담겨 있는 이름입니다.

연령순	이름	뜻	축복순	어머니	상징	야곱의 예언	모세의 예언	비고
1	르우벤	괴로움을 권고하심	1	레아	끓는 물	탁월치 못함 (창 49:3, 4)	사람 수가 적지 않음 (신 33:6)	부친의 첩과 통간. 주전 9세기 모압에 멸망당함. 가장 먼저 멸망당한 지파
2	시므온	들으심	2~3	레아	잔해하는 칼	저주를 받아 분산됨 (창 49:5-7)	-	분노와 혈기로 파괴적 활동. 가나안에서 받은 땅이 박토여서 유다 지파와 동행. 흩어져 지냄
3	레위	더불어 연합함		레아			여호와를 위하여 살게 하소서 (신 33:8-11)	분노와 혈기로 파괴적 활동. 전국에 흩어져 백성들에게 율법을 가르치고 제사 업무를 주관(민 35:2)
4	유다	여호와를 찬송함	4	레아	새끼 사자	장자권 얻음, 왕이 되어 통치함 (창 49:8-12)	통치, 대적과 싸워 이김 (신 33:7)	영적 장자로서의 품격 소유. 유다 지파에서 다윗과 예수가 탄생함 (마 1:3)
5	단	심판관, 재판장	7	빌하	뱀과 독사	백성을 심판할 것 (창 49:16-18)	사자 새끼 (신 33:22)	강력한 힘과 강직한 성품 소유(수 19:47). 구원받아 인친 자의 목록에 나오지 않음(계 2:4-8)
6	납달리	경쟁함, 씨름	10	빌하	놓인 암사슴	아름다운 소리를 발함 (창 40:21)	은혜와 복이 족함 (신 33:23)	갈릴리 호수 주변의 기름진 땅을 소유했고, 웅변과 음악적 기질이 풍부함(삿 5장)
7	갓	복됨	8	실바	전사	용감, 사방에서 공격당해도 승리 (창 49:19)	광대케 됨 (신 33:20, 21)	이방인과의 접촉이 필연적이었음(대상 5:18)
8	아셀	기쁨	9	실바	기름진 식물	비옥한 토지에서 농사지어 왕의 음식 공급 (창 49:20)	사랑받음, 땅이 올리브나무로 가득함 (신 33:24)	갈멜산 북방 해변의 옥토를 불하받음 (수 19:24-31)
9	잇사갈	값, 보상	6	레아	건강한 나귀	농사일, 노동, 섬김, 토지를 좋아함 (창 19:14, 15)	장막에 거함, 바다의 풍부를 누림 (신 33:18)	느긋한 기질과 강한 힘 소유 (대상 12:32)
10	스불론	더불어 거함	5	레아	해변의 배	해변에 거함 (창 49:13)	밖으로 나감 (신 33:18)	지중해 해안 지역을 불하받음(수 19:10-16).
11	요셉	더하심	11	라헬	무성한 가지	무성한 가지가 담을 넘음 (창 49:22-26)	재물의 복, 땅을 차지함 (신 33:13-17)	에브라임, 므낫세 두 지파를 배출하여 두 지파 몫의 축복을 누림(창 49:8-22)
12	베냐민	오른손의 아들	12	라헬	이리	호전적, 물어뜯는 이리와 같이 승리 (창 49:27)	여호와의 사랑을 입은 자 (신 33:12)	호전적 생활 와중에도 안전을 유지함(삿 20:12-40)

4. 야곱의 귀향 요구와 품삯 약속

라헬이 요셉을 낳았을 때에 야곱이 라반에게 이르되 나를 보내어 내 고향 나의 땅으로 가게 하시되 내가 외삼촌에게서 일하고 얻은 처자를 내게 주시어 나로 가게 하소서 내가 외삼촌에게 한 일은 외삼촌이 아시나이다 라반이 그에게 이르되 여호와께서 너로 말미암아 내게 복 주신 줄을 내가 깨달았노니 네가 나를 사랑스럽게 여기거든 그대로 있으라 또 이르되 네 품삯을 정하라 내가 그것을 주리라 (창 30:25-28)

라헬이 요셉을 낳을 때 야곱은 라반에게 고향으로 가게 해 달라고 요구합니다. 요셉이 출생했을 때 비로소 처음으로 야곱은 라반에게 그의 고향으로 돌아가겠다고 말하게 됩니다. 이는 야곱이 요셉의 출생을 그의 인생에 있어 새로운 시작으로 간주한 듯합니다.[54] 야곱의 요구에 대해 라반은 "여호와께서 너로 말미암아 내게 복 주신 줄을 내가 깨달았노니 … 그대로 있으라"라고 합니다. 라반도 하나님이 야곱으로 말미암아 자신에게 복을 주셨다는 것을 인정합니다.

그렇습니다. 라반의 말을 통해 우리가 알 수 있는 것은 하나님께서 아브라함과 이삭과 야곱에게 하신 "모든 족속이 너로 인해 복을 받을 것이라"라는 약속이 이루어졌다는 것입니다. 비록 야곱은 라반의 집에서 도망자 신세로 살았지만, 그는 복의 통로가 되었습니다.

오늘날에도 예수 그리스도를 믿은 신자들은 살고 있는 곳에서 그 자신이 '모든 족속이 복을 받는 복의 통로'로 사는 것임을 잊지 말아야 합니다.

---

54 차준희, 『창세기 다시보기』(서울: 대한기독교서회, 2002). p. 185.

야곱은 라반에게 자신으로 인해 얼마나 많은 소유를 얻게 되었는지를 말해 줍니다. 야곱이 오기 전에 비해 야곱이 온 후로 라반의 소유는 비교할 수 없게 불어났습니다. 야곱은 이제 자신의 집을 세워야 할 때가 되었기에 정당한 대가를 요구합니다.

야곱의 제안과 라반의 악랄함

오늘 내가 외삼촌의 양 떼에 두루 다니며 그 양 중에 아롱진 것과 점 있는 것과 검은 것을 가려내며 또 염소 중에 점 있는 것과 아롱진 것을 가려내리니 이같은 것이 내 품삯이 되리이다 후일에 외삼촌께서 오셔서 내 품삯을 조사하실 때에 나의 의가 내 대답이 되리이다 내게 혹시 염소 중 아롱지지 아니한 것이나 점이 없는 것이나 양 중에 검지 아니한 것이 있거든 다 도둑질한 것으로 인정하소서 (창 30:32-33)

야곱은 20년 동안 일한 자신의 품삯을 라반에게 요구합니다. 그러면서 라반의 가축 가운데 멀쩡한 것은 삼촌의 몫이고, 자신은 아롱진 것과 점 있는 것과 검은 것이 품삯이 될 것이라고 말합니다. 즉 상품 가치가 없는 것을 자신이 가지겠다는 말입니다. 라반의 입장에서 볼 때 손해 보는 장사가 아니기 때문에 허락하게 됩니다. 라반은 점이 있거나 줄이 있는 짐승들이 야곱에게 가는 것을 막기 위해 점박이 짐승들을 자신의 아들들에게 모두 주었습니다. 라반은 참으로 교활하고 이기적인 사람입니다. 이로써 야곱은 점박이를 생산할 가능성이 전혀 없게 되었습니다. 즉 야곱의 재산이 불어날 가능성이 제로가 된 것입니다. 야곱에게는 오직 하나님 한 분만 남았을 뿐입니다.

기적을 베푸시는 하나님

그 날에 그가 숫염소 중 얼룩무늬 있는 것과 점 있는 것을 가리고 암염소 중 흰 바탕에 아롱진 것과 점 있는 것을 가리고 양 중의 검은 것들을 가려 자기 아들들의 손에 맡기고 자기와 야곱의 사이를 사흘 길이 뜨게 하였고 야곱은 라반의 남은 양 떼를 치니라 야곱이 버드나무와 살구나무와 신풍나무의 푸른 가지를 가져다가 그 것들의 껍질을 벗겨 흰 무늬를 내고 그 껍질 벗긴 가지를 양 떼가 와서 먹는 개천의 물 구유에 세워 양 떼를 향하게 하매 그 떼가 물을 먹으러 올 때에 새끼를 배니 가지 앞에서 새끼를 배므로 얼룩얼룩한 것과 점이 있고 아롱진 것을 낳은지라 야곱이 새끼 양을 구분하고 그 얼룩무늬와 검은 빛 있는 것을 라반의 양과 서로 마주 보게 하며 자기 양을 따로 두어 라반의 양과 섞이지 않게 하며 튼튼한 양이 새끼 밸 때에는 야곱이 개천에다가 양 떼의 눈 앞에 그 가지를 두어 양이 그 가지 곁에서 새끼를 배게 하고 약한 양이면 그 가지를 두지 아니하니 그렇게 함으로 약한 것은 라반의 것이 되고 튼튼한 것은 야곱의 것이 된지라 이에 그 사람이 매우 번창하여 양 떼와 노비와 낙타와 나귀가 많았더라 (창 30:35-43)

라반은 단 한 마리의 양도 야곱에게 주지 않기 위해 얼룩무늬 있는 양, 점 있는 양, 아롱진 양, 검은 양들을 미리 가려서 자신의 아들들에게 맡깁니다. 라반은 교활하고 술수에 능한 사람입니다. 그러나 야곱에게는 계략이 있었습니다.

야곱은 버드나무와 살구나무와 신풍나무의 푸른 가지를 가져다가 그것들의 껍질을 모두 벗긴 후 흰무늬를 내었습니다. 그리고 양 떼가 와서 먹는 개천물 구유에 세워 양 떼에게 향하도록 했습니다. 그리고 양 떼가 물을 먹으러 올 때 가지 앞에서 새끼를 배니 얼룩진 것과 점이 있고 아롱진 것을 낳았습니다. 야곱의 소유가 점점 늘어나게 되었습니다.

또한 야곱은 튼튼한 양이 오면 그 가지를 개천에 넣고 약한 양이 오면 가지를 물에서 뺐습니다. 결과적으로 야곱의 양은 튼튼한 새끼들로 채워지고, 라반의 양은 약한 새끼들로 채워졌습니다. 교활한 라반의 소유가 더 교활한 야곱의 소유가 되었습니다.

야곱이 튼튼한 양 떼와 노비와 낙타와 나귀로 20년의 세월의 품삯을 보상받습니다. 야곱이 20년 동안 살던 밧담아람은 그에게는 훈련과 연단의 장소이기도 하지만, 많은 자식과 많은 재물을 얻는 축복의 장소이기도 합니다.

야곱은 20년의 모든 연단을 겪은 후 하나님의 축복을 받았습니다. 연단이 없이 하나님의 복을 받을 수는 없습니다. 연단 없이 받은 복은 복이 아닙니다. 그 복을 지킬 수 있는 자세가 없기 때문입니다. 야곱은 20년 만에 품삯을 한꺼번에 받게 된 것입니다. 이는 훗날 야곱의 열두 지파의 후손들인 이스라엘 백성이 출애굽 당시에 400년간의 삯을 바로로부터 한 번에 받게 될 것에 대한 예표적 성격을 지닙니다.

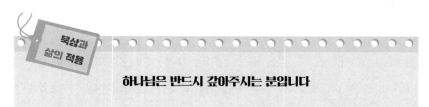

묵상과 삶의 적용

하나님은 반드시 갚아주시는 분입니다

당장은 손해 보는 것 같고, 당장은 피해 보는 것 같아도 신자는 결코 절망해서는 안 됩니다. 왜냐하면 하나님은 반드시 갚아주시는 분이기 때문입니다.

창세기 31장

야곱의 귀향

라반 아들들의 불평

야곱이 라반의 아들들이 하는 말을 들은즉 야곱이 우리 아버지의 소유를 다 빼앗고 우리 아버지의 소유로 말미암아 이 모든 재물을 모았다 하는지라 야곱이 라반의 안색을 본즉 자기에게 대하여 전과 같지 아니하더라 (창 31:1-2)

일이 이렇게 되자 라반의 아들들이 불평하기 시작했습니다. 그러나 이미 계약을 했기 때문에 야곱은 튼튼한 가축들을 자신의 품삯으로 모두 취하게 됩니다. 그런데 라반의 안색을 보니 전과 같지 않습니다. 라반의 아들들은 야곱의 일로 인해 매우 분노하면서 불평하기 시작했습니다. 아마도 라반과 그의 아들들은 야곱을 핍박했을 것이고, 야곱은 어쩌면 생명의 위협을 느꼈을지도 모릅니다. 야곱은 이런 상황이 되자 라반의 집을 떠날 생각을 하게 되었습니다. 하나님은 환경을 통해 우리에게 말씀하시고 우리를 인도해 가십니다. 만일 야곱에게 핍박이 없었다면 그는 라반의 집을 떠나려고 하지 않았을 것입니다.

야곱은 라반의 아들들의 핍박으로 인해 고향으로 돌아갈 생각을 하게 됩니다. 훗날 애굽에 살던 이스라엘 백성들도 생육하고 번성하자 바로 왕의 시기와 핍박이 시작되었습니다. 이로 인해 이스라엘 백성들은 핍박을 못 이기고 드디어 애굽을 떠나 약속의 땅으로 갈 마음을 먹게 될 것에 대한 예고로 볼 수 있습니다.

1. 하나님의 귀향 명령

여호와께서 야곱에게 이르시되 네 조상의 땅 네 족속에게로 돌아가라 내가 너와
함께 있으리라 하신지라 (창 31:3)

이때 하나님께서 야곱에게 조상의 땅 고향으로 돌아가라고 명령하십니
다. 그리고 함께하실 것을 약속하십니다. 어떤 위기의 상황에서도 하나님
이 함께하시면 됩니다.

아내들에게 하나님의 명령을 전하다

그대들의 아버지가 나를 속여 품삯을 열 번이나 변경하였느니라 그러나 하나님
이 그를 막으사 나를 해치지 못하게 하셨으며 그가 이르기를 점 있는 것이 네 삯
이 되리라 하면 온 양 떼가 낳은 것이 점 있는 것이요 또 얼룩무늬 있는 것이 네
삯이 되리라 하면 온 양 떼가 낳은 것이 얼룩무늬 있는 것이니 하나님이 이같이
그대들의 아버지의 가축을 빼앗아 내게 주셨느니라 그 양 떼가 새끼 밸 때에 내
가 꿈에 눈을 들어 보니 양 떼를 탄 숫양은 다 얼룩무늬 있는 것과 점 있는 것과
아롱진 것이었더라 꿈에 하나님의 사자가 내게 말씀하시기를 야곱아 하기로 내
가 대답하기를 여기 있나이다 하매 이르시되 네 눈을 들어 보라 양 떼를 탄 숫양
은 다 얼룩무늬 있는 것, 점 있는 것과 아롱진 것이니라 라반이 네게 행한 모든
것을 내가 보았노라 나는 벧엘의 하나님이라 네가 거기서 기둥에 기름을 붓고
거기서 내게 서원하였으니 지금 일어나 이 곳을 떠나서 네 출생지로 돌아가라
하셨느니라 (창 31:7-13)

야곱은 두 아내를 불러서 그동안 라반이 자신의 품삯을 열 번이나 변경하였던 일, 하나님께서 라반의 가축을 빼앗아 그에게 주셨던 일, 그리고 꿈에서 하나님의 사자로부터 라반의 집을 떠나 고향으로 돌아갈 것을 명 받은 일을 알리고 두 아내의 동의를 얻습니다.

하나님은 자신을 '벧엘의 하나님'으로 선포하십니다. 20년 전 야곱은 그곳에서 하나님을 만나고 서원을 했습니다. 하나님께서 자신을 이곳으로 다시 돌아오게 하면 십 분의 일을 드리겠다고 말입니다. 벧엘은 하나님이 야곱과 언약을 맺으신 곳입니다. 하나님은 약속을 지키시는 신실하신 분입니다. 또한 하나님은 라반이 야곱에게 20년 동안 한 일을 모두 보고 계셨다고 말씀합니다. 하나님은 야곱의 눈물과 억울함을 모두 알고 계셨습니다.

야곱은 아내들에게 20년 동안 자신의 삶이 어떠했는지를 말합니다. 야곱의 말을 잘 살펴보면 지난 20년의 세월에 대해 고통으로만 여기지 않음을 알 수 있습니다. 그는 20년 동안 함께하신 하나님의 은혜를 말하고 있습니다.

그들에게 이르되 내가 그대들의 아버지의 안색을 본즉 내게 대하여 전과 같지 아니하도다 그러할지라도 내 아버지의 하나님은 나와 함께 계셨느니라 (창 31:5)

그대들의 아버지가 나를 속여 품삯을 열 번이나 변경하였느니라 그러나 하나님이 그를 막으사 나를 해치지 못하게 하셨으며 (창 31:7)

하나님이 이같이 그대들의 아버지의 가축을 빼앗아 내게 주셨느니라 (창 31:9)

20년에 대한 야곱의 회상에는 고비마다 야곱과 함께하신 하나님에 대한 감사의 고백이 넘쳐납니다. 더욱 재미있는 것은 야곱의 말에 대한 레아와 라헬의 반응입니다.

> 라헬과 레아가 그에게 대답하여 이르되 우리가 우리 아버지 집에서 무슨 분깃이
> 나 유산이 있으리요 아버지가 우리를 팔고 우리의 돈을 다 먹어버렸으니 아버지
> 가 우리를 외국인처럼 여기는 것이 아닌가 (창 31:14-15)

레아와 라헬의 말을 보면 아버지 라반에 대한 그들의 분노가 심각하다
는 것을 알 수 있습니다. 자신들의 아버지가 자기들의 몫을 갈취했다는 뉘
앙스로 말합니다. 실제로 그랬습니다. 고대 근동, 특히 메소포타미아 지역
에서는 약혼자가 장인에게 주는 신부의 몸값 일부를 혼인 후에는 신부에게
주도록 되어 있습니다.[55] 그러나 라반은 자기의 딸들에게 돌아가야 할 몫마
저도 주지 않은, 인색하고 이기적인 아버지였던 것입니다.

라헬이 드라빔을 훔치다

> 야곱이 일어나 자식들과 아내들을 낙타들에게 태우고 그 모은 바 모든 가축과
> 모든 소유물 곧 그가 밧단아람에서 모은 가축을 이끌고 가나안 땅에 있는 그의
> 아버지 이삭에게로 가려 할새 그 때에 라반이 양털을 깎으러 갔으므로 라헬은
> 그의 아버지의 드라빔을 도둑질하고 야곱은 그 거취를 아람 사람 라반에게 말하
> 지 아니하고 가만히 떠났더라 (창 31:17-20)

라헬은 아버지 라반의 집을 떠날 때 아버지의 드라빔을 훔치게 됩니다.

---

55 앞의 책, p. 168.

드라빔은 가정의 부와 안전을 지켜 준다고 하는 신입니다. 드라빔은 자기 조상 가운데 한 사람의 형상을 조각하여 만든 우상으로, 이 드라빔이 후손들을 지킨다고 믿었습니다. 라반은 드라빔을 자기 가족의 수호신으로 섬겼던 것입니다. 라헬이 드라빔을 훔친 이유 중 하나는 그녀가 아직은 여호와 하나님에 대한 믿음이 없었기 때문입니다. 라헬은 아직 하나님이 아닌 가정을 지키는 수호신인 드라빔을 더 의지한 것입니다. 또 하나의 이유는 그녀의 아버지 라반에 대한 복수일 가능성이 있습니다. 딸들을 돈벌이의 수단으로 여긴 비정한 아버지 라반에 대한 라헬의 복수입니다.

라반이 야곱을 좇아와서 드라빔을 찾지만, 이미 라헬이 드라빔을 말의 안장에 숨겼기 때문에 찾을 수 없었습니다. 라헬은 라반에게 자신이 생리 중이니 말에서 내릴 수 없다고 했습니다. 이 대목에서 드라빔에 대한 저자의 조롱이 담겨 있습니다. 다시 말해 드라빔이라는 거짓 신은 생리 중인 라헬의 몸에 닿아 부정해졌고, 한 여인의 엉덩이에 깔려 아무런 힘도 쓰지 못하는 보잘것없는 신으로 판명된 것입니다. 저자는 드라빔이 얼마나 헛된 우상인지를 폭로하고 있습니다. 그런데 라반이 생리 중인 라헬을 어찌할 수 없었던 이유는 고대사회에서 여인의 생리혈이 악신들의 거처지로 여겨졌기 때문입니다.[56]

2. 라반의 추격과 하나님의 개입

삼 일 만에 야곱이 도망한 것이 라반에게 들린지라 라반이 그의 형제를 거느리고 칠 일 길을 쫓아가 길르앗 산에서 그에게 이르렀더니 밤에 하나님이 아람 사

---

56 송병현, 『엑스포지멘터리 창세기』(서울: 국제제자훈련원, 2010), p. 566.

람 라반에게 현몽하여 이르시되 너는 삼가 야곱에게 선악간에 말하지 말라 하셨더라 (창 31:22-24)

야곱은 라반에게 상의하지 않고 라반의 집을 가족들과 함께 떠났는데, 그것이 라반의 귀에 들리게 된 것입니다. 결국 라반이 칠 일 길을 쫓아와서 만나게 됩니다. 그런데 하나님께서 밤에 라반에게 나타나셔서 야곱에게 선악 간에 말하지 말라고 명령하십니다. 하나님께서 라반을 막고 책임져 주시는 것을 볼 수 있습니다.

20년 전 야곱은 형 에서의 장자의 권리를 빼앗은 일로 인해 형을 피해 도망한 적이 있습니다. 이제 20년이 지난 지금은 라반과 그의 아들들의 추격을 피해 도망치고 있습니다. 야곱의 인생은 참으로 험난합니다. 그러나 그때마다 하나님은 야곱을 지키시고 보호하셨습니다.

라반의 책망

라반(לבן)의 이름은 '희다'라는 뜻입니다. 그러나 이름과는 다르게 속은 검은 사람입니다. 라반이 쫓아와서 야곱을 책망합니다.

라반이 그의 형제를 거느리고 칠 일 길을 쫓아가 길르앗 산에서 그에게 이르렀더니 밤에 하나님이 아람 사람 라반에게 현몽하여 이르시되 너는 삼가 야곱에게 선악간에 말하지 말라 하셨더라 라반이 야곱을 뒤쫓아 이르렀으니 야곱이 그 산에 장막을 친지라 라반이 그 형제와 더불어 길르앗 산에 장막을 치고 라반이 야곱에게 이르되 네가 나를 속이고 내 딸들을 칼에 사로잡힌 자 같이 끌고 갔으니 어찌 이같이 하였느냐 (창 31:23-26)

이제 네가 네 아버지 집을 사모하여 돌아가려는 것은 옳거니와 어찌 내 신을 도둑 질하였느냐 야곱이 라반에게 대답하여 이르되 내가 생각하기를 외삼촌이 외삼촌 의 딸들을 내게서 억지로 빼앗으리라 하여 두려워하였음이니이다 외삼촌의 신을 누구에게서 찾든지 그는 살지 못할 것이요 우리 형제들 앞에서 무엇이든지 외삼 촌의 것이 발견되거든 외삼촌에게로 가져가소서 하니 야곱은 라헬이 그것을 도둑 질한 줄을 알지 못함이었더라 라반이 야곱의 장막에 들어가고 레아의 장막에 들 어가고 두 여종의 장막에 들어갔으나 찾지 못하고 레아의 장막에서 나와 라헬의 장막에 들어가매 라헬이 그 드라빔을 가져 낙타 안장 아래에 넣고 그 위에 앉은지 라 라반이 그 장막에서 찾다가 찾아내지 못하매 라헬이 그의 아버지에게 이르되 마침 생리가 있어 일어나서 영접할 수 없사오니 내 주는 노하지 마소서 하니라 라 반이 그 드라빔을 두루 찾다가 찾아내지 못한지라 (창 31:30-35)

라반은 알리지 않고 가만히 도망한 사실에 대해 책망하면서 야곱을 해 할 만한 능력이 있었지만, 하나님께서 막으셨기 때문에 행하지 못했습니 다. 라반의 책망에 대해 야곱은 자신의 두 아내를 억지로 빼앗을 것을 두려 워해서 알리지 않고 떠났다고 변명합니다. 그러자 라반은 왜 드라빔을 훔 쳐 갔느냐고 따집니다. 이때 야곱은 라헬이 드라빔을 훔쳐 온 사실을 전혀 알지 못하고 있었습니다. 이 위기를 라헬의 지혜로 잘 넘기게 됩니다.

야곱의 항변

내가 이와 같이 낮에는 더위와 밤에는 추위를 무릅쓰고 눈 붙일 겨를도 없이 지 냈나이다 내가 외삼촌의 집에 있는 이 이십 년 동안 외삼촌의 두 딸을 위하여 십 사 년, 외삼촌의 양 떼를 위하여 육 년을 외삼촌에게 봉사하였거니와 외삼촌께서 내 품삯을 열 번이나 바꾸셨으며 우리 아버지의 하나님, 아브라함의 하나님 곧 이삭이 경외하는 이가 나와 함께 계시지 아니하셨더라면 외삼촌께서 이제 나를 빈손으로 돌려보내셨으리이다마는 하나님이 내 고난과 내 손의 수고를 보시고 어제 밤에 외삼촌을 책망하셨나이다 (창 31:40-42)

이때 야곱이 라반에게 항변합니다. 라반의 집에서 20년 동안 일했지만, 품삯을 열 번이나 바꾸었던 사실을 말하면서 하나님이 함께하지 않으셨다면 아마도 라반은 빈손으로 돌려보냈을 것이라고 말합니다(야곱은 형의 장자권을 빼앗는 과정에 아버지와 형을 두 번 속이지만, 라반은 야곱에게 10번이나 속이게 됩니다). 그리고 하나님께서 자신의 고난과 손의 수고를 보시고 하나님께서 외삼촌을 직접 만나서 선악 간에 말하지 말라고 책망하셨음을 말합니다. 그렇습니다. 야곱도 이 모든 것에 대해 하나님이 함께하지 않으셨다면 불가능했을 것임을 너무나 잘 알고 있었습니다.

내 힘으로 이룬 것이 아닙니다

우리가 누리는 이 모든 것이 하나님이 함께하신 결과임을 알아야 합니다. 내 능력이 아닙니다. 나는 하나님이 함께하셔야만 하는 티끌 같은 인생임을 알고 있습니까?

야곱과 라반의 언약

이제 오라 나와 네가 언약을 맺고 그것으로 너와 나 사이에 증거를 삼을 것이니라 이에 야곱이 돌을 가져다가 기둥으로 세우고 또 그 형제들에게 돌을 모으라 하니 그들이 돌을 가져다가 무더기를 이루매 무리가 거기 무더기 곁에서 먹고 라반은 그것을 여갈사하두다라 불렀고 야곱은 그것을 갈르엣이라 불렀으니 라반의 말에 오늘 이 무더기가 너와 나 사이에 증거가 된다 하였으므로 그 이름을 갈르엣이라 불렀으며 또 미스바라 하였으니 이는 그의 말에 우리가 서로 떠나 있을 때에 여호와께서 나와 너 사이를 살피시옵소서 함이라 (창 31:44-49)

라반이 또 야곱에게 이르되 내가 나와 너 사이에 둔 이 무더기를 보라 또 이 기둥을 보라 이 무더기가 증거가 되고 이 기둥이 증거가 되나니 내가 이 무더기를 넘어 네게로 가서 해하지 않을 것이요 네가 이 무더기, 이 기둥을 넘어 내게로 와서 해하지 아니할 것이라 (창 31:51-52)

결국 야곱과 라반은 화해하고 서로 언약을 맺게 됩니다. 이곳에 돌기둥을 세우고 그것을 '여갈사 하두다(יְגַר שָׂהֲדוּתָא; 증거의 돌더미)' '갈르엣(גַּלְעֵד; 증거의 무더기)' '미스바(מִצְפָּה; 망대)'라고 불렀습니다. 그리고 하나님께서 나와 너 사이에 살피실 것을 언약하면서 서로 경계선을 침략하지 않을 것을 약속합니다.

증거의 돌

야곱처럼 나에게도 하나님께서 절체절명의 순간에 나를 건지신 '증거의 돌(여갈사 하두다, 갈르엣)'과 망대(미스바)가 있습니까?

창세기 32장

얍복강의 씨름

1. 마하나임: 하나님의 두 군대

야곱이 길을 가는데 하나님의 사자들이 그를 만난지라 야곱이 그들을 볼 때에
이르기를 이는 하나님의 군대라 하고 그 땅 이름을 마하나임이라 하였더라 (창
32:1-2)

32장은 야곱의 이야기에서 터닝 포인트입니다. 야곱은 32장에서 이스라
엘로 변화됩니다. 누구나 얍복강을 건너야만 성숙해질 수 있습니다.

창세기 31장에서 라반의 위협으로부터 벗어난 야곱은 창세기 32장에서
에서의 위협으로부터 구원을 얻게 됩니다. 미스바에서 라반과 헤어진 야
곱의 가족은 고향으로 가는 길에 하나님의 사자들을 만나고, 그 땅 이름을
'마하나임(מחנים; 하나님의 두 군대)'이라고 불렀습니다. '마하네(מחנה)' 하면 단수
이고, '마하나임' 하면 복수가 됩니다. 그래서 '하나님의 두 군대'라는 뜻이
됩니다. 두 군대란 두 진영을 말합니다. 성경이 의도적으로 두 진영이라고
쓰고 있는 것을 알 수 있습니다. 하나님이 야곱을 지키기 위해 군대를 보내
는데 두 군대를 보내고 계십니다. 하나님은 에서의 군대 앞에서 두려워하
고 있는 야곱에게 하나님의 군대가 함께한다는 사실을 알려주고 힘을 북돋
우십니다.[57]

야곱의 비열함

야곱이 세일 땅 에돔 들에 있는 형 에서에게로 자기보다 앞서 사자들을 보내며

---

57 존 E. 하틀리, 김진선 역, 『UBC 창세기』(서울: 성서유니온, 2019), p. 411.

그들에게 명령하여 이르되 너희는 내 주 에서에게 이같이 말하라 주의 종 야곱이 이같이 말하기를 내가 라반과 함께 거류하며 지금까지 머물러 있었사오며 내게 소와 나귀와 양 떼와 노비가 있으므로 사람을 보내어 내 주께 알리고 내 주께 은혜 받기를 원하나이다 하라 하였더니 사자들이 야곱에게 돌아와 이르되 우리가 주인의 형 에서에게 이른즉 그가 사백 명을 거느리고 주인을 만나려고 오더이다 야곱이 심히 두렵고 답답하여 자기와 함께 한 동행자와 양과 소와 낙타를 두 떼로 나누고 이르되 에서가 와서 한 떼를 치면 남은 한 떼는 피하리라 하고 (창 32:3-8)

본문을 보면 야곱이 가족들을 크게 두 떼로 나누고 있는 것을 볼 수 있습니다. 앞에는 빌하와 실바 그리고 시종의 가족과 자녀들을 서게 하고, 두 번째에는 라반의 두 딸과 그의 자녀들이 뒤에서 가도록 두 떼로 나누고 있습니다. 이것을 세밀하게 나누면 제일 앞에는 빌하와 실바이고, 레아와 라헬은 마지막 제일 뒤에 서게 합니다. 야곱은 라헬 뒤에 섭니다. 그리고 얍복강을 모두 건너게 하고 나서 그 자신은 얍복강 건너편에 홀로 남아 있습니다. 정말 야곱은 치졸한 인간입니다. 끝까지 잔머리를 씁니다. 자기만 살겠다고 처자식을 앞세우는데, 인간성의 바닥을 보게 됩니다.

그러면 왜 하나님은 '마하나임,' 즉 두 군대를 보내고 계실까요? 아마도 야곱이 나눈 두 떼와 관련이 있어 보입니다. 야곱의 두 떼는 야곱의 죄성의 바닥을 폭로하는 단어입니다. 그런데 야곱과 야곱의 자식들을 보호하기 위해 보낸 하나님의 군대도 두 군대와 두 진영입니다. 이는 야곱의 죄악을 덮으시는 하나님의 은혜를 말합니다. 야곱의 두 떼와 같이 하나님도 똑같이 두 군대를 보내고 계십니다. 야곱의 죄성 만큼의 은혜를 보내고 계시는 것입니다. 다시 말하면 그 죄성을 상쇄시킬 만큼의 은혜를 보내고 계십니다.

사백 명의 군사를 거느리고 오는 에서

야곱이 세일 땅 에돔 들에 있는 형 에서에게로 자기보다 앞서 사자들을 보내며 그들에게 명령하여 이르되 너희는 내 주 에서에게 이같이 말하라 주의 종 야곱이 이같이 말하기를 내가 라반과 함께 거류하며 지금까지 머물러 있었사오며 내게 소와 나귀와 양 떼와 노비가 있으므로 사람을 보내어 내 주께 알리고 내 주께 은혜 받기를 원하나이다 하라 하였더니 사자들이 야곱에게 돌아와 이르되 우리가 주인의 형 에서에게 이른즉 그가 사백 명을 거느리고 주인을 만나려고 오더이다 (창 32:3-6)

마하나임에서 야곱이 형 에서에게 먼저 사람들을 보냅니다. 야곱은 자신에게 소, 나귀, 양 떼와 노비가 있는 것을 알리고 형에게 은혜받기를 원한다고 전하도록 했습니다. 그런데 형 에서가 400명을 거느리고 오고 있다는 소식을 듣게 됩니다. 이 대목에서 20년 전의 일로 인해 동생 야곱을 향한 에서의 분노와 복수심이 잘 드러납니다.

야곱의 기도

야곱이 심히 두렵고 답답하여 자기와 함께 한 동행자와 양과 소와 낙타를 두 떼로 나누고 이르되 에서가 와서 한 떼를 치면 남은 한 떼는 피하리라 하고 야곱이 또 이르되 내 조부 아브라함의 하나님, 내 아버지 이삭의 하나님 여호와여 주께서 전에 내게 명하시기를 네 고향, 네 족속에게로 돌아가라 내가 네게 은혜를 베풀리라 하셨나이다 나는 주께서 주의 종에게 베푸신 모든 은총과 모든 진실하심을 조금도 감당할 수 없사오나 내가 내 지팡이만 가지고 이 요단을 건넜더니 지금은 두 떼나 이루었나이다 내가 주께 간구하오니 내 형의 손에서, 에서의 손에서 나를 건져내시옵소서 내가 그를 두려워함은 그가 와서 나와 내 처자들을 칠까 겁이 나기 때문이니이다 주께서 말씀하시기를 내가 반드시 네게 은혜를 베풀어 네 씨로 바다의 셀 수 없는 모래와 같이 많게 하리라 하셨나이다 (창 32:7-12)

그러자 야곱이 두려움에 사로잡혀 가족을 각각 두 떼로 나누고, 에서가 한 떼를 치면 한 떼를 피신할 계획을 세우게 됩니다. 여기서도 야곱의 비열함을 볼 수 있습니다. 그런데 놀라운 일이 벌어집니다. 야곱이 하나님께 기도하기 시작합니다. 20년 전 벧엘에서 하나님께 서원기도를 드린 후 그가 20년 동안 기도했다는 기록이 없습니다. 그런데 인생의 가장 큰 위기 앞에서 하나님께 기도하기 시작합니다.

20년 전 형을 피해 하란으로 도망갈 때는 지팡이 하나만 가지고 갔지만, 20년 후 지금은 하나님의 은혜로 두 떼를 이루었음을 고백합니다. 그리고 하나님께 형 에서의 손에서 건져달라고 기도하고 있습니다. 위기 앞에서 기도하는 모습입니다. 그렇습니다. 사람은 위기가 와야 기도합니다. 야곱은 절체절명의 위기 앞에서 하나님께 엎드려 기도합니다. 야곱의 기도 내용을 살펴보면 세 가지를 기도하고 있습니다.

첫째로 자신을 20년 동안 인도하시고 많은 부를 이루게 하신 분이 바로 하나님이라고 인정하면서 하나님의 은혜를 고백합니다. 자신의 꾀와 힘을 의지하며 살아온 야곱이 20년 동안의 연단을 통해 하나님의 은혜에 눈뜨게 된 것입니다.

둘째로 자신을 주의 종으로 고백하고 자신을 하나님 앞에서 낮춥니다. 고난이 그를 낮아지게 한 것입니다. 그는 에서를 만난 자리에서도 자신을 낮추어 에서의 종으로 자처합니다.

셋째로 야곱은 위기 앞에서 20년 전 브니엘에서 하나님이 자신에게 하신 후손과 땅의 약속을 주장하면서 하나님이 이 약속을 기억하고 지키셔야 함을 기도합니다. 하나님의 약속을 붙들고 주장하며 기도하는 것은 하나님의 응답을 받는 가장 빠른 길입니다.

시련이 와야 기도합니다

그렇습니다. 사람은 위기가 와야 기도합니다. 사람은 배부르고 부족한 것이 없으면 하나님께 나아와 부르짖지 않습니다. 그래서 위기는 어쩌면 하나님을 만나는 축복의 기회일지도 모릅니다. 나는 위기 때만 기도하는 자입니까? 아니면 위기 때도 기도하지 않는 자입니까?

야곱은 20년 전 벧엘에서 자신에게 하신 하나님의 언약을 기억하고 기도합니다. 주님께서 말씀하시기를, "내가 반드시 은혜를 베풀어서 네 씨로 바다의 셀 수 없는 모래와 같이 많게 하겠다"라고 하신 약속을 하나님께 상기시킵니다. 기도할 때 하나님의 약속을 붙들고 주장하는 것은 너무나 중요합니다. 이렇게 기도했지만, 야곱은 여전히 인간적인 조치를 취하고 있습니다. 야곱은 아직도 하나님과 자신의 계략을 동시에 의지하고 있습니다. 그러므로 하나님이 얍복강에서 야곱의 허벅지 관절을 칠 수밖에 없는 것입니다.

예물을 보내다

야곱이 거기서 밤을 지내고 그 소유 중에서 형 에서를 위하여 예물을 택하니 암염소가 이백이요 숫염소가 이십이요 암양이 이백이요 숫양이 이십이요 젖 나는 낙타 삼십과 그 새끼요 암소가 사십이요 황소가 열이요 암나귀가 이십이요 그 새끼 나귀가 열이라 그것을 각각 떼로 나누어 종들의 손에 맡기고 그의 종에게 이르되 나보다 앞서 건너가서 각 떼로 거리를 두게 하라 하고 그가 또 앞선 자에게 명령하여 이르되 내 형 에서가 너를 만나 묻기를 네가 누구의 사람이며 어디로 가느냐 네 앞의 것은 누구의 것이냐 하거든 대답하기를 주의 종 야곱의 것이요 자기 주 에서에게로 보내는 예물이오며 야곱도 우리 뒤에 있나이다 하라 하고 그 둘째와 셋째와 각 떼를 따라가는 자에게 명령하여 이르되 너희도 에서를 만나거든 곧 이같이 그에게 말하고 또 너희는 말하기를 주의 종 야곱이 우리 뒤에 있다 하라 하니 이는 야곱이 말하기를 내가 내 앞에 보내는 예물로 형의 감정을 푼 후에 대면하면 형이 혹시 나를 받아 주리라 함이었더라 (창 32:13-20)

야곱은 형 에서가 400명을 거느리고 온다는 소식을 듣고 형에게 줄 예물을 택한 후 각 떼로 거리를 두게 합니다. 그리고 앞선 자에게 명령하기를, 이 예물이 야곱이 형 에서에게 보내는 예물이며 야곱도 뒤에 있음을 전하도록 한 것입니다. 예물로 형의 감정을 누그러뜨린 후에 대면하면 받아 줄까 생각하고 이런 계획을 세운 것입니다. 야곱의 모습은 진심을 가지고 사람을 설득하려는 모습이 아닙니다. 잔꾀가 아직도 남아 있는 것입니다.

창세기 33장에서 야곱과 에서가 서로 화해합니다. 32장과 33장 사이에서 야곱에게 매우 중요한 사건이 일어났기 때문입니다. 얍복강에서 야곱이 하나님 앞에 항복하게 됩니다. 야곱이 하나님 앞에서 항복하자 야곱의 위기를 하나님이 해결해 주십니다. 에서가 400명을 거느리고 올 때는 복수하기 위해서 온 것이 분명합니다. 그런데 하나께서 에서의 마음을 바꾸신 것입니다. 내가 하나님께 항복하면 하나님은 내 문제를 처리해 주십니다.

홀로 남은 야곱

그 예물은 그에 앞서 보내고 그는 무리 가운데서 밤을 지내다가 밤에 일어나 두 아내와 두 여종과 열한 아들을 인도하여 얍복 나루를 건널새 그들을 인도하여 시내를 건너가게 하며 그의 소유도 건너가게 하고 야곱은 홀로 남았더니 어떤 사람이 날이 새도록 야곱과 씨름하다가 (창 32:21-24)

하나님은 야곱을 빈손으로 당신 앞에 세우고 계십니다. 그가 평생을 애쓰면서 움켜쥐었던 처자식과 물질 등이 위기 앞에서는 어떤 도움도 주지 못합니다. 결국 하나님 앞에 야곱이 빈손으로 서게 하십니다. 야곱은 20년 동안 고생하면서 얻은 수많은 재물들과 11명의 아들, 그리고 4명의 아내 등 이 모든 것들을 자기 손에서 모두 떠나보냅니다. 결국 20년 전처럼 빈손으로 홀로 남은 것입니다.

묵상과 삶의 적용

이것이 인생입니다. 아무리 내가 애써 긁어모으고 움켜쥐어도 하나님이 가져가시면 내게 남은 것은 빈손뿐입니다. 결국 인생의 마지막에는 하나님과 나와 단둘만 남게 됩니다. 하나님 앞에서는 나의 것을 자랑할 게 아무것도 없습니다.

2. 야곱에게 싸움을 걸어오시는 하나님

야곱은 홀로 남았더니 어떤 사람이 날이 새도록 야곱과 씨름하다가 자기가 야곱을 이기지 못함을 보고 그가 야곱의 허벅지 관절을 치매 야곱의 허벅지 관절이 그 사람과 씨름할 때에 어긋났더라 (창 32:24-25)

여기서 '어떤 사람'은 천사입니다. 천사를 통해 하나님께서 홀로 남은 야곱과 날이 새도록 씨름을 하십니다. 그러나 지금 얍복강에 나타나 야곱과 싸움을 하는 자에 대해 클라우스 베스터만 같은 학자는 얍복강을 지키는 강의 귀신(river demon)으로 보기도 합니다.[58] 이렇게 보는 견해는 본문을 해석하는 데 적절치 않습니다.

얍복강의 씨름

얍복(河)강의 의미는 '비워지다, 쏟아붓다'입니다 즉 얍복강은 내가 비워지는 곳입니다. 나를 내려놓는 장소이자 자아가 부서지는 장소입니다. 누구든지 얍복강에서는 주님 앞에 홀로 서야 합니다. 그분 앞에서는 영적으로 내가 비워지고, 내가 꺾여지고, 모든 것을 내려놓게 됩니다. 나의 잔꾀도 아무 소용이 없는 곳입니다. 내 인생의 막다른 골목이 얍복강입니다.

야곱은 한평생 자신의 꾀와 힘을 의지하여 사람하고 씨름을 해왔습니다. 그러나 그는 얍복강에서 더 이상 사람과 씨름하지 않고 하나님과 씨름합니다. 그가 절체절명의 위기 앞에서 하나님과 씨름을 하는 존재가

---

58 차준희, 『창세기 다시보기』(서울: 대한기독교서회, 2002). p. 181.

된 것입니다.

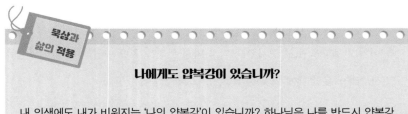

묵상과 삶의 적용

나에게도 얍복강이 있습니까?

내 인생에도 내가 비워지는 '나의 얍복강'이 있습니까? 하나님은 나를 반드시 얍복강
으로 이끄신다는 것을 깨달았습니까?

하나님께 꺾이지 않는 자아

그런데 천사가 야곱을 이기지 못합니다. 야곱의 자아가 얼마나 강했으면
밤새껏 하나님이 꺾어 놓으려고 해도 안 꺾일 정도로 강한 것입니다. 왜 밤
이 새도록 천사가 씨름을 했을까요? 그만큼 야곱의 자아가 강했기 때문입
니다. 본문은 씨름을 할 정도로 야곱의 자아가 꺾이지 않았음을 말하고 있
습니다. 그래서 천사가 힘의 근원인 야곱의 허벅지 관절을 치게 되자 허벅
지 관절이 어긋난 것입니다. 이제 야곱은 절뚝거리는 인생이 되었습니다.
야곱은 더 이상 자기의 힘을 의지하지 못하고 지팡이를 의지할 수밖에 없
는 자가 되었습니다. 그는 하나님에 의해 자신의 육적 자아가 깨뜨려지고
자기 꾀와 힘을 의지하면서 살았던 교만이 꺾여서 밑바닥까지 낮아졌습니
다. 그는 이제 하나님만 전적으로 의지할 수밖에 없는 자가 된 것입니다.

축복을 구하는 야곱

그가 이르되 날이 새려하니 나로 가게 하라 야곱이 이르되 당신이 내게 축복하

지 아니하면 가게 하지 아니하겠나이다 (창 32:26)

천사가 허벅지 관절을 치자 그제야 야곱은 자신을 축복해 달라고 합니다. 그동안 한 번도 하나님께 도움을 구한 적이 없는 야곱이었습니다. 평생 속이고 잔꾀를 부리면서 살았는데, 야곱이 여기서 하나님 앞에 매달리며 복을 구하고 있습니다. 하나님이 자신에게 복을 주셔야만 살 수 있다고 자신의 무력함을 최초로 고백하는 순간입니다. 야곱의 인생에서 혁명적인 순간입니다.

야곱은 단 한 번도 누구를 의지하거나 자신을 비우고 다른 사람에게 매달린 적이 없는 사람입니다. 그런 그가 하나님께 매달리고 있습니다. 한평생 자기의 꾀로만 살아왔던 야곱이 아닙니까! 하나님께 매달리는 것이 지혜입니다. 하나님께 매달림이 복입니다.

야곱에서 이스라엘로

그 사람이 그에게 이르되 네 이름이 무엇이냐 그가 이르되 야곱이니이다 그가 이르되 네 이름을 다시는 야곱이라 부를 것이 아니요 이스라엘이라 부를 것이니 이는 네가 하나님과 및 사람들과 겨루어 이겼음이니라 (창 32:27-28)

고대 근동의 문화에서 상대방의 이름을 묻거나 이름을 지어 주는 것은 상대방을 향한 소유권과 지배권이 있음을 의미했습니다. 하나님께서 야곱에게 "네 이름이 무엇이냐"라고 물으십니다. 야곱의 이름을 몰라서 물으신 것이 아닙니다. 자신이 어떤 존재인지 스스로 고백하게 하신 것입니다. 나아가 "네가 어떤 사람인 줄 이제야 알겠느냐"라고 물으신 것입니다.

그러자 "야곱이니이다"라고 대답합니다. 즉 '사기꾼, 속이는 자입니다'라고 고백한 것입니다. 자신이 원하는 것을 쟁취하기 위해서라면 아버지도, 형도, 삼촌도 속이며 살아온 야곱으로 하여금 자신의 밑바닥을 인정하게 하십니다. 그리고 새로운 인생, 새로운 존재로 만들어 내시고자 하나님은 야곱의 허벅지 관절을 쳐서 절뚝거리는 인생으로 만들었습니다. 자신이 얼마나 큰 죄인인지 깨닫고 낮아지게 되자 하나님은 야곱에게 새 이름으로 축복하십니다.

그리고 야곱의 이름을 이스라엘로 바꾸어 주십니다. 성경에서 이름을 바꾸었다는 것은 새로운 인생, 새로운 존재가 되었음을 의미합니다. 존재가 새로워졌으니 살아야 될 사명도 새로워진 것입니다.

하나님을 이긴 자인가, 하나님께 깨어진 자인가?

이스라엘에서 엘(אֵל)은 '하나님'이란 뜻입니다. 이스라엘은 엘(하나님)과 사라(שָׂרָה; 싸우다, 통치하다)가 합쳐진 말입니다. 우리말 성경은 이스라엘을 '하나님과 싸워서 이긴 사람'이라고 번역했습니다. 그런데 문맥을 보면 하나님과 싸운 것은 맞는데, 이긴 것이 아니라 오히려 깨진 것입니다.

하지만 '사라'에는 '힘을 얻다, 통치하다'라는 뜻도 있습니다. 그래서 앨런 로즈 등의 학자들은 문맥에 맞게 고쳐서 '야곱이 하나님과 겨루긴 했지만, 하나님에 의해 깨어져서 하나님이 그를 통치하고 다스리는 자 또는 하나님이 (대신) 싸우시는 자가 되었다'로 번역하기도 합니다.[59] 아주 소수의 해석이지만 '엘'을 목적어로 보지 않고 주어로 보아서 '하나님이 통치하는

---

59 앨런 로스, 『창조와 축복』(서울: 디모데, 2007), pp. 822-824.

자가 되었다'라고 볼 수도 있습니다. 즉 하나님께 깨어져서 이제 스스로 힘으로 사는 자가 아니라 하나님이 공급하시는 그 힘으로 사는 자가 되었다라는 의미입니다.

그런 의미에서 이스라엘 민족은 하나님과 겨루어 이긴 민족이 아니라 하나님께 깨어져서 그분의 통치권 안에 들어가 그분이 주시는 힘으로 사는 족속이 된 것입니다.

야곱을 축복하시는 하나님

야곱이 청하여 이르되 당신의 이름을 알려주소서 그 사람이 이르되 어찌하여 내 이름을 묻느냐 하고 거기서 야곱에게 축복한지라 (창 32:29)

야곱이 하나님의 이름을 알려달라고 말했습니다. 이름을 묻은 행위는 윗사람이 아랫사람에게 하는 것으로, 대답하는 이는 묻은 이의 지배를 받습니다. 그러기에 하나님께서는 "어찌하여 내 이름을 묻느냐"라고 말씀하십니다. 하나님은 자신의 이름을 밝히지 않은 채 야곱을 축복하십니다. 그런데 하나님이 야곱을 축복하시는 타이밍이 중요합니다. 야곱이 거세게 저항할 때는 그를 축복하지 않으셨습니다. 그런 야곱이 하나님의 능력에 의해 허벅지 관절이 부러져 더 이상 힘을 쓸 수 없게 되자 그에게 축복하셨습니다.

브니엘

그러므로 야곱이 그 곳 이름을 브니엘이라 하였으니 그가 이르기를 내가 하나님

과 대면하여 보았으나 내 생명이 보전되었다 함이더라 (창 32:30)

야곱이 그곳 이름을 '브니엘(פְּנוּאֵל; 하나님의 얼굴)'이라고 불렀습니다. 야곱이 하나님을 대면하여 보았지만, 죽지 않고 생명이 보전되었기 때문입니다. 브니엘은 하나님께 자아가 깨어진 사람이 하나님의 얼굴을 대면하는 곳입니다. 야곱은 형 에서의 얼굴을 보기 전에 먼저 하나님의 얼굴을 대면해야 했던 것입니다.

그의 허벅다리로 말미암아 절었더라

그가 브니엘을 지날 때에 해가 돋았고 그의 허벅다리로 말미암아 절었더라 그 사람이 야곱의 허벅지 관절에 있는 둔부의 힘줄을 쳤으므로 이스라엘 사람들이 지금까지 허벅지 관절에 있는 둔부의 힘줄을 먹지 아니하더라 (창 32:31-32)

브니엘을 지날 때 해가 돋았는데, 야곱이 허벅다리로 인해 절게 되었습니다. '절었더라'라는 표현은 의미가 깊습니다. 얍복강을 건널 때에는 두 다리에 힘이 있었습니다. 하나님의 도움이 필요 없고 내 힘으로 살 수 있다는 모습을 보이고 있었습니다.

그러나 절었다는 것은 누군가의 부축이 필요한 모습입니다. 최소한 지팡이라도 있어야만 합니다. 그래서 야곱에게는 '절었더라'가 축복입니다. 영적으로는 내 힘으로 살 수 없어서 주님의 힘을 의지해야만 살 수 있는 인생이 복이라는 것입니다.

본문에서는 하나님이 야곱의 허벅지 둔부의 힘줄을 친 사건으로 인해 지금까지 이스라엘 사람들이 둔부의 힘줄을 먹지 않는다고 말하고 있습니다. 여기서 힘줄은 히브리어로 '기드^(גיד)'입니다. 기드는 힘줄이란 뜻만 있는 게 아니라 '완고함, 고집스러움'이라는 의미도 있습니다. 그래서 단순히 힘줄을 쳤다는 의미뿐만 아니라 그 완고함과 고집뿐만 아니라 강퍅한 자아를 치신 것입니다. 힘줄을 말하는 기드라는 단어가 이사야 48장 4절에는 '완고함'이라는 단어로 쓰이고 있습니다.

야곱과 에서의 화해

화해하는 형제

야곱이 눈을 들어 보니 에서가 사백 명의 장정을 거느리고 오고 있는지라 그의
자식들을 나누어 레아와 라헬과 두 여종에게 맡기고 여종들과 그들의 자식들은
앞에 두고 레아와 그의 자식들은 다음에 두고 라헬과 요셉은 뒤에 두고 자기는
그들 앞에서 나아가되 몸을 일곱 번 땅에 굽히며 그의 형 에서에게 가까이 가니
에서가 달려와서 그를 맞이하여 안고 목을 어긋맞추어 그와 입맞추고 서로 우니
라 (창 33:1-4)

창세기 33장은 에서와 야곱이 화해하는 장면입니다. 에서가 400명을 거느
리고 오고 있습니다. 야곱은 여종들과 자식들을 앞에 둔 후 그다음에 레아와
그 자식들, 그리고 맨 뒤에 라헬과 요셉을 두었습니다. 드디어 에서와 야곱이
만났습니다. 일촉즉발의 상황입니다. 그런데 기적이 일어났습니다. 야곱이
일곱 번 엎드려 절하자 에서와 야곱이 서로 안고 웁니다. 사실 에서가 달려올
때는 야곱을 죽이고자 왔지만, 하나님께서 에서의 마음을 바꾸신 것입니다.
야곱이 밤새껏 천사와 씨름하면서 몰골이 상한 상태에서 다리까지 절고
있었습니다. 이런 비참한 야곱의 모습을 보고 에서의 마음이 녹은 것입니

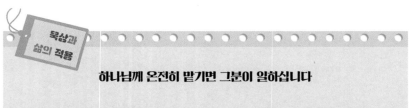

하나님께 온전히 맡기면 그분이 일하십니다

내가 하나님께 순종하고 항복하면 하나님은 내 문제를 해결하십니다. 내 평생의 문제
와 어려움을 하나님께 완전히 맡겨 드리십시오.

다. 야곱이 하나님께 깨어지고 항복하니까 하나님은 야곱의 평생의 문제를 앞서 해결하고 계십니다.

진심을 다한 사과는 마음을 움직입니다

야곱은 몸을 일곱 번 땅에 굽히며, 그의 형 에서에게 가까이 나아갑니다. 그리고 에서를 '주'로 부르고, 자신은 '주의 종'이라고 낮춥니다. 이 단락에서 야곱은 에서를 주라고 두 번이나 부릅니다. 야곱이 에서를 대하는 태도를 보면 위기를 모면하고자 하는 쇼가 아니라 진심으로 자신의 잘못을 뉘우치고 사과하는 것임을 알 수 있습니다. 에서의 마음이 녹은 것은 물론 하나님의 역사였지만, 야곱의 진심 어린 사과도 에서의 마음을 움직였을 것입니다. 진심은 언제나 통합니다.

그리고 야곱은 에서에게 총 550마리의 가축을 선물합니다. 이는 뇌물이 아니라 자신의 잘못에 대한 마땅한 대가를 치르려는 자세입니다. 우리는 입으로만 용서를 구하는 경향이 있습니다. 사람의 마음을 움직이는 것은 진심과 그에 따른 대가를 치르는 것입니다.

하나님의 얼굴을 본 것 같사오니

에서가 또 이르되 내가 만난 바 이 모든 떼는 무슨 까닭이냐 야곱이 이르되 내 주께 은혜를 입으려 함이니이다 에서가 이르되 내 동생아 내게 있는 것이 족하니 네 소유는 네게 두라 야곱이 이르되 그렇지 아니하니이다 내가 형님의 눈앞에서 은혜를 입었사오면 청하건대 내 손에서 이 예물을 받으소서 내가 형님의 얼굴을 뵈온즉 하나님의 얼굴을 본 것 같사오며 형님도 나를 기뻐하심이니이다 하나님이 내게 은혜를 베푸셨고 내 소유도 족하오니 청하건대 내가 형님께 드리는 예물을 받으소서 하고 그에게 강권하매 받으니라 (창 33:8-11)

에서의 마음을 하나님께서 만지셨기에 야곱에게 "내게 있는 것이 족하니 네 소유는 네게 두라"라고 합니다. 그럼에도 야곱은 형 에서에게 예물을 받도록 청합니다. 그러면서 "형님의 얼굴을 뵈온즉 하나님의 얼굴을 본 것 같사오며"라고 고백합니다. 야곱의 강권으로 인해 예물을 받은 후 에서는 세일로 돌아갔습니다.

형 에서의 얼굴에서 야곱은 하나님의 얼굴을 봤습니다. 형의 얼굴에서 예상됐던 것은 살기와 복수심에 이글거리는 눈이었을 것입니다. 그런데 형의 얼굴에서 자신을 향한 동정과 긍휼이 비춰게 됩니다. 이는 하나님이 하신 일입니다.

엘엘로헤 이스라엘: 이스라엘의 전능하신 하나님

이 날에 에서는 세일로 돌아가고 야곱은 숙곳에 이르러 자기를 위하여 집을 짓고 그의 가축을 위하여 우릿간을 지었으므로 그 땅 이름을 숙곳이라 부르더라 야곱이 밧단아람에서부터 평안히 가나안 땅 세겜 성읍에 이르러 그 성읍 앞에 장막을 치고 그가 장막을 친 밭을 세겜의 아버지 하몰의 아들들의 손에서 백 크시타에 샀으며 거기에 제단을 쌓고 그 이름을 엘엘로헤이스라엘이라 불렀더라 (창 33:16-20)

야곱은 숙곳으로 가서 집을 지었습니다. 그리고 세겜으로 와서 하몰의 아들들에게 100크시타(Qesitah)에 땅을 사고 제단을 쌓은 후 이름을 '엘엘로헤 이스라엘(אל אלהי ישראל; 이스라엘의 전능하신 하나님)'이라고 불렀습니다. 평생의 짐이었던 형 에서의 문제를 해결하신 하나님을 경험하고 지은 이름입니다. 야곱이 생각하기에도 자신의 인생이 이토록 바뀐 것은 전능하신 하나님이 아니고는 불가능한 일이었음을 고백하는 것입니다. 야곱은 하나님이 자신 이스라엘의 전능자이심을 깨달았습니다.

역전의 하나님

우리도 마찬가지입니다. 나의 하나님은 전능하신 하나님이십니다. 우리의 모든 상황을 역전시킬 수 있는 전능하신 하나님이십니다. 나는 '엘엘로헤 이스라엘'의 하나님을 믿고 신뢰하고 있습니까?

디나 강간 사건

1. 디나가 부끄러운 일을 당하다

레아가 야곱에게 낳은 딸 디나가 그 땅의 딸들을 보러 나갔더니 히위 족속 중 하몰의 아들 그 땅의 추장 세겜이 그를 보고 끌어들여 강간하여 욕되게 하고 그 마음이 깊이 야곱의 딸 디나에게 연연하며 그 소녀를 사랑하여 그의 마음을 말로 위로하고 그의 아버지 하몰에게 청하여 이르되 이 소녀를 내 아내로 얻게 하여 주소서 하였더라 (창 34:1-4)

하나님께서 에서와 관련한 문제를 해결해 주셨으면 야곱은 하나님께로 더 나아가야 했습니다. 하나님께서 원하시는 그다음 자리로 나아가야 했습니다. 20년 전에 벧엘로 돌아올 것을 말씀하셨음에도 야곱은 벧엘로 나아가지 않습니다. 그러던 중 야곱의 외동딸 디나가 강간을 당하는 일이 벌어졌습니다.

레아의 딸 디나가 세겜 땅의 딸들을 보러 나갔다가 그 땅의 추장 세겜에 의해 강간당하는 사건이 일어나게 됩니다. 세겜은 디나를 깊이 사랑하므로 아버지 하몰에게 아내로 얻을 수 있도록 청했고, 하몰이 야곱을 찾아와서 혼인할 것을 요청하게 됩니다. 사랑했다는 이유가 강간을 정당화할 수

묵상과 삶의 적용

벧엘로 나아가고 있습니까?

신자는 하나님께서 원하시는 순종의 자리에 나가야 합니다. 혹시 하나님께서 나에게 요구하시는 순종의 자리는 무엇입니까? 그리고 나는 하나님이 요구하시는 '나의 벧엘'로 나아가고 있습니까?

는 없습니다. 아무튼 이 모든 비극이 야곱의 불순종으로 인해 벌어진 것입니다. 추장 세겜이 디나를 강간한 것은 세상의 힘의 원리가 어떠한지를 드러냅니다. 다시 말해 세상의 지배 원리는 힘을 가진 자들이 힘을 가지고 자신들의 욕망을 채우기 위해 약자의 생명과 인권을 빼앗는 것입니다.

할례를 요구하는 야곱의 아들들

야곱의 아들들은 들에서 이를 듣고 돌아와서 그들 모두가 근심하고 심히 노하였으니 이는 세겜이 야곱의 딸을 강간하여 이스라엘에게 부끄러운 일 곧 행하지 못할 일을 행하였음이더라 … 야곱의 아들들이 그들에게 말하되 우리는 그리하지 못하겠노라 할례 받지 아니한 사람에게 우리 누이를 줄 수 없노니 이는 우리의 수치가 됨이니라 그런즉 이같이 하면 너희에게 허락하리라 만일 너희 중 남자가 다 할례를 받고 우리 같이 되면 우리 딸을 너희에게 주며 너희 딸을 우리가 데려오며 너희와 함께 거주하여 한 민족이 되려니와 너희가 만일 우리 말을 듣지 아니하고 할례를 받지 아니하면 우리는 곧 우리 딸을 데리고 가리라 (창 34:7, 14-17)

세겜도 야곱과 가족들에게 예물을 원하는 대로 줄 터이니 디나를 아내로 맞이하게 해 달라는 요청을 합니다. 이에 야곱의 아들들은 할례를 받지 않은 사람에게는 누이를 줄 수 없다고 하면서 할례를 요구하게 됩니다. 여기에는 악하고 무서운 속임수가 있습니다. 야곱의 아들들은 하나님의 백성의 증표인 할례를 자신들의 복수심을 푸는 살인의 도구로 악용했습니다. 오늘날에도 하나님의 거룩한 것들을 가지고 자신의 탐욕을 채우는 데 악용하는 사람들이 있습니다.

야곱의 아들들은 복수를 위해 입에 침도 안 바르고 거짓말로 세겜 족속들을 속입니다. 이는 그들의 아버지 야곱이 입에 침도 안 바르고 이삭을 속인 것과 다르지 않습니다.

할례받는 하몰 족속

성문으로 출입하는 모든 자가 하몰과 그의 아들 세겜의 말을 듣고 성문으로 출입하는 그 모든 남자가 할례를 받으니라 (창 34:24)

하몰과 세겜의 모든 남자들이 디나를 아내로 맞기 위해서 모두 할례를 받게 됩니다. 하지만 그들에게 곧 닥치게 될 죽음은 꿈조차 꾸지 못한 상태였습니다.

2. 시므온과 레위의 살인

제삼일에 아직 그들이 아파할 때에 야곱의 두 아들 디나의 오라버니 시므온과 레위가 각기 칼을 가지고 가서 몰래 그 성읍을 기습하여 그 모든 남자를 죽이고 칼로 하몰과 그의 아들 세겜을 죽이고 디나를 세겜의 집에서 데려오고 야곱의 여러 아들이 그 시체 있는 성읍으로 가서 노략하였으니 이는 그들이 그들의 누이를 더럽힌 까닭이라 그들이 양과 소와 나귀와 그 성읍에 있는 것과 들에 있는 것과 그들의 모든 재물을 빼앗으며 그들의 자녀와 그들의 아내들을 사로잡고 집속의 물건을 다 노략한지라 야곱이 시므온과 레위에게 이르되 너희가 내게 화를 끼쳐 나로 하여금 이 땅의 주민 곧 가나안 족속과 브리스 족속에게 악취를 내게 하였도다 나는 수가 적은즉 그들이 모여 나를 치고 나를 죽이리니 그러면 나와 내 집이 멸망하리라 그들이 이르되 그가 우리 누이를 창녀 같이 대우함이 옳으니이까 (창 34:25-31)

하몰의 족속이 할례를 받은 지 삼일이 되었을 때 시므온과 레위가 칼을 들고 가서 세겜의 집 모든 남자들을 죽이고 재물도 빼앗아 왔습니다. 그리고 세겜 성읍의 자녀들과 아내들은 사로잡아 왔습니다.

죄에는 대가가 따릅니다

추장의 아들 세겜의 강간에 대해 하몰 족속 남자들의 죽음으로 그 대가를 치렀습니다. 죄는 반드시 보응을 받습니다. 죄짓는 일을 가벼이 여기지 마십시오. 그러므로 그리스도인들도 날마다 그리스도의 피를 의지하여 회개해야 합니다. 나는 죄를 어떻게 여기고 있습니까?

여기서 레위를 주목할 필요가 있습니다. 레위기에 보면 레위 지파가 제사장 지파로 선택됩니다. 왜 하나님은 레위를 제사장 지파로 선택하셨을까요? 창세기의 문맥에서 볼 때 12명의 형제 가운데 죄질이 나빴음에도 제사장으로 선택되었다는 것은 하나님의 은혜가 아니면 설명할 수 없는 부분입니다. 자격이 없고 조건이 부족했기 때문에 제사장 지파로 택함을 받은 것은 하나님의 은혜였음을 설명할 수 있는 가장 좋은 예입니다.

창세기 49장에서 야곱이 죽기 전에 열두 아들에 대해 예언할 때 시므온과 레위에게는 '흩어져 살게 될 것'을 예언합니다. 실제로 레위 지파는 전국 48개 성읍으로 흩어져서 살게 됩니다. 단일 지파를 이루지 못합니다. 그리고 시므온은 강한 유다 지파에 흡수되어 버립니다.

어쨌든 이 소식을 들은 야곱은 두려움에 떨었습니다. 이 사건을 가나안 족속들이 알게 되고 연합해서 쳐들어오면 야곱의 집이 멸망당할 수도 있기 때문입니다. 이때 하나님의 명령이 내려옵니다. 그것은 야곱이 벧엘로 다시 올라가라는 것입니다.

벧엘 언약 2

1. 벧엘로 올라가라

> 하나님이 야곱에게 이르시되 일어나 벧엘로 올라가서 거기 거주하며 네가 네 형
> 에서의 낯을 피하여 도망하던 때에 네게 나타났던 하나님께 거기서 제단을 쌓으
> 라 하신지라 (창 35:1)

두려움에 떨고 있는 야곱에게 하나님은 20년 전 벧엘의 약속을 상기시
키십니다. 벧엘로 올라가라는 것입니다. 벧엘은 야곱이 형 에서의 낯을 피
해 도망하던 때에 하나님을 만난 곳입니다. 벧엘에서 천사들이 사닥다리
위를 오르락내리락하는 것을 보았고, 이곳에서 자신을 향한 하나님의 약속
(언약)을 받았습니다. 하나님은 야곱에게 하나님의 약속을 받은 땅으로 올라
가라고 하십니다.

이방신을 버리라

> 야곱이 이에 자기 집안 사람과 자기와 함께 한 모든 자에게 이르되 너희 중에 있
> 는 이방 신상들을 버리고 자신을 정결하게 하고 너희들의 의복을 바꾸어 입으라
> (창 35:2)

야곱이 벧엘로 올라가기 전에 해야 할 일에 대해 세 가지 동사로 묘사됩
니다. 그것은 '버리고' '정결케 하고' '입으라'입니다. 야곱은 먼저 아내들과
자식들에게 이방 신상을 버리라고 명령합니다. 왜냐면 라헬이 아버지의 집
을 떠날 때 드라빔을 가져왔기 때문입니다. 이는 야곱의 식구들이 하나님
을 알기 전에 의지했던 이방의 종교적 신념과 그들의 삶을 지배하고 통제

했던 이방의 원리들을 단절하라는 의미입니다.

또한 야곱의 가족들은 벧엘로 올라가기 전에 스스로 정결케 해야 했습니다. 그들이 이방 신을 버리는 것에 만족하면 안 됩니다. 더 나아가 자신을 악으로부터 지키고 거룩한 삶을 살아야만 합니다.

마지막으로 벧엘로 올라가기 전에 과거의 옷을 버리고 새 옷으로 갈아입어야 했습니다. 이는 하나님을 알기 전에 있었던 과거 삶의 태도와 습관을 청산하고 하나님이 기뻐하시는 새로운 삶의 방식으로 변화하는 것을 의미합니다.[60]

벧엘로 올라가려면

오늘날 신자들도 마찬가지입니다. 하나님께 나아가는 자들은 먼저 세속의 문화와 가치를 버려야 합니다. 그리고 난 후 죄의 유혹으로부터 자신을 지켜 거룩함을 유지하고, 옛사람의 삶의 방식을 모두 버리고, 새 사람의 삶의 방식으로 살아야 합니다.

일어나 벧엘로 올라가자

우리가 일어나 벧엘로 올라가자 내 환난 날에 내게 응답하시며 내가 가는 길에서 나와 함께 하신 하나님께 내가 거기서 제단을 쌓으려 하노라 하매 (창 35:3)

야곱은 열한 명의 자식들 모두에게 벧엘로 올라갈 것을 촉구합니다. 그

---

60 강규성, 『창조주 하나님의 방문』(서울: 예영비앤피, 2010), pp. 174-175.

러면서 벧엘에는 환난 날에 응답하시던 하나님이 계신다고 이야기합니다. 지금 야곱이 환난 가운데 있는 것입니다. 하몰 족속의 멸절 사건을 안 주변 족속들의 보복 공격으로 인해 가문이 멸절될 위기에 놓여 있기 때문입니다. 그런데 20년 전 자신의 고난과 환난 가운데 건지신 하나님께서 다시 벧엘로 올라가라고 명하신 것입니다. 그곳에 가면 위기를 극복할 방법이 있음을 믿는 것입니다.

모든 이방 신상들을 묻다

> 그들이 자기 손에 있는 모든 이방 신상들과 자기 귀에 있는 귀고리들을 야곱에게 주는지라 야곱이 그것들을 세겜 근처 상수리나무 아래에 묻고 (창 35:4)

야곱은 열한 명의 자식과 아내들에게 이방 신상과 귀고리들을 받아서 상수리나무 아래 묻어 버림으로써 이방 종교와 완전히 단절합니다. 야곱은 가족들에게 다시는 이방 종교로 돌아가서는 안 된다는 것을 확실하게 가르칩니다. 그리고 열한 명의 자식들에게 모두 벧엘로 올라갈 것을 촉구합니다.

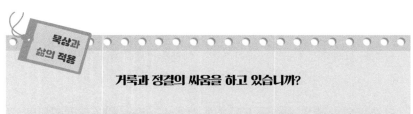

묵상과 삶의 적용

거룩과 정결의 싸움을 하고 있습니까?

신자는 하나님의 임재로 들어가기 전 반드시 자신의 우상들과 죄악들을 제거하여 정결케 해야 합니다. 예수님의 피로 날마다 영과 혼과 육을 씻어야 합니다. 나는 무엇을 버려야 합니까?

하나님의 일하심

> 그들이 떠났으나 하나님이 그 사면 고을들로 크게 두려워하게 하셨으므로 야곱
> 의 아들들을 추격하는 자가 없었더라 (창 35:5)

야곱이 하나님의 말씀에 순종하자 하나님께서는 세겜 땅에서 일어난 문제를 잠재우십니다. 야곱의 평생의 문제인 에서의 분노를 하나님께서 잠재우신 것처럼 세겜 사람들을 죽인 사건으로 인해 주변 부족들이 복수할 수 있었지만, 하나님께서 사면 고을들로 하여금 크게 두렵게 하신 것입니다. 그래서 야곱의 가족들을 추격하는 자가 없었습니다. 이는 하나님의 일하심입니다. 야곱이 하나님께 순종하자 하나님이 다시 개입하셔서 문제를 해결하십니다.

엘벧엘: 벧엘의 하나님

> 야곱과 그와 함께 한 모든 사람이 가나안 땅 루스 곧 벧엘에 이르고 그가 거기서
> 제단을 쌓고 그 곳을 엘벧엘이라 불렀으니 이는 그의 형의 낯을 피할 때에 하나
> 님이 거기서 그에게 나타나셨음이더라 (창 35:6-7)

벧엘에 도착한 야곱은 이곳에 제단을 쌓고 '엘벧엘(אל בית־אל; 벧엘의 하나님)'이라고 불렀습니다. 하나님은 벧엘의 하나님이십니다. 이 말은 하나님은 벧엘에서 약속하신 것을 반드시 이루시는 하나님이심을 의미합니다. 벧엘은 약속의 땅이자 하늘과 땅이 사닥다리로 이어진 곳이며, 자격 없는 자에게 복이 약속된 곳입니다. 여기서 리브가의 유모 드보라가 죽게 되자 벧엘

아래 상수리나무 밑에 장사지낸 후 그 나무의 이름을 '알론 바굿(אַלּוֹן בָּכוּת; 통곡의 상수리나무)'이라 불렀습니다.

2. 야곱과 맺은 언약(2차)

야곱이 밧단아람에서 돌아오매 하나님이 다시 야곱에게 나타나사 그에게 복을 주시고 하나님이 그에게 이르시되 네 이름이 야곱이지마는 네 이름을 다시는 야곱이라 부르지 않겠고 이스라엘이 네 이름이 되리라 하시고 그가 그의 이름을 이스라엘이라 부르시고 하나님이 그에게 이르시되 나는 전능한 하나님이라 생육하며 번성하라 한 백성과 백성들의 총회가 네게서 나오고 왕들이 네 허리에서 나오리라 내가 아브라함과 이삭에게 준 땅을 네게 주고 내가 네 후손에게도 그 땅을 주리라 하시고 하나님이 그와 말씀하시던 곳에서 그를 떠나 올라가시는지라 야곱이 하나님이 자기와 말씀하시던 곳에 기둥 곧 돌 기둥을 세우고 그 위에 전제물을 붓고 또 그 위에 기름을 붓고 하나님이 자기와 말씀하시던 곳의 이름을 벧엘이라 불렀더라 (창 35:9-15)

하나님은 밧단아람에서 20년 만에 벧엘로 돌아온 야곱과 언약을 갱신하십니다. 이처럼 벧엘은 언약의 자리이자 야곱의 사명이 무엇인지를 다시금 확인하는 자리입니다.

하나님이 야곱에게 약속하신 복은 아브라함과 이삭과 맺으신 언약의 내용과 같습니다. 즉 하나님께서는 야곱의 허리에서 왕들이 나올 것과 야곱의 후손들이 생육하고 번성하여 한 백성과 총회를 이룰 것이며, 이 후손들이 약속의 땅을 차지하게 될 것이라고 하십니다. 이 2차 언약의 3요소인 땅, 후손, 왕권은 하나님 나라와 관련이 있습니다. 또한 하나님께서 야곱에게 다시 나타나셔서 복을 주시면서 처음으로 그의 이름을 야곱이 아닌 '이스라엘'이라고 부르십니다. 그러자 야곱이 자기와 말씀하시던 곳에 돌기둥을 세우고 이름을 '벧엘'이라고 불렀습니다.

3. 야곱의 아들들

라헬의 죽음과 베냐민의 출생

그들이 벧엘에서 길을 떠나 에브랏에 이르기까지 얼마간 거리를 둔 곳에서 라헬이 해산하게 되어 심히 고생하여 그가 난산할 즈음에 산파가 그에게 이르되 두려워하지 말라 지금 네가 또 득남하느니라 하매 그가 죽게 되어 그의 혼이 떠나려 할 때에 아들의 이름을 베노니라 불렀으나 그의 아버지는 그를 베냐민이라 불렀더라 라헬이 죽으매 에브랏 곧 베들레헴 길에 장사되었고 야곱이 라헬의 묘에 비를 세웠더니 지금까지 라헬의 묘비라 일컫더라 (창 35:16-20)

그리고 벧엘을 떠나 에브랏에 이르기 전에 라헬이 해산의 진통을 하게 됩니다. 난산을 하면서 라헬이 죽음을 맞게 되는데, 이때 막내 베냐민을 낳습니다. 라헬은 이 아들의 이름을 '베노니(בֶּן־אוֹנִי)'라고 짓고 죽음을 맞이합니다. 그러나 야곱이 그 이름을 '베냐민(בִּנְיָמִין)'으로 개명하게 됩니다.

베노니는 '나의 슬픔의 아들'이란 뜻입니다. 반면에 '벤야민'은 '오른손의 아들, 존귀한 아들'이란 뜻입니다. 벤(בֵּן)은 '아들'이고, 야민(יָמִין)은 '오른손'이므로 베냐민은 '오른손의 아들'이라는 뜻이 됩니다. 이스라엘 사람들에게 있어 오른손은 영광과 존귀를 의미합니다. 이후 라헬은 베들레헴 길에 장사되었고, 그곳에 라헬의 묘를 세웠습니다.

죽음의 땅에 메시아가 오십니다

라헬을 묻은 에브랏은 베들레헴과 같은 장소입니다. 라헬이 죽으면서 낳은 존귀한 아들, 곧 베냐민은 죽음의 장소를 생명의 장소로 바꾸어 놓았습니다. 이 죽음의 땅 에브랏(베들레헴)에 장차 죽음과 사망의 권세를 정복하시고, 모든 사람에게 소망을 주실 메시아가 오실 것입니다. 그러므로 라헬이 죽은 베들레헴에서 태어난 존귀한 자, 베냐민은 구속사적으로 하나님의 지극히 존귀한 아들이신 예수 그리스도를 예표한다고 볼 수 있습니다.

빌하와 동침한 르우벤

이스라엘이 다시 길을 떠나 에델 망대를 지나 장막을 쳤더라 이스라엘이 그 땅에 거주할 때에 르우벤이 가서 그 아버지의 첩 빌하와 동침하매 이스라엘이 이를 들었더라 (창 35:21-22)

이스라엘이 다시 길을 떠나 에델 망대를 지나서 장막을 치고 있을 때 르우벤이 아버지의 첩 빌하와 동침하게 됩니다. 곧이어 이 소식을 이스라엘이 듣게 됩니다. 아버지의 첩을 아들이 취했다는 것은 단지 정욕의 문제만이 아닙니다. 그것은 아버지의 자리가 자신의 것임을 선포하는 행위입니다. 압살롬이 다윗의 후궁들을 취한 것도 이와 같은 것입니다.

야곱의 열두 아들

레아의 아들들은 야곱의 장자 르우벤과 그 다음 시므온과 레위와 유다와 잇사갈과 스불론이요 라헬의 아들들은 요셉과 베냐민이며 라헬의 여종 빌하의 아들들은 단과 납달리요 레아의 여종 실바의 아들들은 갓과 아셀이니 이들은 야곱의 아들들이요 밧단아람에서 그에게 낳은 자더라 (창 35:23-26)

야곱은 열두 명의 아들을 얻었습니다. 이 열두 명이 이스라엘의 열두 지파가 됩니다. 여인들의 시기와 질투, 많은 사건과 죽음의 고비 속에서도 하나님의 계획은 흔들리지 않고 진행되었습니다. 즉 야곱의 열두 아들의 족보는 그냥 기록된 것이 아니라 하나님이 당신의 언약을 이루시기 위해 야곱의 삶 속에서 하나님의 일하심의 결과라고 할 수 있습니다.

이삭의 죽음

야곱이 기랏아르바의 마므레로 가서 그의 아버지 이삭에게 이르렀으니 기랏아르바는 곧 아브라함과 이삭이 거류하던 헤브론이더라 이삭의 나이가 백팔십 세라 이삭이 나이가 많고 늙어 기운이 다하매 죽어 자기 열조에게로 돌아가니 그의 아들 에서와 야곱이 그를 장사하였더라 (창 35:27-29)

야곱이 고향으로 돌아오자 드디어 이삭과 야곱이 20년 만에 만나게 됩니다. 그 후 이삭은 180세의 나이로 헤브론에서 죽음을 맞이하게 됩니다. 성경은 죽음을 '돌아가니'로 표현하고 있습니다. 죽음은 끝이 아닙니다. 보내신 자에게 다시 돌아가는 것입니다(요한복음에서도 예수님께서는 자신에 대해 보냄을 받은 자로 선언하십니다). 아브라함 다음에 언약의 상속자로서의 사명을 다하고 죽은 이삭은 그의 말년에 영적인 분별력이 다소 약해지기는 했지만, 평생에 걸쳐 하나님의 말씀에 온전히 순종하여 복을 누린 자라고 할 수 있습니다. 그는 순종의 조상이라고 불리기에 부족함이 없는 자였습니다.

묵상과 삶의 적용

　　모든 사람은 하나님으로부터 이 땅으로 보냄을 받은 자들입니다. 그냥 저절로 아무 의미와 목적도 없이 태어난 사람은 없습니다. 나는 하나님께 보냄을 받은 자라는 정체성을 확고히 가지고 있습니까? 그리고 보냄을 받은 자의 사명을 다하고 다시 보내신 자에게로 돌아가야 함을 알고 있습니까?

창세기 36장

에서의 족보

1. 에서의 자손

에서 곧 에돔의 족보는 이러하니라 에서가 가나안 여인 중 헷 족속 엘론의 딸 아
다와 히위 족속 시브온의 딸인 아나의 딸 오홀리바마를 자기 아내로 맞이하고
또 이스마엘의 딸 느바욧의 누이 바스맛을 맞이하였더니 아다는 엘리바스를 에
서에게 낳았고 바스맛은 르우엘을 낳았고 오홀리바마는 여우스와 얄람과 고라
를 낳았으니 이들은 에서의 아들들이요 가나안 땅에서 그에게 태어난 자들이더
라 (창 36:1-5)

창세기 36장에는 에서의 족보가 등장합니다. 에서는 4명의 아내가 있었
고, 5명의 아들을 낳았습니다. 하나님은 에서의 후손도 생육하고 번성하도
록 복을 주셨습니다. 하나님은 모든 자에게 공평하신 분이십니다. 그러므
로 에서의 계보는 모든 사람에게 베푸시는 하나님의 은혜를 보여 줍니다.
또한 에서의 계보에 등장하는 에돔 왕들에 대한 소개는 장차 세워질 이스
라엘 왕국과 그 왕국의 왕이신 메시아를 바라보도록 합니다.

창세기 25장 23절은 에돔이 이스라엘의 다스림 아래 있게 될 것을 말하
고 있습니다. 이는 에돔 왕국이 장차 건설될 이스라엘 왕국과 메시아 왕국
의 심판과 다스림을 받게 될 것임을 선언한 것입니다. 그러나 이는 단지 심
판만을 말하는 것이 아니라 에돔 사람들 중에는 하나님의 은혜로 메시아
왕국에 들어올 자들도 있음을 의미하는 것입니다.[61]

그러므로 창세기 36장에 적힌 에서의 족보는 모든 민족 가운데 남은 자
들을 구원하여 메시아 왕국에 참여시키려는 하나님의 선교를 드러냅니다.

---

61 앞의 책, p. 182-185.

에서가 세일산에 머물다

에서가 자기 아내들과 자기 자녀들과 자기 집의 모든 사람과 자기의 가축과 자기의 모든 짐승과 자기가 가나안 땅에서 모은 모든 재물을 이끌고 그의 동생 야곱을 떠나 다른 곳으로 갔으니 두 사람의 소유가 풍부하여 함께 거주할 수 없음이러라 그들이 거주하는 땅이 그들의 가축으로 말미암아 그들을 용납할 수 없었더라 이에 에서 곧 에돔이 세일 산에 거주하니라 (창 36:6-8)

창세기의 저자는 에서가 야곱을 떠나 세일 산에 거했다고 말합니다. 에서가 야곱과 함께 살 수 없었던 이유는 두 사람의 가축들이 너무 많아서 물이 부족한 가나안 땅에서는 함께 살 수 없었기 때문입니다. 그러나 이것은 환경적인 요인에 불과하며, 여기에는 더 깊은 의미가 있습니다.

아브라함의 첫아들인 이스마엘도 그의 동생인 이삭과 함께 살 수 없어서 떠나가야만 했습니다. 그 이유를 사도 바울은 구속사의 관점으로 설명합니다. 바울은 아브라함이 육신적 힘으로 낳은 이스마엘은 율법주의를 의미하고, 아브라함의 생산 능력이 완전히 없어지고 난 후에 오직 하나님의 능력으로 얻은 아들인 이삭은 약속의 자녀를 의미한다고 말합니다. 그러므로 약속으로 낳은 이삭과 인간의 힘으로 낳은, 즉 육신의 자녀인 이스마엘은 함께 살 수 없는 법입니다. 마찬가지로 언약의 후손인 야곱과 언약 밖의 자녀이자 육신의 자녀인 에서가 함께 살 수 없는 것입니다. 이렇듯 성경은 율법주의와 은혜의 복음이라는 주제가 면면히 흐르고 있습니다.

2. 에서의 후손인 에돔 왕들

세일 산에 있는 에돔 족속의 조상 에서의 족보는 이러하고 (창 36:9)

그 땅의 주민 호리 족속 세일의 자손은 … (창 36:20a)

이스라엘 자손을 다스리는 왕이 있기 전에 에돔 땅을 다스리던 왕들은 이러하니라 (창 36:31)

창세기의 저자는 하나님이 택하신 족속인 이스라엘이 아닌 에서의 후손들과 세일산의 호리 족속들, 에돔 왕들의 족보를 자세히 기술하고 있습니다. 이는 하나님께서 장차 이스라엘을 제사장 나라로 세우신 후 이스라엘을 통해 열방을 당신의 백성으로 삼으실 것을 의미한다고 볼 수 있습니다. 하나님은 이스라엘의 민족 신이 아니라 온 세계와 열방의 구원자요 주인이십니다.

에서는 4명의 아내를 통해 5명의 아들(르우엘, 엘리바스, 여우스, 알람, 고라)을 낳았고, 이 5명의 아들을 통해 많은 족장들이 나왔습니다.

또한 창세기의 저자는 세일산에 살고 있던 호리의 자손들을 소개합니다. 호리의 아들들은 7명(로단, 소발, 시브온, 아나, 디손, 에셀, 디산)이며, 이들을 통해 많은 족장이 나왔습니다. 에서의 후손들은 세일에 살던 호리 사람들을 쳐부수고 그 땅을 차지했으며(신 2:12), 후에 에돔 왕국으로 발전해 나갔습니다.

저자가 소개하는 에돔 왕들은 8명입니다(벨라, 요밥, 후삼, 하닷, 삼라, 사울, 바알하난, 하달).

에서의 후손들로부터 에돔이라는 나라가 세워집니다. 출애굽기 17 장에서 이스라엘을 공격했던 아말렉 족속이 바로 에서의 후손인 에돔 군대였습니다. 에돔은 이스라엘과 대대로 적대적 관계였으며, 이스라엘을 괴롭힌 민족입니다. 사무엘서에 등장하는 아각 왕, 에스더서의 하만이 대표적인 에서의 후손입니다. 그러나 하나님은 이 에돔 족속 중에서도 구원받을 자가 있음을 선포하십니다.

그 날에 내가 다윗의 무너진 장막을 일으키고 그것들의 틈을 막으며 그 허물어진 것을 일으켜서 옛적과 같이 세우고 그들이 에돔의 남은 자와 내 이름으로 일컫는 만국을 기업으로 얻게 하리라 이 일을 행하시는 여호와의 말씀이니라 (암 9:11-12)

창세기 37장

요셉의 꿈

37장부터 50장까지 요셉 이야기가 이어집니다.

1. 꿈꾸는 자 요셉

야곱이 가나안 땅 곧 그의 아버지가 거류하던 땅에 거주하였으니 야곱의 족보는 이러하니라 요셉이 십칠 세의 소년으로서 그의 형들과 함께 양을 칠 때에 그의 아버지의 아내들 빌하와 실바의 아들들과 더불어 함께 있었더니 그가 그들의 잘못을 아버지에게 말하더라 (창 37:1-2)

요셉(יוֹסֵף)은 '하나님이 더하여 주시다'라는 뜻입니다. 애굽에 온 70명의 가족들이 400년 만에 200~300만 정도의 민족으로 번성하는 데 있어 모든 기반을 마련한 사람이 요셉입니다. 한마디로 요셉은 이스라엘 민족을 낳은 자궁과 같은 역할을 감당했습니다.

창세기 37장의 요셉은 17세의 소년이었습니다. 성경은 요셉의 기질적인 결함에 대해서 한마디로 표현하고 있습니다. "그가 그들의 잘못을 아버지에게 말하더라" 형들의 잘못을 고자질했던 기질을 말하고 있습니다. 이것이 형들의 미움을 자초하게 된 이유입니다. 요셉도 우리와 성정이 같은 사람이었을 뿐입니다. 많은 사람이 요셉을 지나치게 완전한 자라는 편견을 가지고 대하지만, 그도 죄인일 뿐임을 잊지 말아야 합니다.

채색옷

요셉은 노년에 얻은 아들이므로 이스라엘이 여러 아들들보다 그를 더 사랑하므로 그를 위하여 채색옷을 지었더니 그의 형들이 아버지가 형들보다 그를 더 사랑함을 보고 그를 미워하여 그에게 편안하게 말할 수 없었더라 (창 37:3-4)

또한 요셉은 야곱의 노년에 얻은 11번째 아들입니다. 야곱은 요셉을 편애했습니다. 왜냐하면 자신이 가장 사랑했던 아내 라헬의 아들이기 때문에 더더욱 애착을 가질 수밖에 없었습니다. 그래서 늘 채색옷을 입혔습니다. 당시 채색옷은 상속자에게 입히는 옷이었으며, 또는 공주가 입는 고급스러운 옷이었습니다. 다윗 왕의 딸 다말도 채색옷을 입었습니다.

암논의 하인이 그를 끌어내고 곧 문빗장을 지르니라 다말이 채색옷을 입었으니 출가하지 아니한 공주는 이런 옷으로 단장하는 법이라 (삼하 13:18)

또한 채색옷은 일종의 예복으로서 그 소매나 옷의 가장자리가 정교하게 장식된 귀공자의 의복이었습니다. 한 가지 분명한 것은 채색옷은 결코 일꾼의 복장이 아니라는 사실입니다.[62] 이처럼 요셉을 향한 야곱의 지나친 편애를 보면서 형들은 요셉에 대한 시기와 미움이 점점 커질 수밖에 없었습니다.

형들이 요셉에게 "편안하게 말할 수 없었더라"라는 표현을 원문으로 보면 '그에게(요셉) 샬롬이라고 인사하지 않았다'입니다. 히브리 사람들은 서로에게 인사를 할 때 샬롬(שָׁלוֹם)이라고 합니다. 샬롬은 한 인간이 살아가는 데 있어서 그 어느 한 면도 빠짐없이 모든 것이 가득 채워져서 어그러짐이 없는 상태를 말합니다. 이는 신약에서 말하는 완전한 구원과 같습니다. 샬

---

62 차준희, 『창세기 다시보기』(서울: 대한기독교서회, 2002). p. 186.

롬은 상대방의 삶이 모든 면에서 구김살 없이 형통하고 복된 삶이 되기를 바란다는 뜻으로 사용됩니다.[63]

이렇듯 히브리인들에게 있어 기본적인 인사인 샬롬을 말하지 않았다는 것은 요셉에 대한 형들의 미움이 얼마나 큰지를 드러냅니다. 그럼에도 불구하고 야곱은 요셉에게 채색옷을 입혔습니다. 여기에는 두 가지 의미가 있습니다.

첫째, 야곱이 라헬의 아들인 요셉에게 장자권을 주기 했다는 것입니다. 그러니 형들의 불타는 시기와 미움은 단순한 아버지의 편애 때문만이 아니었음을 추정할 수 있습니다.

둘째, 요셉이 입은 채색옷은 20년 후에 그가 어떤 사람이 되어 있을지에 대한 암시입니다. 요셉은 아버지 야곱의 편애 때문에 채색옷을 입었지만, 이것은 그가 20여 년 후에 실제로 가문을 살리는 장자 역할을 하게 되는 될 것이라는 일정의 복선이기도 합니다.

요셉이 입은 3가지의 옷과 예수 그리스도

요셉에 대한 전체 이야기를 보면 세 번 옷을 갈아입게 됩니다. 첫 번째는 채색옷을 입고, 두 번째는 강간범이라는 죄수의 옷을 입게 되며, 세 번째는 바로의 눈에 띠어 국무총리라는 영광의 옷을 입게 됩니다.

---

63 박동현, 『다시 만나는 사람들: 창세기 이야기』(서울: 한들, 1994), pp. 90-91.; 차준희, 『창세기 다시보기』(서울: 대한기독교서회, 2002). p. 193.

예수님의 예표

요셉은 예수님과 흡사합니다. 채색옷은 상속자의 옷인데, 예수님께서 하나님의 상속자이시기 때문입니다. 그런데 우리를 위하여 죄인의 옷을 입으셨습니다. 그리고 부활하셔서 하나님 아들로서의 영광의 옷을 입으셨습니다. 요셉의 세 번의 옷도 예수님의 사이클을 그대로 보여 주고 있습니다.

하나님의 꿈을 가진 자

> 요셉이 꿈을 꾸고 자기 형들에게 말하매 그들이 그를 더욱 미워하였더라 (창 37:5)

요셉은 17세 때 꿈을 꾸게 됩니다. 17살이면 현재 고등학교 1학년 정도의 나이입니다. 필자는 우리 자녀들에게 17살 안에 하나님의 꿈을 심어 주지 않으면 안 된다고 생각합니다. 요셉이 하나님 나라의 꿈을 꾼 것이 17살이기 때문입니다. 그래서 다음 세대가 그들의 청소년기에 복음의 꿈을 꾸도록 해 주어야 합니다.

요셉이 꿈의 내용을 형들에게 말하자 더욱 미움을 받게 됩니다. 이것 또한 이중적 의미를 가지고 있습니다. 요셉이 고자질하는 기질로 인해 미움을 사는 측면도 있었지만, 다른 한편으로는 하나님 나라의 소망을 꿈꾸는 자들을 세상이 미워하고 박해하는 영적인 공격의 측면도 있습니다. 하나님의 꿈을 말하는 자들에 대해 세상은 그냥 두지 않습니다. 그러나 하나님은 요셉에게 두 번에 걸쳐서 꿈을 보여 주십니다. 그것은 요셉에게 확신을 주고자 하는 의미가 담겨 있었을 것입니다.

그런데 혹자들은 요셉의 꿈이 그의 욕망을 드러낸다고 말하기도 합니다. 이들에 따르면 꿈이란 꿈꾸는 사람의 욕구와 소원을 반영한 것이며, 그렇다면 소년 요셉에게는 대단한 야심이 있었던 것이라고 해석합니다. 즉 요셉이 두 번이나 비슷한 꿈을 꾼 것은 그의 야심이 얼마나 강렬했는지를 말해 준다는 해석합니다.[64]

그러나 필자는 이러한 주장이 전혀 본문의 의도가 아니라고 확신합니다. 요셉 이야기를 전체적으로 살펴보면 요셉이 자신의 꿈처럼 형들을 지배하려는 야망이 있었다는 주장에는 근거가 없기 때문입니다. 그러므로 필자는 요셉이 꾼 꿈은 요셉의 야망이 아니라 하나님 나라와 그 나라의 백성들을 세우시기 위한 하나님의 꿈이었다고 확신합니다.[65]

곡식 단 (1)

우리가 밭에서 곡식 단을 묶더니 내 단은 일어서고 당신들의 단은 내 단을 둘러서서 절하더이다 그의 형들이 그에게 이르되 네가 참으로 우리의 왕이 되겠느냐 참으로 우리를 다스리게 되겠느냐 하고 그의 꿈과 그의 말로 말미암아 그를 더욱 미워하더니 (창 37:7-8)

첫 번째 꿈은 형들의 곡식단과 요셉의 곡식단이 있는데 형들의 곡식단이 요셉의 곡식단을 둘러서서 절하는 꿈이었습니다. 이 내용을 형들에게 말하므로 더욱 미움을 사게 되었습니다. 창세기 37장에서 요셉이 형들에게 자신의 꿈 이야기를 할 때 3번이나 사용한 히브리어가 '힌네(הִנֵּה)'인데,

---

64 차준희, 앞의 책, p. 188.
65 앞의 책, p. 188.

이 단어는 '보라'라는 의미입니다. 이는 요셉이 자신의 꿈을 얼마나 형들에게 이야기하고 싶어 했는지를 잘 드러냅니다.[66]

해, 달, 별 (2)

요셉이 다시 꿈을 꾸고 그의 형들에게 말하여 이르되 내가 또 꿈을 꾼즉 해와 달과 열한 별이 내게 절하더이다 하니라 그가 그의 꿈을 아버지와 형들에게 말하매 아버지가 그를 꾸짖고 그에게 이르되 네가 꾼 꿈이 무엇이냐 나와 네 어머니와 네 형들이 참으로 가서 땅에 엎드려 네게 절하겠느냐 (창 37:9-10)

두 번째 꿈은 해, 달, 열한 별이 요셉에게 절하는 꿈을 꾼 것입니다. 여기서 해와 달은 부모를 말하고 열한 별은 형제들을 상징합니다. 이 꿈 이야기를 하자 아버지 야곱은 요셉을 꾸짖었지만, 요셉의 말을 마음에 간직해 두었습니다.

묵상과 삶의 적용

하나님의 꿈을 말하는 자의 삶

하나님 나라의 꿈을 꾸고 그것을 말하는 자는 수많은 반대와 조롱과 미움을 받게 됩니다. 그러나 그 말을 듣고 그 꿈을 함께 꾸고 간직해 두는 사람이 있다는 것입니다. 그러므로 줄기차게 하나님의 꿈을 선포해야 합니다.

---

66 강규성, 『창조주 하나님의 방문』(서울: 예영비앤피, 2010), p. 189.

도단으로

이스라엘이 요셉에게 이르되 네 형들이 세겜에서 양을 치지 아니하느냐 너를 그들에게로 보내리라 요셉이 아버지에게 대답하되 내가 그리하겠나이다 (창 37:13)

야곱은 요셉을 형들이 양을 치는 곳으로 보냅니다. 세겜에서 양을 잘 치고 있는지 보고 와서 안부를 전해 달라고 보낸 것입니다. 야곱이 세겜으로 간 아들들을 걱정하는 데에는 이유가 있습니다. 세겜은 예전에 자신의 딸 디나가 세겜 추장에 의해 강간을 당한 곳으로, 디나의 일로 야곱의 아들들이 세겜의 남자들을 살해했기 때문입니다. 야곱은 이 일로 인해 세겜으로 간 아들들의 안부가 궁금했고, 요셉을 그들에게 보낸 것입니다. 그런데 요셉은 형들이 세겜을 떠나 도단으로 갔다는 소식을 듣고 형들을 찾아 도단으로 가서 만나게 됩니다. 야곱은 형들이 요셉을 미워하고 있다는 것을 알았을 텐데, 그를 도단으로 보내고야 맙니다. 모든 것이 하나님의 계획과 섭리 안에 있습니다.

2. 꿈꾸는 자를 죽이려 하다

요셉이 그들에게 가까이 오기 전에 그들이 요셉을 멀리서 보고 죽이기를 꾀하여 서로 이르되 꿈 꾸는 자가 오는도다 자, 그를 죽여 한 구덩이에 던지고 우리가 말하기를 악한 짐승이 그를 잡아먹었다 하자 그의 꿈이 어떻게 되는지를 우리가 볼 것이니라 하는지라 (창 37:18-20)

형들은 두 번이나 요셉을 '꿈꾸는 자'로 부릅니다. 열 명의 형들도 요셉을 '꿈꾸는 자'라고 부르고 있습니다. 이는 이중적 의미가 있습니다. 첫째로 형들은 이 말을 조롱의 의미로 사용하고 있습니다. 둘째로 이 말은 요셉의 사명을 의미하고 있습니다. 요셉은 하나님의 꿈을 꾸는 자입니다. 조롱의 의미이지만, 요셉의 근본적인 삶의 이유를 말하고 있는 것입니다.

요셉의 꿈은 개인의 꿈이 아니라 하나님 나라의 꿈입니다. 그래서 이 꿈을 꾼 요셉에게는 형통이 아니라 오히려 고난의 길이 열리는 것입니다. 그럼에도 이스라엘 백성을 만들고 출애굽 시켜서 가나안 땅에 들어가 바알 문화를 부수고 하나님 나라를 세운 후 다윗을 보내고 예수님을 보내셔서 인류를 구원하시려는 하나님의 꿈의 시작과 그 자궁 역할을 해야 될 사람은 요셉이었습니다.

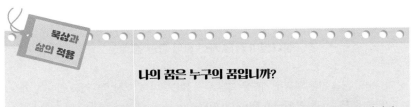

나의 꿈은 누구의 꿈입니까?

꿈꾸는 인생은 오늘의 고난 속에서도 이길 수 있습니다. 나는 무엇을 꿈꾸는 자입니까? 나의 꿈입니까? 하나님 나라의 꿈입니까?

하나님의 꿈인가?

르우벤이 듣고 요셉을 그들의 손에서 구원하려 하여 이르되 우리가 그의 생명은 해치지 말자 르우벤이 또 그들에게 이르되 피를 흘리지 말라 그를 광야 그 구덩이에 던지고 손을 그에게 대지 말라 하니 이는 그가 요셉을 그들의 손에서 구출하여 그의 아버지에게로 돌려보내려 함이었더라 (창 37:21-22)

요셉이 다가오자 형들이 죽이려고 합니다. 이처럼 세상은 하나님 나라의 꿈을 꾸는 자들을 처음에는 미워하고 시기합니다. 그런데 그 꿈이 본격적으로 펼쳐지려고 하면 죽이려고 합니다. 그래서 형들은 요셉을 "구덩이에 던지고 … 악한 짐승이 그를 잡아먹었다 하자"라고 하면서 "그의 꿈이 어떻게 되는지를 우리가 볼 것이니라"라고 조롱합니다. 여기서 '그의 꿈'은 하나님의 꿈이었습니다. 그러니 형들은 결국 '하나님의 꿈이 어떻게 되는지 보자'라고 한 것과 같습니다. 그런데 20여 년 후에는 하나님께서 그 꿈이 어떻게 되었는지를 정확하게 증명하셨습니다. 열 명의 형제가 그 꿈이 어떻게 되는지 보자고 조롱할 때 하나님께서 들으셨을 것입니다. 그리고 훗날에 그대로 이루어 주시고 증명하신 것입니다.

하나님의 꿈을 가진 자를 향한 공격

하나님의 꿈을 꾸는 자들을 사탄은 그냥 두지 않습니다. 반드시 죽이려고 합니다. 왜냐면 그를 통해 사탄의 왕국이 무너지기 때문입니다.

채색옷을 벗기다

요셉이 형들에게 이르매 그의 형들이 요셉의 옷 곧 그가 입은 채색옷을 벗기고 그를 잡아 구덩이에 던지니 그 구덩이는 빈 것이라 그 속에 물이 없었더라 (창 37:23-24)

형들은 요셉을 구덩이에 던지기 전에 채색옷을 벗기고 찢어 버립니다.

마치 예수님의 옷을 찢어서 제비뽑아 나누어 가졌던 모습과 같습니다. 하늘 영광 버리고 벌거벗은 모습으로 십자가에 던져진 예수님의 모습을 예표하고 있는 것입니다.

유다의 제안

그들이 앉아 음식을 먹다가 눈을 들어 본즉 한 무리의 이스마엘 사람들이 길르앗에서 오는데 그 낙타들에 향품과 유향과 몰약을 싣고 애굽으로 내려가는지라 유다가 자기 형제에게 이르되 우리가 우리 동생을 죽이고 그의 피를 덮어둔들 무엇이 유익할까 자 그를 이스마엘 사람들에게 팔고 그에게 우리 손을 대지 말자 그는 우리의 동생이요 우리의 혈육이니라 하매 그의 형제들이 청종하였더라 그 때에 미디안 사람 상인들이 지나가고 있는지라 형들이 요셉을 구덩이에서 끌어올리고 은 이십에 그를 이스마엘 사람들에게 팔매 그 상인들이 요셉을 데리고 애굽으로 갔더라 (창 37:25-28)

이때 유다가 '동생을 죽인들 무슨 유익이 있겠는가? 이스마엘 사람들에게 팔고 손을 대지 말자. 그도 우리의 혈육이다'라고 설득하자 형제들이 유다의 말을 듣게 됩니다. 이것으로 볼 때 형제 중에서 유다가 영향력이 있었음을 알 수 있는 대목입니다. 나중에 총리가 된 요셉이 베냐민을 의도적으로 억류하고자 할 때 유다가 앞장서서 요셉을 설득할 정도로 그가 형제들의 대표라는 것을 알 수 있습니다.

3. 애굽으로 팔려간 요셉

요셉은 결국 은 20냥에 상인에게 애굽으로 팔려갑니다. 은 20냥은 젊은 남자 노예를 거래할 때 지불되었던 몸값입니다.

> 다섯 살로부터 스무 살까지는 남자면 그 값을 이십 세겔로 하고 여자면 열 세겔로 하며 (레 27:5)

요셉의 운명을 형들이 이 주도하는 것처럼 보이지만 사실은 이 모든 과정에 하나님께서 개입하고 계십니다. 요셉을 13년 뒤에 애굽의 총리로 세울 계획이 이미 있었기 때문에 형제들을 통해서 역사하고 계신 것입니다. 그것을 잘 알고 있는 사탄은 형들을 통해서 요셉을 찢어 죽이려고 했지만, 하나님께서 개입하셔서 르우벤의 마음을 감동시키고 구덩이에 던지게 했습니다. 또 유다의 마음을 감동시켜서 요셉이 죽지 않고 애굽으로 팔려가게 한 것입니다. 여기에 하나님의 주권과 섭리와 인도하심이 내포되어 있습니다. 하나님의 계획이 진행되고 있는 것입니다.

하나님께서 요셉에게 미리 애굽의 국무총리가 되기까지의 과정을 자세하게 말씀해 주셨다면 훨씬 견디기가 쉬웠을 것입니다. 그런데 하나님의 꿈을 꾼 후에는 현실이 꿈과 정반대로 펼쳐집니다. 그래서 때로는 하나님의 꿈 자체를 의심하게 됩니다. 요셉의 현실만 보면 하나님의 꿈은 전혀 이루어질 것처럼 보이지 않습니다. 그럼에도 하나님이 이 현실을 주관하셔서 하나님의 목적과 계획을 치밀하게 이루어가십니다.

야곱을 속이다

그들이 요셉의 옷을 가져다가 숫염소를 죽여 그 옷을 피에 적시고 그의 채색옷을 보내어 그의 아버지에게로 가지고 가서 이르기를 우리가 이것을 발견하였으니 아버지 아들의 옷인가 보소서 하매 아버지가 그것을 알아보고 이르되 내 아들의 옷이라 악한 짐승이 그를 잡아 먹었도다 요셉이 분명히 찢겼도다 하고 자기 옷을 찢고 굵은 베로 허리를 묶고 오래도록 그의 아들을 위하여 애통하니 그의 모든 자녀가 위로하되 그가 그 위로를 받지 아니하여 이르되 내가 슬퍼하며 스올로 내려가 아들에게로 가리라 하고 그의 아버지가 그를 위하여 울었더라 (창 37:31-35)

형들은 요셉의 피 묻은 옷을 가지고 와서 요셉이 악한 짐승에 잡혀 죽었다고 아버지 야곱을 속입니다. 이때 야곱은 자기의 옷을 찢고 오랫동안 슬퍼했는데, 어떤 자식의 위로도 받지 않고 요셉을 위해서 울었다고 기록하고 있습니다. 야곱은 자신이 아버지 이삭을 속인 것과 같은 방식으로 자기 아들들에게 속임을 당합니다. 과거 야곱은 형 에서의 장자의 축복을 빼앗기 위해 염소 새끼의 가죽과 형의 옷을 이용해 아버지를 속였습니다. 마찬가지로 야곱의 아들들은 요셉의 죽음을 증명하기 위해 숫염소의 피와 채색옷을 이용합니다.[67]

참으로 무서운 일입니다. 그럼에도 하나님은 공의의 하나님이시며, 사람은 심은 대로 거두는 법입니다.

---

67 차준희, 『창세기 다시보기』(서울: 대한기독교서회, 2002). p. 192.

스스로 속이지 말라 하나님은 업신여김을 받지 아니하시나니 사람이 무엇으로 심든지 그대로 거두리라 (갈 6:7)

하나님의 섭리, 보디발 장군의 노예로 팔리다

그 미디안 사람들은 그를 애굽에서 바로의 신하 친위대장 보디발에게 팔았더라 (창 37:36)

요셉은 바로 왕의 친위대장인 보디발 장군의 가정으로 팔려 오게 됩니다. 3,500년 전 당시의 노예는 짐승 이하의 취급을 받는 존재였습니다. 그들에게 인격과 인권은 없습니다. 그저 주인의 소유물에 불과했습니다.

하나님은 요셉을 가장 높이 세우기 위해 가장 밑바닥의 자리에 내려가게 하십니다. 요셉은 예수그리스도를 예표합니다. 만왕의 왕이시고 만유의 주가 되시는 자리에 예수님을 세우시기 위해 하나님은 예수님을 가장 낮은 밑바닥 자리인 십자가의 자리까지 낮추신 것입니다.

묵상과 삶의 적용

하나님께서는 요셉을 애굽의 총리로 세우시기 전에 먼저 그를 한없이 바닥으로 낮추십니다. 신자도 마찬가지입니다. 반드시 낮아지는 과정을 겪어야 높아집니다. 나는 '하나님의 낮추심'에 대해 어떤 반응을 보이고 있습니까?

유다와 다말 이야기가 삽입된 이유

A 요셉의 이야기(37장) - 종으로 팔리는 이야기
   B 유다와 다말 이야기(38장)
A' 요셉의 이야기(38-50장) - 종살이

문맥상 A와 A'는 연결되는 것이 자연스럽습니다. 그런데 중간에 B가 끼어 들어가서 이야기의 흐름을 깨뜨리고 있습니다. 요셉 이야기 중간에 창세기 38장의 유다와 다말 이야기가 끼어 있습니다. 왜 성경은 이런 부자연스러운 구도를 소개할까요? 이런 구도를 '샌드위치 구조'라고 합니다. 샌드위치 구조의 핵심은 가운데 부분에 있습니다. 그래서 창세기 38장을 잘 해석해야 합니다. 학설은 많지만, 이 구도에 담긴 모세의 의도, 즉 성령님의 의도를 잘 파악해야 합니다.

채색옷을 요셉에게 입혔다는 것은 앞서 설명했듯이 상속자의 개념입니다. 실제로 20여 년 후에 요셉은 가문의 상속자 역할을 합니다. 야곱을 비롯한 70명의 가문을 책임질 상속자인 요셉에 대한 이야기를 A와 A'에 배치해 놓고, B에는 영적 상속자인 예수 그리스도가 나올 유다 지파에 대한 이야기를 넣은 것입니다. A와 A'는 요셉이라는 육적 상속자에 대한 이야기이며, B에는 이 땅에 진정한 상속자로 오실 예수 그리스도가 속한 유다 지파를 배치해 놓은 구조라고 볼 수 있습니다.

또한 창세기 38장과 39장은 성적인 미혹에 대하여 유다와 요셉의 대처가 다름을 보여 줍니다. 38장에서 유다는 이방 여인들^(창녀)과 잠자리를 갖는 것에 대해 아무렇지 않게 생각하는 자이라면 39장의 요셉은 보디발 장군의 아내의 집요한 성적 미혹을 끝내 거부하여 자신을 지켰습니다.[68] 이는 유다를 요셉과 대조하여 유다가 메시아를 배출할 지파로 선택된 것이 오직 하나님의 은혜였음을 보여 주는 것이기도 합니다.

키아즘 구조로 보는 요셉 이야기[69]

[A] 37:2-11: 도입-요셉 역사의 시작

  [B] 37:12-36: 야곱이 요셉의 죽음을 애도함

   [C] 38:1-30: 막간-지도자가 된 유다

    [D] 39:1-23: 요셉이 애굽의 노예가 됨

     [E] 40:1-41:57: 바로의 총애로 총리가 된 요셉이 애굽을 구함

      [F] 42:1-43:34: 형제들의 애굽행

       [G] 44:1-34: 요셉의 시험 통과

       [G′] 45:1-28: 요셉이 자신을 형들에게 드러냄

      [F′] 46:1-27: 애굽으로의 이민

     [E′] 46:28-47:12: 바로의 총애로 요셉이 자신의 가족을 구함

    [D′] 47:13-31: 애굽인을 노예로 만듦

   [C′] 48:1-49:28: 막간-지도자로 축복받는 유다

  [B′] 49:29-50:14: 야곱의 죽음을 요셉이 애도함

[A′] 50:15-26: 결론-요셉 역사의 마지막

---

68 김의원, 『창세기 연구』(서울: 기독교문서선교회, 2013), pp. 597, 604-605.

69 D. A. Dorsey의 연구를 기초로 B. K. Waltke가 세부적으로 분류한 동심원적 구조에서 재인용. 송제근, "창세기의 구조와 신학", 「그 말씀」(두란노, 2003년 1월).

창세기 38장

유다와 다말

필자가 파서 설명한 대로 창세기 37~50장은 거의 요셉에 대한 이야기로 구성되어 있습니다. 그런데 요셉 이야기 사이에 유다 이야기(창 38장)가 삽입되어서 요셉 이야기의 흐름을 깨뜨리는 듯합니다.

창세기의 저자는 왜 이런 구조를 짠 것일까요? 이것은 야곱의 가문을 실질적으로 책임지고 살폈던 육적 장자인 요셉에 대한 이야기 중간에 메시아가 나올 유다(지파) 이야기를 삽입함으로써 이스라엘을 살리는 진정한 장자는 유다 지파에서 나올 메시아임을 드러내기 위함으로 보입니다.

존 하틀리는 요셉 이야기 중간에 유다 이야기가 삽입된 이유를 몇 가지로 정리합니다. 첫째, 요셉 이야기에서 형들의 리더로서 중요한 역할을 하게 될 유다의 존재감을 드러내기 위함입니다. 둘째, 창세기 38장의 유다 이야기는 3대에 이르는 유다의 족보를 소개함으로써 다윗 왕조의 족보에 대한 필수 정보를 제공합니다.[70]

또한 고든 웬함은 유다 이야기가 삽입된 이유에 대해 창세기 37장에서 요셉을 팔아먹고 아버지를 거짓말로 속인 유다(형제들 포함)에 대한 하나님의 공의로운 보상이라고 말합니다. 즉 아버지를 속인 유다는 자신의 며느리에게 철저히 속임을 당하게 된다는 것입니다.[71]

한편, 유다 이야기와 요셉 이야기는 의미 있는 문학적 상관성을 보여 줌으로써 두 이야기가 창세기의 내적 배경에 맞게 잘 편집되었음(crafted)을 보여 줍니다. 예를 들어, 유다 이야기는 유다가 아둘람으로 내려가는 내용으로 시작하고, 요셉의 이야기도 그가 애굽으로 끌려 내려가는 내용으로 시작합니다(창 39:1). 또한 두 이야기는 두 사람의 소유물을 확인하고 인정하

---

70 존 E. 하틀리, 김진선 역, 『UBC 창세기』(서울: 성서유니온, 2019), p. 455.
71 김수홍, 『창세기 주해』(서울: 목양, 2014), p. 562.

는 것이 동일합니다. 야곱이 염소의 피가 묻은 옷을 보고 요셉의 죽음을 인정했고, 유다는 자신이 다말에게 화대로 내어준 지팡이와 도장을 보고 자신의 것임을 인정했습니다. 두 이야기 모두 신분에 대한 위장, 정체에 대한 오해, 불운의 갑작스러운 반전, 재앙에서 구원받음, 반전과 같은 몇 가지 문학 장치를 활용하고 있다는 점에서 유사점이 있습니다.

또한 이방인들과 가까지 지내며 이방 문화에 물든 유다의 이야기를 통해 창세기의 저자는 야곱의 아들들이 계속해서 가나안에 살았다면 그들도 이방 문화로 인해 여호와 신앙을 잃어버렸을 가능성에 대해 암시하고 있습니다. 이를 통해 야곱의 가문이 장기간 애굽으로 내려가서 고센 땅에서 고립되어 그들의 신앙을 유지해야 하는 정당성을 보여 주기도 합니다.[72]

1. 이방인을 가까이한 유다

그 후에 유다가 자기 형제들로부터 떠나 내려가서 아둘람 사람 히라와 가까이 하니라 (창 38:1)

유다는 '찬송'이라는 뜻을 가지고 있습니다. 그리고 야곱의 넷째 아들입니다. 넷째 아들을 레아가 낳을 때 하나님을 바라보는 시선의 변화가 있었습니다. 유다가 형제들로부터 떠나서 아둘람 사람 히라와 가까이했습니다. 즉 이방 사람들과 가까이 한 것입니다. 그래서 이방 사람들의 가치관이 점점 유다에게 밀려오기 시작한 것입니다.

---

72 존 E. 하틀리, 김진선 역, 『UBC 창세기』(서울: 성서유니온, 2019), p. 456.

이방인과의 통혼

유다가 거기서 가나안 사람 수아라 하는 자의 딸을 보고 그를 데리고 동침하니 그가 임신하여 아들을 낳으매 유다가 그의 이름을 엘이라 하니라 그가 다시 임신하여 아들을 낳고 그의 이름을 오난이라 하고 그가 또 다시 아들을 낳고 그의 이름을 셀라라 하니라 그가 셀라를 낳을 때에 유다는 거십에 있었더라 (창 38:2-5)

장차 예수 그리스도, 곧 메시아가 오게 될 유다 지파의 조상인 유다가 이방 여인인 가나안 사람 수아의 딸과 동침하였다는 저자의 설명은 유다가 하나님의 백성으로서의 정체성과 순결에는 조금도 관심이 없었음을 드러냅니다. 이는 유다가 메시아가 오시게 될 지파의 수장으로서 전혀 자격이 없는 자임을 의미합니다. 유다는 가나안 사람 수아와 동침하여 세 아들을 낳았다. 엘과 오난과 셀라입니다.

장자 엘을 위해 이방 여인을 데려오는 유다

유다는 자신의 장자 엘의 아내로 이방 여인 다말을 데려옵니다. 이방 아내를 두지 않으려고 했던 아브라함과 이삭의 태도와는 너무나 다른 신앙적 모습을 볼 수 있습니다.

엘의 악함과 죽음

유다의 장자 엘이 여호와가 보시기에 악하므로 여호와께서 그를 죽이신지라 (창 38:7)

엘이 죽은 이유에 대해서 성경은 "여호와가 보시기에 악하므로 여호와께서 그를 죽이신지라"라고 기록하고 있습니다. 정확한 이유는 알 수 없지만, 유다가 이방 여인과 결혼하여 낳은 아들 엘이 하나님 앞에서 악했던 것입니다. 이는 하나님의 백성이 이방의 가치와 결합하여 낳는 결과에 대해 결국 하나님이 심판하실 수밖에 없음을 보여 준 것입니다.

오난의 악함과 죽음

유다가 오난에게 이르되 네 형수에게로 들어가서 남편의 아우 된 본분을 행하여 네 형을 위하여 씨가 있게 하라 오난이 그 씨가 자기 것이 되지 않을 줄 알므로 형수에게 들어갔을 때에 그의 형에게 씨를 주지 아니하려고 땅에 설정하매 (창 38:8-9)

유다는 두 번째 아들 오난에게서 다말의 아들을 낳도록 합니다. 계대결혼(繼代結婚)입니다. 자녀가 없이 죽은 형의 가정에 대가 끊어지지 않도록 하기 위해 과부가 된 형수와 결혼해서 대를 잇는 제도입니다. 오난이 형수에게 들어가서 씨를 제공하고 자녀를 낳게 해야 하는데, 오난이 몸 밖에 설정(泄精)하므로 악을 행한 것입니다. 형수에게 씨를 줄 수 없다는 것입니다. 그래서 오나니즘(Onanism)은 '체외 설정'이라는 의미를 가지게 되었습니다.

막내아들 셀라에 대한 염려

그 일이 여호와가 보시기에 악하므로 여호와께서 그도 죽이시니 유다가 그의 며느리 다말에게 이르되 수절하고 네 아버지 집에 있어 내 아들 셀라가 장성하기

를 기다리라 하니 셀라도 그 형들 같이 죽을까 염려함이라 다말이 가서 그의 아
버지 집에 있으니라 (창 38:10-11)

이 일이 하나님 보시기에 악하므로 오난도 죽임을 당합니다. 그리고 막
내아들 셀라만 남았습니다. 셀라가 어리기도 했지만, 유다 입장에서는 셀
라마저 죽임을 당할까 봐 여러 가지 핑계를 대고 다말을 친정으로 돌려보
냅니다. 그러나 다말의 입장에서 보면 대가 끊어지는 것입니다. 어머니에
게 있어 아들은 단순한 아들이 아니라 자기의 미래입니다. 그래서 다말은
계략을 꾸밉니다.

2. 유다와 다말의 동침

얼마 후에 유다의 아내 수아의 딸이 죽은지라 유다가 위로를 받은 후에 그의 친
구 아둘람 사람 히라와 함께 딤나로 올라가서 자기의 양털 깎는 자에게 이르렀
더니 어떤 사람이 다말에게 말하되 네 시아버지가 자기의 양털을 깎으려고 딤나
에 올라왔다 한지라 그가 그 과부의 의복을 벗고 너울로 얼굴을 가리고 몸을 휩
싸고 딤나 길 곁 에나임 문에 앉으니 이는 셀라가 장성함을 보았어도 자기를 그
의 아내로 주지 않음으로 말미암음이라 그가 얼굴을 가리었으므로 유다가 그를
보고 창녀로 여겨 길 곁으로 그에게 나아가 이르되 청하건대 나로 네게 들어가
게 하라 하니 그의 며느리인 줄을 알지 못하였음이라 그가 이르되 당신이 무엇
을 주고 내게 들어오려느냐 (창 38:12-16)

다말은 아들을 낳기 위해 창녀처럼 변장하고 시아버지 유다와 동침하려

는 계략을 꾸밉니다. 다말이 과부의 의복을 벗고 변장해서 딤나 지역 문 곁에 앉아 있었는데, 유다가 그녀를 창녀로 여겨서 다말에게 접근하게 됩니다. 이에 다말이 염소 새끼를 위한 담보를 요구합니다.

담보물: 도장, 끈, 지팡이

유다가 이르되 내가 내 떼에서 염소 새끼를 주리라 그가 이르되 당신이 그것을 줄 때까지 담보물을 주겠느냐 유다가 이르되 무슨 담보물을 네게 주랴 그가 이르되 당신의 도장과 그 끈과 당신의 손에 있는 지팡이로 하라 유다가 그것들을 그에게 주고 그에게로 들어갔더니 그가 유다로 말미암아 임신하였더라 (창 38:17-18)

다말은 담보물로 도장과 끈과 지팡이를 유다에게 받아서 보관하게 됩니다. 그리고 결국 다말은 유다로 인해 임신하게 되었습니다. 여기서 놓치면 안 되는 부분은, 유다가 다말을 알아보지 못해서 창녀로 알고 동침한 것을 볼 때 유다가 거룩한 삶을 살지 않았음을 알 수 있습니다. 이는 하나님의 백성으로서 합당치 않은 삶입니다. 이 딤나라는 곳은 훗날 한 여인이 삼손을 유혹했던 장소이기도 합니다.

다말의 임신에 대한 유다의 분노

석 달쯤 후에 어떤 사람이 유다에게 일러 말하되 네 며느리 다말이 행음하였고 그 행음함으로 말미암아 임신하였느니라 유다가 이르되 그를 끌어내어 불사르라 여인이 끌려나갈 때에 사람을 보내어 시아버지에게 이르되 이 물건 임자로 말미암아 임신하였나이다 청하건대 보소서 이 도장과 그 끈과 지팡이가 누구의 것이니이까 한지라 (창 38:24-25)

얼마 후 며느리 다말이 임신했다는 소식이 온 동네에 전해지게 되었고, 이에 격분한 유다는 "그를 끌어내어 불사르라"라고 합니다. 이처럼 유다는 자기의 잘못과 죄는 보지 못하고 오히려 남을 정죄하는 자였습니다. 다시 말해 그는 자신의 죄가 드러나기 전까지는 스스로를 의롭다고 생각한 자였습니다. 그때 다말이 담보물로 도장과 끈과 지팡이를 내민 순간 유다가 자신의 것임을 알게 됩니다. 이때 유다가 한 말이 중요합니다.

그는 나보다 옳도다

여인이 끌려나갈 때에 사람을 보내어 시아버지에게 이르되 이 물건 임자로 말미암아 임신하였나이다 청하건대 보소서 이 도장과 그 끈과 지팡이가 누구의 것이 니이까 한지라 유다가 그것들을 알아보고 이르되 그는 나보다 옳도다 내가 그를 내 아들 셀라에게 주지 아니하였음이로다 하고 다시는 그를 가까이 하지 아니하였더라 (창 38:25-26)

유다는 자신의 치부가 폭로되자 발뺌하지 않습니다. 부정하지 않고 자신의 죄악을 인정합니다. "그는 나보다 옳도다(의롭다)"라고 합니다. 여기서 유다에게 구원의 한 줄기 희망을 볼 수 있습니다. 유다의 죄악은 악하지만, 그에게 소망이 있는 것은 자신의 죄가 폭로될 때 전폭적으로 인정하고 있다는 사실입니다. 유다는 담보물이 자신의 것임을 알고도 부인할 수 있었습니다. 그러나 많은 사람들 앞에서 "그는 나보다 옳도다"라고 인정한 것입니다. 유다가 귀한 것은 죄를 짓지 않아서가 아니라 하나님과 사람 앞에서 자신의 죄를 정직하게 인정하고 하나님의 은혜를 구하고 항복했기 때문입니다.

3. 유다의 두 아들: 베레스와 세라

해산할 때에 보니 쌍태라 해산할 때에 손이 나오는지라 산파가 이르되 이는 먼저 나온 자라 하고 홍색 실을 가져다가 그 손에 매었더니 그 손을 도로 들이며 그의 아우가 나오는지라 산파가 이르되 네가 어찌하여 터뜨리고 나오느냐 하였으므로 그 이름을 베레스라 불렀고 그의 형 곧 손에 홍색 실 있는 자가 뒤에 나오니 그의 이름을 세라라 불렀더라 (창 38:27-30)

다말이 해산할 때 보니 쌍둥이였습니다. 그런데 해산할 때 손이 먼저 나온 자에게 산파가 홍색 실을 가져다가 손에 매었습니다. 그리고 손을 도로 집어넣었는데 동생 베레스가 먼저 나오고 홍색 실을 맨 형 세라가 뒤에 나왔습니다.

하나님만이 옳으십니다

신앙이 깊어진다는 것은 사역이나 은사가 많아진다는 것이 아닙니다. 그것은 날마다 '나의 옳음'이 '하나님의 옳음' 앞에 부정되는 것입니다. 즉 '나의 의'가 '예수님의 십자가의 의' 앞에서 찢기고 철저히 부서지는 것입니다.

왜 메시아는 유다 지파에서 나왔을까요?

하나님은 야곱의 열두 아들 가운데 왜 유다 지파로부터 메시아를 보내셨을까요? 유다는 동생 요셉을 애굽으로 파는 데 동참했던 사람이며, 아브라함과 이삭이 세운 원칙과 달리 이방 여인과 결혼했습니다. 또한 자신의 정욕을 채우기 위해 창녀의 집에 들어가기를 주저하지 않았으며, 자신의 죄는 보지 못하고 며느리의 죄를 정죄했던 사람이었습니다. 이런 유다의 후손의 계보에서 메시아가 나왔다는 것은 오직 하나님의 은혜와 긍휼이 아니면 설명할 길이 없습니다. 이토록 자격이 없고 흠이 많은 유다 지파를 택하신 것은 우리에게 큰 위로와 소망을 줍니다. 왜냐면 유다와 같이 큰 죄인인 나에게도 주님이 찾아오시기 때문입니다.

창세기 39장

10년의 종살이와 누명을 쓴 요셉

창세기 38장에서 유다와 다말의 이야기로 흐름이 끊어졌던 요셉의 이야기가 39장에서 다시 이어지고 있습니다.

1. 보디발 집으로 팔려간 요셉

요셉이 이끌려 애굽에 내려가매 바로의 신하 친위대장 애굽 사람 보디발이 그를 그리로 데려간 이스마엘 사람의 손에서 요셉을 사니라 (창 39:1)

요셉은 이스마엘 상인에게 이끌려 애굽으로 갔습니다. 사람의 손에 이끌려 갔지만, 실제로는 하나님의 손에 이끌려 애굽으로 내려가게 된 것입니다. 그리고 그 많은 귀족과 관리 중에 하필이면 바로의 친위대장인 보디발의 집으로 팔려가게 되었습니다. 이는 13년 후에 애굽의 총리로 세우기 위해 바로의 가장 측근인 보디발의 집에 붙이신 것입니다. 나중에 술 맡은 관원장이 요셉을 감옥에서 불러내어 바로의 꿈을 해석해 달라고 할 때 보디발도 요셉을 추천하는 일에 한몫했을 수 있습니다. 요셉을 총리의 자리에 세우시려고 계속 권력 핵심부에 붙이시는 것을 볼 수 있습니다.

하나님이 요셉을 보디발의 집에서 10년 동안 있게 하십니다. 왜 10년 동안 두셨을까요? 요셉은 보디발의 집에서 모든 재정을 관리하면서 행정을 익혔습니다. 이 10년의 총무 경험은 애굽의 총리로서 애굽 전체를 관리하고 총괄하는 일을 하기 위한 기반을 습득하는 시간이었습니다. 실제적 실물 경제를 익히게 된 것입니다. 하나님이 일하시는 계획에는 헛된 것이 없습니다. 10년의 세월이 헛되지 않았습니다.

환경과 사람을 통해 일하시는 하나님

하나님이 나에게 붙이시는 환경과 사람들은 절대 우연이 아닙니다. 하나님은 사람과 환경을 통해서 일하십니다. 내가 처한 환경 속에서 하나님의 계획과 뜻을 철저히 신뢰해야 합니다.

하나님이 함께하심(1)과 형통

> 요셉이 이끌려 애굽에 내려가매 바로의 신하 친위대장 애굽 사람 보디발이 그를 그리로 데려간 이스마엘 사람의 손에서 요셉을 사니라 (창 39:1)

요셉 이야기에는 '하나님이 함께하신다'라는 표현이 4번 나오는데, 이 단락에서만 두 번이나 나옵니다. 그리고 요셉이 형통한 자가 되었다고 합니다. '형통'이라는 단어도 3번 나옵니다.

하나님이 요셉과 함께하시므로 형통한 자가 되었다고 표현합니다. 감옥에서도 하나님이 함께하시면 형통해집니다. 그런데 하나님이 함께하시고 형통하다고 하지만, 요셉의 삶은 노예 생활입니다. 인간적인 눈으로 보면 요셉의 삶은 결코 형통해 보이지 않음에도 불구하고 성경은 요셉이 '형통' 했다고 말하고 있습니다.

여기서 성경적 형통의 개념을 정리할 필요가 있습니다. 성경에서 말하는 형통(חָלַץ [찰라흐]; 앞으로 나아가다)은 '나의 소원이 이루어지는 것'이 아닙니다. '나의 계획이 좌절된다 할지라도 하나님의 뜻과 계획이 이루어지고 있는 것'이 성경적 형통입니다.

눈에 보이는 현실은 분명히 불통일지라도 성경은 '형통'이라고 말하고 있습니다. 왜냐하면 인생이 나의 계획대로 펼쳐지지 않는다 해도 하나님의 계획은 오차 없이 진행되기 때문입니다.

우리의 환경과 삶을 본다면 과연 형통한 삶입니까?

형편만 보면 불통한 삶일 수 있습니다. 그러나 우리로 하여금 예수 그리스도를 닮아가도록 만들기 위한, 우리 자신을 깎아놓기 위한 환경을 만들어 놓으신 것입니다. 그래서 나를 향한 하나님의 뜻이 이루어지고 있다면 형통한 삶이라고 할 수 있습니다.

하나님의 함께하심(2)

> 그의 주인이 여호와께서 그와 함께 하심을 보며 또 여호와께서 그의 범사에 형통하게 하심을 보았더라 (창 39:3)

그 가운데 주인은 하나님께서 요셉과 함께하심을 보았습니다. 이삭도 그랄 땅에서 "하나님이 너와 함께하심을 분명히 보았다"라는 아비멜렉의 고백을 들은 적이 있습니다. 이는 불신자의 고백이었습니다. 마찬가지로 여기서도 하나님을 알지 못하는 보디발이 요셉에게 '하나님이 함께하심을 보았다'라고 말하고 있습니다. 이것은 그리스도인들이 욕심내야 할 정말 멋진 삶입니다. 그리고 여호와께서 요셉의 범사에 형통하게 하심을 보았다고 합니다. 형통의 비결은 하나님의 함께하심입니다.

보디발의 가정총무가 되다

> 요셉이 그의 주인에게 은혜를 입어 섬기매 그가 요셉을 가정 총무로 삼고 자기
> 의 소유를 다 그의 손에 위탁하니 (창 39:4)

요셉이 주인에게 은혜를 입어서 가정총무가 된 것입니다. 가정총무로
서 일했기 때문에 후에 애굽이라는 대제국의 행정이 맡겨져도 능수능란하
게 일을 처리할 수 있었습니다. 보디발이 자기의 소유물을 위탁했다는 것
은 요셉을 전적으로 신뢰했음을 알 수 있습니다. 그래서 아내의 강간 사건
을 보고 받고도 요셉을 죽이지 않습니다. 아마도 보디발은 내심 아내의 말
을 믿지 않았던 것 같습니다. 정말 믿었다면 그때 요셉의 목을 쳤을 것입니
다. 당시 애굽 사회에서 노예는 파리 목숨보다 못한 존재였습니다. 요셉이
강간하지 않았음을 확신했기 때문에 요셉을 감옥에 보내는 조치만 취한 것
입니다.

> 그가 요셉에게 자기의 집과 그의 모든 소유물을 주관하게 한 때부터 여호와께서
> 요셉을 위하여 그 애굽 사람의 집에 복을 내리시므로 여호와의 복이 그의 집과
> 밭에 있는 모든 소유에 미친지라 (창 39:5)

그래서 요셉에게 보디발의 모든 소유물을 주관하게 한 때부터 보디발
이 더 큰 복을 누리게 됩니다. 하나님이 요셉을 위하여 보디발 장군의 집에
복을 내리신 것입니다. 아브라함 때문에 그 주변이 복을 받고, 이삭 때문에
그 주변이 복을 받고, 야곱 때문에 라반이 복을 받고, 요셉 때문에 보디발
이 복을 받는 것을 볼 수 있습니다. 이는 창세기 12장 3절에서 "땅의 모든

족속이 너로 말미암아 복을 얻을 것이라"라는 하나님의 말씀이 요셉을 통해 성취되고 있음을 드러냅니다.

하나님의 복은 온 세상을 위한 복입니다. 하나님의 복은 너무나 큰 복이기에 나만 가지고 있을 수 없습니다. 왜냐면 나만 가지고 있기에는 하나님의 복이 너무나 크기 때문입니다.[73]

나는 천하 만민의 복의 통로입니다

하나님이 쓰시는 한 사람으로 인해 그 복이 주변 사람들에게로 흘러가 모두가 함께 복을 받는 것입니다. 이것이 하나님이 아브라함에게 약속하신 '천하 만민의 복의 통로'의 삶입니다. 우리는 그런 존재로 부르심을 받은 것입니다.

주인의 신뢰를 받다

주인이 그의 소유를 다 요셉의 손에 위탁하고 자기가 먹는 음식 외에는 간섭하지 아니하였더라 요셉은 용모가 빼어나고 아름다웠더라 (창 39:6)

보디발은 자기가 먹는 음식 외에는 간섭하지 않았습니다. 그리고 요셉의 용모가 빼어나고 아름다웠음을 말하고 있습니다. 이는 단지 육체의 외모만이 아니라 요셉의 삶이 아름다워 다른 사람을 매료시켰던 것으로 볼 수 있습니다.

---

73 박동현, 『다시 만나는 사람들: 창세기 이야기』(서울: 한들, 1994), p. 103.

묵상과 삶의 적용

하나님이 원하시는 것은 능력이 아니라 성품입니다

신자는 삶이 아름다운 사람입니다. 하나님의 손안에서 인격과 성품이 잘 다듬어져서 겸손이 나오고 온유함과 절제의 영을 지닌 사람들이 되어야 합니다.

2. 보디발 아내의 유혹

그 후에 그의 주인의 아내가 요셉에게 눈짓하다가 동침하기를 청하니 (창 39:7)

요셉에게 큰 위기가 닥칩니다. 그것은 보디발 장군의 아내의 성적 유혹입니다. 보디발의 아내 안에 있는 사탄의 세력이 요셉이 13년 후에 국무총리로 세워질 것을 알고 공격하는 것입니다. 아내 안에 있는 음란한 영이 요셉을 망가뜨리기 위해서 유혹하고 다가왔습니다. 동침하기를 청했다는 것은 명령과 같습니다. 노예에게는 거부할 권리가 없기 때문입니다.

요셉의 신앙과 절개

요셉이 거절하며 자기 주인의 아내에게 이르되 내 주인이 집안의 모든 소유를 간섭하지 아니하고 다 내 손에 위탁하였으니 이 집에는 나보다 큰 이가 없으며 주인이 아무것도 내게 금하지 아니하였어도 금한 것은 당신뿐이니 당신은 그의 아내임이라 그런즉 내가 어찌 이 큰 악을 행하여 하나님께 죄를 지으리이까 (창 39:8-9)

그런데 요셉이 보디발 아내의 명령을 거절합니다. 주인이 모든 것을 허락했지만, 금한 것은 오직 당신뿐임을 밝히고 "당신은 그의 아내임이라"라고 분명하게 말합니다.

코람데오 신앙: 하나님 앞에서

요셉이라고 왜 육신의 정욕이 없겠습니까? 그도 가장 혈기 왕성한 20대이지 않습니까? 날마다 보디발 아내의 유혹을 거절하기가 쉬웠겠습니까?

요셉이 이 유혹을 이긴 비결은 "내가 어찌 이 큰 악을 행하여 하나님께 죄를 지으리까"입니다. 이것을 '코람데오(Coram Deo)' 신앙이라고 합니다. 하나님 앞에서 사는 것입니다. 요셉은 하나님이 자신의 모든 삶을 늘 보고 계신다는 것을 명심한 것입니다. 27세의 청년 요셉은 10년간의 종살이 속에서도 하나님을 향한 믿음을 지키고 자신을 지켰습니다.

또한 보디발 아내의 유혹을 물리친 요셉 이야기를 통해 창세기의 저자인 모세는 1차 독자인 광야의 이스라엘 백성들에게 전하고 싶은 메시지가 있습니다. 그들이 훗날 가나안에 들어갔을 때 가나안 민족의 신들을 섬기고자 하는 영적인 유혹과 가나안 종교의 특성인 성적 미혹에 넘어가지 않아야 한다는 것을 미리 경고하고 있습니다.

묵상과 삶의 적용

하나님이 우리와 늘 함께하신다는 것만 인식하고 살아도 많은 죄악이 우리로부터 끊어질 것입니다. 죄악을 이길 힘은 의지가 아닙니다. 하나님 앞에서 사는 인식입니다. 하나님이 지금 함께하시고 이 자리에 계신다는 것을 인식해야 합니다. 나는 코람데오 의식을 가지고 살고 있습니까?

집요한 죄의 유혹

> 여인이 날마다 요셉에게 청하였으나 요셉이 듣지 아니하여 동침하지 아니할 뿐
> 더러 함께 있지도 아니하니라 (창 39:10)

보디발의 아내는 날마다 요셉에게 동침을 요청했습니다. 그러나 요셉은
함께 있지도 않았습니다. 보디발 아내의 입장에서는 단 한 명도 그의 명령
을 거부한 자가 없었는데, 노예의 신분인 요셉이 거부하는 것을 참을 수 없
었습니다.

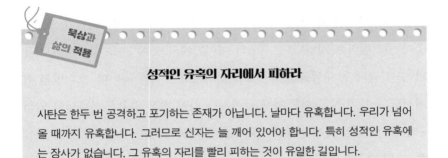

성적인 유혹의 자리에서 피하라

사탄은 한두 번 공격하고 포기하는 존재가 아닙니다. 날마다 유혹합니다. 우리가 넘어
올 때까지 유혹합니다. 그러므로 신자는 늘 깨어 있어야 합니다. 특히 성적인 유혹에
는 장사가 없습니다. 그 유혹의 자리를 빨리 피하는 것이 유일한 길입니다.

강간범의 누명을 쓰다

그러할 때에 요셉이 그의 일을 하러 그 집에 들어갔더니 그 집 사람들은 하나도
거기에 없었더라 그 여인이 그의 옷을 잡고 이르되 나와 동침하자 그러나 요셉
이 자기의 옷을 그 여인의 손에 버려두고 밖으로 나가매 그 여인이 요셉이 그의
옷을 자기 손에 버려두고 도망하여 나감을 보고 그 여인의 집 사람들을 불러서
그들에게 이르되 보라 주인이 히브리 사람을 우리에게 데려다가 우리를 희롱하

게 하는도다 그가 나와 동침하고자 내게로 들어오므로 내가 크게 소리 질렀더니 그가 나의 소리 질러 부름을 듣고 그의 옷을 내게 버려두고 도망하여 나갔느니라 하고 그의 옷을 곁에 두고 자기 주인이 집으로 돌아오기를 기다려 이 말로 그에게 말하여 이르되 당신이 우리에게 데려온 히브리 종이 나를 희롱하려고 내게로 들어왔으므로 내가 소리 질러 불렀더니 그가 그의 옷을 내게 버려두고 밖으로 도망하여 나갔나이다 (창 39:11-18)

그래서 어느 날 집안에 한 사람도 없을 때 보디발 아내가 다시 요셉의 옷을 잡고 동침하자며 옷을 벗기자 요셉은 옷을 벗어버리고 도망쳐 나오게 됩니다. 그런데 결국 이 옷이 강간범의 누명을 씌우게 되는 증거가 되고 말았습니다. 여기서 재미있는 것은 보디발 아내의 유혹을 피하려다가 요셉의 옷이 벗겨진다는 것입니다. 요셉의 이야기에서 옷이 계속 벗겨지는 것을 알 수 있습니다. 채색옷을 입었지만 벗겨지고 찢기게 됩니다. 보디발의 집에서도 옷이 벗겨집니다. 자꾸 낮아지는 일이 반복됩니다. 하나님이 입혀주실 옷, 총리의 옷이 최종적으로 입혀질 때까지 계속 옷이 벗겨지는 것을 볼 수 있습니다.

3. 옥에 갇힌 요셉

그의 주인이 자기 아내가 자기에게 이르기를 당신의 종이 내게 이같이 행하였다 하는 말을 듣고 심히 노한지라 이에 요셉의 주인이 그를 잡아 옥에 가두니 그 옥은 왕의 죄수를 가두는 곳이었더라 요셉이 옥에 갇혔으나 (창 39:19-20)

보디발이 들어오자 아내는 히브리 종 요셉이 자신을 희롱하려고 들어왔다가 옷을 버려두고 도망갔다고 거짓말을 하게 됩니다. 이에 보디발이 화를 내면서 요셉을 감옥에 가두게 됩니다. 당시 상황으로 볼 때 보디발은 그 자리에서 노예의 목을 칠 수 있었습니다.

또 하나 우리가 주목해야 할 것은 바로 이런 억울한 상황에서도 한마디 변명도 하지 않는 요셉의 침묵입니다. 그는 이런 절체절명의 위기 속에서도 자신의 결백함을 호소하지 않습니다. 왜일까요? 자신의 결백 호소가 통하지 않을 것을 알아서일까요? 아니면 모든 것을 감찰하시는 하나님을 믿고 하나님의 공의에 자신의 억울함을 맡긴 것일까요? 만일 이 글을 읽고 있는 독자들이라면 어떻게 반응했을까요?

요셉의 침묵과 예수님의 침묵

요셉은 아무런 잘못도 없이 강간범이라는 억울한 누명을 쓰고도 자신에 대해 어떠한 변명도 하지 않습니다. 이 장면을 통해 죄인들을 살리시기 위해 십자가의 고난과 사람들의 조롱을 묵묵히 감당하신 예수님의 모습이 떠오르게 됩니다. 나는 억울한 일을 당할 때 어떻게 반응했습니까?

그런데 보디발은 요셉을 처형하지 않고 감옥에 가두기만 합니다. 이때 요셉이 갇힌 감옥은 일반 감옥이 아니라 정치범들이나 권력의 핵심부에 있던 사람들이 왕의 눈 밖에 나서 투옥되는 감옥이었습니다. 권력 핵심부에 있던 사람들이 들락날락하는 곳이었습니다. 자신의 노예가 아내를 강간하려고 했는데 남편이 그 자리에서 노예를 죽이지 않고 감옥에 보내는 것은 당시 문화로 볼 때 있을 수 없는 일입니다. 필자는 오히려 아내가 옷의 증거를 가지고 모함하니 할 수 없이 아내의 분노를 다스리기 위해 임시로 요셉을 보호했다고 생각됩니다.

하나님의 함께하심(3)

여호와께서 요셉과 함께 하시고 그에게 인자를 더하사 간수장에게 은혜를 받게
하시매 (창 39:21)

'하나님이 함께하신다'라는 표현은 이곳이 세 번째입니다. 요셉의 입장
에서는 10년 고생한 것도 억울한데 급기야 종살이보다 더 밑바닥의 삶인 3
년 옥살이를 하게 됩니다. 그런데 '하나님이 함께하신다'라는 표현이 이해
가 됩니까?

하나님이 함께하시는데 상황은 왜 더 나빠지는 것일까요? 눈에 보이는
현실은 밑바닥을 치는데, 하나님이 함께하신다는 이 부조화를 어떻게 이해
할 수 있을까요? 하나님이 함께하신다고 내 뜻이 일사천리로 이루어지는
것은 아닙니다.

하나님이 함께하시지만, 요셉은 옥에 갇혀 있습니다. 『천로역정』은 존 버
니언(John Bunyan)이 감옥에 갇혔을 때 쓴 것입니다. 요셉이 옥에 갇힌 것과
하나님이 함께하신다는 것을 인정하는 것이 신앙입니다. 하나님이 함께하
시면 옥에 갇히는 일이 없어야 하지 않습니까? 그러나 하나님이 함께하셔
도 옥에 갇힐 수 있습니다.

간수장의 신뢰를 받다

간수장이 옥중 죄수를 다 요셉의 손에 맡기므로 그 제반 사무를 요셉이 처리하
고 (창 39:22)

하나님은 요셉을 감옥으로 보냈지만, 사랑을 더하여 주셨습니다. 그리고 간수장에게 은혜를 받게 하셨습니다. 요셉은 어디를 가든지 책임자들의 마음에 들어 은혜를 받게 하셨습니다. 간수장이 옥중 죄수를 모두 요셉의 손에 맡겼습니다. 보디발은 자신의 소유를 모두 맡겼는데, 간수장은 모든 행정과 제반 사무를 맡긴 것입니다. 보디발의 집에서는 10년 동안 행정을 다루고, 3년 옥살이에서는 사람을 다루는 훈련을 시키십니다.

특히 이 감옥에 투옥된 사람들은 권력의 핵심부에 있던 사람들이었습니다. 아마도 그들이 훗날 복직될 때 요셉에게 신세를 진 사람들도 많았을 것입니다. 그래서 요셉이 총리가 되었을 때 이미 친분 관계가 형성되어 있을 가능성도 있습니다. 여기서 우리가 요셉을 통해 배워야 할 점은 인생의 최악의 순간에도 망가지지 않고 성실한 청지기로서 최선을 다하는 삶을 사는 것입니다. 이런 삶이 가능했던 이유는 어떤 상황이라도 하나님 앞에서 사는 '코람데오'의 자세를 갖고 있었기 때문입니다.

하나님의 함께하심(4)과 형통

간수장은 그의 손에 맡긴 것을 무엇이든지 살펴보지 아니하였으니 이는 여호와께서 요셉과 함께 하심이라 여호와께서 그를 범사에 형통하게 하셨더라 (창 39:23)

간수장은 요셉에게 맡긴 것은 무엇이든지 믿고 살피지 않았습니다. 전권을 준 것입니다. 왜냐하면 하나님이 함께하셨기 때문입니다. 요셉 이야기에는 '함께하셨다'가 4번, '형통하게 하셨다'가 3번 나옵니다. 이 두 단어를 합치면 완전수인 7번이 나옵니다. 그러면 하나님이 함께하셨고 형통케 하셨으므로 요셉의 삶이 행복하고 편안했을까요? 현실적으로는 노예였고 죄수였습니다. 아무리 하나님의 함께하심이 있을지라도 현실은 현실이고, 고난은 고난입니다.

요셉의 투옥생활 3년

1. 두 관원장의 꿈

그 후에 애굽 왕의 술 맡은 자와 떡 굽는 자가 그들의 주인 애굽 왕에게 범죄한
지라 바로가 그 두 관원장 곧 술 맡은 관원장과 떡 굽는 관원장에게 노하여 그들
을 친위대장의 집 안에 있는 옥에 가두니 곧 요셉이 갇힌 곳이라 친위대장이 요
셉에게 그들을 수종들게 하매 요셉이 그들을 섬겼더라 그들이 갇힌 지 여러 날
이라 옥에 갇힌 애굽 왕의 술 맡은 자와 떡 굽는 자 두 사람이 하룻밤에 꿈을 꾸
니 각기 그 내용이 다르더라 (창 40:1-5)

이제 요셉을 애굽의 총리로 세우려는 하나님의 본격적인 작업이 시작되
었습니다. 하나님께서 13년 동안 충분히 배우게 하셨고, 이제 하나님의 때
가 되어서 하나님의 도구들을 요셉에게 붙이십니다. 바로에게 요셉을 추천
할 사람들을 요셉에게 붙이시는 것입니다. 여기에도 중요한 교훈이 있습니
다. 내가 준비되면 하나님이 들어 사용하십니다.

반란 사건인지 정치적인 모함인지 알 수 없지만, 권력의 쟁투 속에서 왕
의 술 맡은 자와 떡 굽는 자가 요셉이 갇혀 있는 감옥에 들어오게 됩니다.
친위대장은 보디발입니다. 즉 보디발 장군의 집안에 감옥이 있었는데, 이
곳에 요셉이 갇혔고 이들도 함께 갇히게 된 것입니다.

하나님의 일하심과 인도하심은 한 치의 오차도 없습니다. 보디발이 아내
의 말을 믿지 않았다는 것을 알 수 있는 구절이 있습니다. "친위대장이 요
셉에게 그들을 수종들게 하매"(창 40:4) 요셉에게 두 관원장을 섬기도록 한
것입니다. 그런데 그들 두 사람 모두 꿈을 꾸었는데 내용이 각각 다른 꿈이
었습니다. 하지만 꿈을 해석할 자가 없었습니다.

해석은 하나님께

그들이 그에게 이르되 우리가 꿈을 꾸었으나 이를 해석할 자가 없도다 요셉이
그들에게 이르되 해석은 하나님께 있지 아니하니이까 청하건대 내게 이르소서
(창 40:8)

두 관원장은 요셉에게 꿈의 해석을 부탁합니다. 요셉은 말하기를, "해석
은 하나님께 있지 아니하니이까"라고 합니다. 요셉은 해석자가 아닙니다.
하나님만이 인생 문제의 해석자이십니다.

묵상과 삶의 적용

그렇습니다. 신자의 삶 속에 이해할 수 없고 풀리지 않는 삶의 문제
는 하나님께로 가야만 해석되고 풀릴 수 있습니다. 성경 안에 모든 답이 있습니다. 성
경 안에 하나님의 해석이 있습니다. 나는 내 인생의 해석을 누구에게 듣고 있습니까?

술 맡은 관원장의 꿈

술 맡은 관원장이 그의 꿈을 요셉에게 말하여 이르되 내가 꿈에 보니 내 앞에 포
도나무가 있는데 그 나무에 세 가지가 있고 싹이 나서 꽃이 피고 포도송이가 익
었고 내 손에 바로의 잔이 있기로 내가 포도를 따서 그 즙을 바로의 잔에 짜서
그 잔을 바로의 손에 드렸노라 (창 40:9-11)

술 맡은 관원장이 꿈을 꾼 내용은 이렇습니다. 포도나무가 있는데 그 나
무에 세 가지가 있고 싹이 나서 꽃이 피고 포도송이가 익었습니다. 그래서

술 맡은 관원장의 손에 바로의 잔이 있기에 포도를 따서 그 즙을 잔에 짠 후 바로의 손에 드렸다는 것입니다. 하나님이 앞으로 술 맡은 관원장에게 일어날 일들을 꿈으로 미리 보이신 것입니다.

2. 요셉의 해석과 청원

요셉이 그에게 이르되 그 해석이 이러하니 세 가지는 사흘이라 지금부터 사흘 안에 바로가 당신의 머리를 들고 당신의 전직을 회복시키리니 당신이 그 전에 술 맡은 자가 되었을 때에 하던 것 같이 바로의 잔을 그의 손에 드리게 되리이다 당신이 잘 되시거든 나를 생각하고 내게 은혜를 베풀어서 내 사정을 바로에게 아뢰어 이 집에서 나를 건져 주소서 나는 히브리 땅에서 끌려온 자요 여기서도 옥에 갇힐 일은 행하지 아니하였나이다 (창 40:12-15)

꿈 내용을 들은 요셉은 세 가지를 사흘이라고 해석합니다. 지금부터 사흘 안에 다시 복직하게 될 것이라고 해석을 해 줍니다. 이때 요셉이 술 맡은 관원장에게 청하기를, 당신이 복직되어 잘 되거든 나를 생각하고 은혜를 베풀어서 내 사정을 바로에게 아뢰고 이 감옥에서 나갈 수 있게 해달라고 부탁합니다.

이때가 요셉의 고난이 11년째 되는 해입니다. 요셉의 청원은 이번이 처음입니다. 이것은 그가 11년 동안 얼마나 힘들었는지를 잘 보여 줍니다. 아무리 하나님이 요셉과 함께하시고[4번], 그를 형통하게 하셨다[3번] 할지라도 11년 동안 요셉의 삶은 너무 견디기 힘들었다는 것을 의미합니다.

요셉이 "이 집에서 나를 건져 주소서"라고 했는데, 창세기 40장 23절에서는 "술 맡은 관원장이 요셉을 기억하지 못하고 그를 잊었더라"라고 나옵니다. 아직 하나님의 때가 되지 않았기 때문입니다. 요셉에 대한 하나님이 정하신 때, 곧 하나님의 놀라운 계획의 절정이 아직 이르지 않았기 때문입니다. 이때의 요셉의 마음이 어떠했는지를 시편 기자는 이렇게 표현합니다.

> 그가 한 사람을 앞서 보내셨음이여 요셉이 종으로 팔렸도다 그의 발은 차꼬를 차고 그의 몸은 쇠사슬에 매였으니 곧 여호와의 말씀이 응할 때까지라 그의 말씀이 그를 단련하였도다 왕이 사람을 보내어 그를 석방함이여 뭇 백성의 통치자가 그를 자유롭게 하였도다 (시편 105:17-20)

요셉의 몸과 영혼이 마치 쇠사슬에 매인 자처럼 된 것은 여호와의 말씀이 그를 단련하기 위함이었습니다. 이윽고 하나님의 때가 이르자 하나님은 바로를 통해 그를 총리로 세우셨습니다.

떡 굽는 관원장의 꿈

> 떡 굽는 관원장이 그 해석이 좋은 것을 보고 요셉에게 이르되 나도 꿈에 보니 흰 떡 세 광주리가 내 머리에 있고 맨 윗광주리에 바로를 위하여 만든 각종 구운 음식이 있는데 새들이 내 머리의 광주리에서 그것을 먹더라 요셉이 대답하여 이르되 그 해석은 이러하니 세 광주리는 사흘이라 지금부터 사흘 안에 바로가 당신의 머리를 들고 당신을 나무에 달리니 새들이 당신의 고기를 뜯어 먹으리이다 하더니 (창 40:16-19)

술 맡은 관원장에 대한 꿈의 해석을 들은 떡 굽는 관원장도 요셉에게 자신의 꿈을 이야기합니다. 그 내용인즉, 흰 떡 세 광주리가 떡 굽는 관원장의 머리에 있고 맨 윗 광주리에 바로를 위해 만든 각종 구운 음식이 있었습니다. 그런데 새들이 관원장 머리의 광주리에서 그것을 먹는 내용이었습니다. 이에 요셉이 해석하기를, 세 광주리는 사흘을 의미하고, 그가 사흘 안에 죽임을 당할 것이라고 해석합니다.

3. 요셉의 예언 성취

제삼일은 바로의 생일이라 바로가 그의 모든 신하를 위하여 잔치를 베풀 때에 술 맡은 관원장과 떡 굽는 관원장에게 그의 신하들 중에 머리를 들게 하니라 바로의 술 맡은 관원장은 전직을 회복하매 그가 잔을 바로의 손에 받들어 드렸고 떡 굽는 관원장은 매달리니 요셉이 그들에게 해석함과 같이 되었으나 (창 40:20-22)

사흘 후 바로의 생일이 되어 술 맡은 관원장은 요셉의 해석처럼 복직이 되었습니다. 그리고 떡 굽는 관원장은 죽임을 당하므로 요셉의 해석이 그대로 성취되었습니다. 하나님이 주신 해석은 반드시 성취됩니다.

잊은 것인가, 잊게 하신 것인가?

술 맡은 관원장이 요셉을 기억하지 못하고 그를 잊었더라 (창 40:23)

그런데 술 맡은 관원장이 복직을 한 후에 요셉을 기억하지 못하고 잊었다고 기록하고 있습니다. 이는 술 맡은 관원장이 잊은 것이 아니라 하나님이 잊게 하신 것입니다. 술 맡은 관원장이 잊었던 때와 창세기 41장에서 바로가 꿈을 꿀 때까지의 시간이 2년입니다. 이렇게 2년간 요셉을 기억하지 못하게 하신 것입니다.

2년 동안 요셉은 아마도 많이 힘들었을 것입니다. 그가 마지막으로 의지했던 동아줄이 끊어졌기 때문입니다. 그러나 더 큰 이유는 하나님의 때가 아직 아니기 때문입니다. 왜 하나님의 때가 아니었을까요?

만일 관원장이 요셉을 기억해서 풀려났다면 요셉은 자유인이 되었을 것입니다. 그리고 애굽 어디에선가 생활하고 있었을 것입니다. 그리고 바로가 꾼 꿈을 아무도 해석하지 못할 때 요셉을 찾으려고 해도 요셉이 어디에 있는지 찾기 힘들었을 것입니다. 그러나 술 맡은 관원장이 요셉을 기억했을 때에는 아직도 친위대장의 감옥에 갇혀 있는 요셉을 기억하고 금방 데려올 수 있었습니다. 조금 늦더라도 하나님의 계획이 완전하게 이루어지는 길을 하나님께서 선택하신 것입니다.

요셉의 나이 30세에 바로의 꿈을 해석하고 총리가 된 것은 의미가 있습니다. 레위인이 성전에서 공식적으로 제사장 사역을 할 수 있는 나이가 30세입니다(민 4:3, 23). 또 애굽의 공직에 나갈 수 있는 나이도 30세입니다. 그래서 바로가 꿈을 꾸는 때도 하나님이 섭리하시고 주관하셔서 정확하게 역사의 수레바퀴를 맞추시는 것입니다. 요셉을 애굽의 총리로 세우시는 일에 한 치의 오차도 없습니다. 요셉의 하나님이 바로 우리의 하나님이십니다. 우리의 삶에도 정확하게 맞추고 일하시는 분입니다.

바로의 꿈 해석

1. 바로의 두 가지 꿈

만 이 년 후에 바로가 꿈을 꾼즉 자기가 나일 강 가에 서 있는데 (창 41:1)

만 이 년 후에

이제 절망의 세월 2년이 지났습니다. 희망이 있을 때는 희망 때문에 견 딜 수 있습니다. 그런데 "잊었더라"(창 40:23)라는 말에는 요셉의 마지막 희 망과 마지막 기대가 끊겼다는 의미가 담겨 있습니다. 절망 상태로 들어가 는 것입니다. 그동안 11년을 견딜 수 있었던 것은 언젠가 누명이 벗겨져 풀 려날 수 있으리라는 희망 때문이었습니다.

그런데 2년 후에 바로가 꿈을 꾸게 된 것입니다. 하나님께서 당신의 계획 때문에 바로가 꿈을 꾸게 하셨습니다. 바로가 두 번에 걸쳐 꿈을 꿉니다.

살진 소와 파리한 소

보니 아름답고 살진 일곱 암소가 강 가에서 올라와 갈밭에서 뜯어먹고 그 뒤에 또 흉하고 파리한 다른 일곱 암소가 나일 강 가에서 올라와 그 소와 함께 나일 강 가에 서 있더니 그 흉하고 파리한 소가 그 아름답고 살진 일곱 소를 먹은지라 바로가 곧 깨었다가 (창 41:2-4)

충실한 이삭과 마른 이삭

다시 잠이 들어 꿈을 꾸니 한 줄기에 무성하고 충실한 일곱 이삭이 나오고 그 후 에 또 가늘고 동풍에 마른 일곱 이삭이 나오더니 그 가는 일곱 이삭이 무성하고 충실한 일곱 이삭을 삼킨지라 바로가 깬즉 꿈이라 아침에 그의 마음이 번민하여 사람을 보내어 애굽의 점술가와 현인들을 모두 불러 그들에게 그의 꿈을 말하였으나 그것을 바로에게 해석하는 자가 없었더라 (창 41:5-8)

바로는 자신이 꾼 두 가지 꿈에 대해 애굽의 점술가와 현인들을 불러서 해석하도록 했지만, 아무도 해석하는 자가 없었습니다. 왜냐하면 해석은 하나님께만 있기 때문입니다. 하나님이 주신 꿈을 어떻게 세상의 현인이 알 수 있을까요?

술 맡은 관원장의 추천

술 맡은 관원장이 바로에게 말하여 이르되 내가 오늘 내 죄를 기억하나이다 바로께서 종들에게 노하사 나와 떡 굽는 관원장을 친위대장의 집에 가두셨을 때에 나와 그가 하룻밤에 꿈을 꾼즉 각기 뜻이 있는 꿈이라 그 곳에 친위대장의 종 된 히브리 청년이 우리와 함께 있기로 우리가 그에게 말하매 그가 우리의 꿈을 풀되 그 꿈대로 각 사람에게 해석하더니 그 해석한 대로 되어 나는 복직되고 그는 매달렸나이다 (창 41:9-13)

이런 상황에서 술 맡은 관원장이 드디어 요셉을 기억해 낸 것입니다. 그래서 자신이 친위대장 집 감옥에 있을 때 요셉이 자신의 꿈을 해석해 주었고 그 꿈대로 자신은 복직되었으며, 떡 굽는 관원장은 죽음을 맞게 된 사실을 바로에게 이야기합니다.

2. 바로의 꿈을 해석하는 요셉

요셉이 바로 앞에 서다

이에 바로가 사람을 보내어 요셉을 부르매 그들이 급히 그를 옥에서 내 놓은지
라 요셉이 곧 수염을 깎고 그의 옷을 갈아 입고 바로에게 들어가니 바로가 요셉
에게 이르되 내가 한 꿈을 꾸었으나 그것을 해석하는 자가 없더니 들은즉 너는
꿈을 들으면 능히 푼다 하더라 요셉이 바로에게 대답하여 이르되 내가 아니라
하나님께서 바로에게 편안한 대답을 하시리이다 (창 41:14-16)

그러자 바로가 사람을 보내어 옥에 있는 요셉을 데려오도록 했습니다.
만약 2년 전에 술 맡은 관원장의 도움으로 요셉이 풀려났다면 이때 요셉이
바로 앞에 서는 것은 불가능했을 것입니다. 요셉이 애굽 제국의 어디에서
살고 있는지 찾을 수 없었을 것입니다. 설사 찾는다고 해도 시간이 걸렸을
것입니다. 그러나 보디발 장군의 감옥에 갇혀 있었기 때문에 바로에게 즉
시 데려올 수 있었습니다.

하나님이 하시는 일은 이토록 놀랍습니다. 요셉을 2년 동안 더 감옥에서
머물게 할 때에는 그만한 이유가 있는 것입니다.

죄수의 옷을 벗다

요셉이 옷을 갈아입고 바로에게로 들어갔습니다. 드디어 죄수의 옷을 벗
습니다. 이 장면에서 옷 모티브가 또 등장합니다. 모티브는 이야기를 끌어
가는 주제를 말합니다. 요셉의 이야기는 옷을 벗고 입는 이야기입니다.

내가 아니라 하나님이

요셉을 보자 바로는 말하기를, "내가 한 꿈을 꾸었으나 그것을 해석하는 자가 없더니 들은즉 너는 꿈을 들으면 능히 푼다 하더라"라고 합니다. 그러자 요셉이 대답하기를, "내가 아니라 하나님께서 바로에게 편안한 대답을 하시리이다"라고 합니다. 자신이 아닌 하나님께서 해석하실 것을 선포한 것입니다. 이처럼 요셉은 항상 겸손의 자리를 지켰습니다. 자신에게는 아무런 지혜가 없고, 오직 하나님만이 하시는 일임을 고백함으로써 자신이 아닌 하나님께로 영광을 돌립니다.

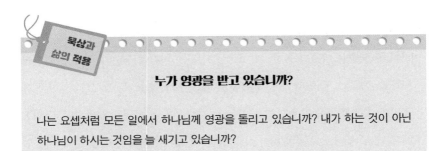

누가 영광을 받고 있습니까?

나는 요셉처럼 모든 일에서 하나님께 영광을 돌리고 있습니까? 내가 하는 것이 아닌 하나님이 하시는 것임을 늘 새기고 있습니까?

요셉의 꿈 해석

바로가 요셉에게 이르되 내가 꿈에 나일 강 가에 서서 보니 살지고 아름다운 일곱 암소가 나일 강 가에 올라와 갈밭에서 뜯어먹고 그 뒤에 또 약하고 심히 흉하고 파리한 일곱 암소가 올라오니 그같이 흉한 것들은 애굽 땅에서 내가 아직 보지 못한 것이라 그 파리하고 흉한 소가 처음의 일곱 살진 소를 먹었으며 먹었으나 먹은 듯 하지 아니하고 여전히 흉하더라 내가 곧 깨었다가 다시 꿈에 보니 한 줄기에 무성하고 충실한 일곱 이삭이 나오고 그 후에 또 가늘고 동풍에 마른 일곱 이삭이 나더니 그 가는 이삭이 좋은 일곱 이삭을 삼키더라 내가 그 꿈을 점술가에게 말하였으나 그것을 내게 풀이해 주는 자가 없느니라 요셉이 바로에게 아뢰되 바로의 꿈은 하나라 하나님이 그가 하실 일을 바로에게 보이심이니이다 일곱 좋은 암소는 일곱 해요 일곱 좋은 이삭도 일곱 해니 그 꿈은 하나라 그 후에 올라온 파리하고 흉한 일곱 소는 칠 년이요 동풍에 말라 속이 빈 일곱 이삭도 일곱 해 흉년이니 내가 바로에게 이르기를 하나님이 그가 하실 일을 바로에게 보이신다 함이 이것이라 온 애굽 땅에 일곱 해 큰 풍년이 있겠고 후에 일곱 해 흉년이 들므로 애굽 땅에 있던 풍년을 다 잊어버리게 되고 이 땅이 그 기근으로 망하리니 후에 든 그 흉년이 너무 심하므로 이전 풍년을 이 땅에서 기억하지 못하게 되리이다 바로께서 꿈을 두 번 겹쳐 꾸신 것은 하나님이 이 일을 정하셨음이라 하나님이 속히 행하시리니 이제 바로께서는 명철하고 지혜 있는 사람을 택하여 애굽 땅을 다스리게 하시고 바로께서는 또 이같이 행하사 나라 안에 감독관들을 두어 그 일곱 해 풍년에 애굽 땅의 오분의 일을 거두되 그들로 장차 올 풍년의 모든 곡물을 거두고 그 곡물을 바로의 손에 돌려 양식을 위하여 각 성읍에 쌓아 두게 하소서 이와 같이 그 곡물을 이 땅에 저장하여 애굽 땅에 임할 일곱 해 흉년에 대비하시면 땅이 이 흉년으로 말미암아 망하지 아니하리이다 (창 41:17-36)

요셉이 바로의 꿈 내용을 듣는 동안 하나님께서는 그에게 번개처럼 영감을 부어주셨을 것입니다. 그리고 바로의 꿈에 대해 하나님께서 주신 해석을 선포합니다. 살진 일곱 마리 소와 충실한 일곱 이삭은 7년의 풍년을 의미하고, 파리한 일곱 소와 속이 빈 일곱 이삭은 7년의 풍년 후에 닥칠 7년의 흉년을 의미합니다. 그리고 7년의 풍년의 때에 준비하지 않으면 7년의 흉년의 때가 7년의 풍년의 때 곡식을 다 갉아먹게 되기 때문에 흉년의 때를 잘 대비해야 한다고 일러 준 것입니다.

그리고 바로가 꿈을 두 번 겹쳐 꾼 것은 하나님께서 이 일을 확실하게 정하셨기에 속히 행하실 것을 보여 주기 위한 것이라고 해석해 주었습니다. 요셉은 자신이 총리가 되리라는 것은 전혀 상상치도 못한 채 바로에게 '명철하고 지혜 있는 사람을 택하여 애굽 땅을 다스리게 하고, 풍년을 다스릴 감독관을 세워서 7년 풍년의 때에 곡식의 오분의 일을 거두어 창고에 저장하고, 7년 흉년의 때를 대비할 수 있도록 하라'고 조언합니다.

하나님의 영에 감동된 사람

바로와 그의 모든 신하가 이 일을 좋게 여긴지라 바로가 그의 신하들에게 이르되 이와 같이 하나님의 영에 감동된 사람을 우리가 어찌 찾을 수 있으리요 하고 요셉에게 이르되 하나님이 이 모든 것을 네게 보이셨으니 너와 같이 명철하고 지혜 있는 자가 없도다 (창 41:37-39)

이때 바로와 신하들은 요셉의 해석과 대비책을 듣고 매우 좋게 여기게 됩니다. 이 본문은 단지 요셉의 지혜가 출중하다고 말하는 것이 아닙니다. 세상의 지혜를 대표하는 바로와 애굽의 술사들과 하나님의 지혜를 대변하는 요셉 간의 지혜 대결에서 하나님의 지혜가 세상 지혜를 부끄럽게 한 것입니다. 하나님의 어리석음은 세상의 지혜보다 더 지혜로우십니다.

하나님의 어리석음이 사람보다 지혜롭고 하나님의 약하심이 사람보다 강하니라 (고전 1:25)

기록된 바 내가 지혜 있는 자들의 지혜를 멸하고 총명한 자들의 총명을 폐하리라 하였으니 지혜 있는 자가 어디 있느냐 선비가 어디 있느냐 이 세대에 변론가가 어디 있느냐 하나님께서 이 세상의 지혜를 미련하게 하신 것이 아니냐 (고전 1:19-20)

그때 바로가 요셉의 해석을 들으면서 "이와 같이 하나님의 영에 감동된 사람을 우리가 어찌 찾을 수 있으리요"라고 말합니다. 요셉이 하나님의 사람임을 바로가 먼저 알아본 것입니다. 요셉이 하나님의 영으로 감동된 자임을 이방 사람들도 느끼고 있습니다.

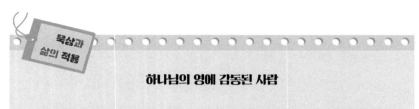

하나님의 영에 감동된 사람

그리스도인은 하나님의 영에 늘 감동된 삶을 살도록 기도해야 합니다. 하나님의 성령의 충만함을 받아 행할 때 세상의 지혜를 뛰어넘는 자로 인정받게 될 것입니다.

3. 애굽의 총리가 된 요셉

너는 내 집을 다스리라 내 백성이 다 네 명령에 복종하리니 내가 너보다 높은 것은 내 왕좌뿐이니라 바로가 또 요셉에게 이르되 내가 너를 애굽 온 땅의 총리가 되게 하노라 하고 자기의 인장 반지를 빼어 요셉의 손에 끼우고 그에게 세마포 옷을 입히고 금 사슬을 목에 걸고 자기에게 있는 버금 수레에 그를 태우매 무리가 그의 앞에서 소리 지르기를 엎드리라 하더라 바로가 그에게 애굽 전국을 총

리로 다스리게 하였더라 (창 41:40-43)

드디어 요셉은 애굽 온 땅의 총리가 됩니다. 바로는 자신의 인장 반지를 빼서 요셉의 손에 끼우고 세마포 옷을 입혀줍니다. 옷 모티브가 반복됩니다. 또한 바로는 요셉의 목에 금 사슬을 걸어주고 이인자가 타는 버금 수레에 태워 무리가 그 앞에서 엎드리도록 했습니다. 인생 역전의 순간입니다.

어제까지는 강간범으로서 모든 사람에게 엎드려야 하는 비참한 죄수였지만, 오늘은 모든 사람이 요셉에게 엎드렸습니다. 어제와 오늘의 신분 차이는 하늘과 땅 차이입니다. 요셉의 삶의 역전은 하나님이 일하셔야 가능한 것입니다. 전적인 하나님의 역사입니다.

묵상과 삶의 적용

요셉의 하나님은 곧 나의 하나님이십니다. 요셉에게 이런 역전을 경험하게 하셨다면 우리에게도 이런 역전을 똑같이 베푸시는 하나님이심을 믿어야 합니다. 그런데 하나님은 요셉이 총리가 되는 그 전날까지 그에게 어떤 암시도 주지 않으셨습니다. 그러니 끝까지 견뎌야 합니다. 끝까지 견디는 자가 하나님의 일하심을 맛보게 될 것입니다.

묵상과 삶의 적용

요셉이 애굽을 통치할 수 있는 모든 실력은 그냥 된 것이 아닙니다. 종살이 10년, 옥살이 3년이라는 총 13년의 밑바닥 삶을 통해 터득하고 갈고닦은 것입니다. 요셉의 13년의 고난은 결코 헛되지 않았습니다. 그래서 하나님께서 허락하신 모든 것에는 다 이유가 있습니다.

사브낫바네아: 생명의 부양자

바로가 요셉에게 이르되 나는 바로라 애굽 온 땅에서 네 허락이 없이는 수족을 놀릴 자가 없으리라 하고 그가 요셉의 이름을 사브낫바네아라 하고 또 온의 제사장 보디베라의 딸 아스낫을 그에게 주어 아내로 삼게 하니라 요셉이 나가 애굽 온 땅을 순찰하니라 (창 41:44-45)

바로는 요셉에게 '사브낫바네아(Zaphenath-Paneah)'라는 새 이름을 지어 줍니다. 이 이름은 '생명의 부양자, 생명의 양육자'라는 뜻입니다. 이는 요셉의 사명이 무엇인지를 드러냅니다. 누군가의 생명을 살리고 양육하고 부양하는 자라는 말입니다. 요셉을 향한 하나님의 뜻과 목적과 삶의 존재 이유를 너무나 잘 표현하고 있는 이름입니다. 요셉은 이것 때문에 이 땅에 존재하는 사람입니다.

그리고 바로는 보디베라 제사장의 딸 아스낫을 아내로 줍니다. 애굽에서 제사장은 최고의 신분입니다. 그의 딸을 아내로 맞는다는 것은 요셉이 최고의 대우를 받았다는 의미입니다.

풍년 7년 동안의 준비

요셉이 애굽 왕 바로 앞에 설 때에 삼십 세라 그가 바로 앞을 떠나 애굽 온 땅을 순찰하니 일곱 해 풍년에 토지 소출이 심히 많은지라 요셉이 애굽 땅에 있는 그 칠 년 곡물을 거두어 각 성에 저장하되 각 성읍 주위의 밭의 곡물을 그 성읍 중에 쌓아 두매 쌓아 둔 곡식이 바다 모래 같이 심히 많아 세기를 그쳤으니 그 수가 한이 없음이었더라 (창 41:46-49)

요셉은 7년 풍년의 때에 곡식을 각 성에 저장해 두었습니다. 자신에게 주신 하나님의 해석을 소홀히 여기지 않고 그대로 실행하여 7년을 성실히 대비했습니다.

묵상과 삶의 적용

7년 풍년의 때에 곡식을 저장해서 7년 흉년의 때를 대비했다는 것에는 메시지가 있습니다. 하나님이 우리에게 말씀을 부어주실 때 이 말씀을 잘 간직하고 내 마음의 곳간에다 잘 쌓고 정리해서 내 것으로 준비해야 합니다. 그러면 하나님께서 흉년 당한 사람들을 살리실 때 꺼내서 사용하도록 하십니다. 말씀의 기갈의 때에 말씀의 곳간이 준비된 자를 사용하신다는 것을 잊지 말아야 합니다.

요셉의 두 아들: 므낫세와 에브라임

흉년이 들기 전에 요셉에게 두 아들이 나되 곧 온의 제사장 보디베라의 딸 아스낫이 그에게서 낳은지라 요셉이 그의 장남의 이름을 므낫세라 하였으니 하나님이 내게 내 모든 고난과 내 아버지의 온 집 일을 잊어버리게 하셨다 함이요 차남의 이름을 에브라임이라 하였으니 하나님이 나를 내가 수고한 땅에서 번성하게 하셨다 함이었더라 (창 41:50-52)

요셉은 장남의 이름을 '므낫세(מְנַשֶּׁה)'로 지었습니다. '잊어버리게 하다'라는 뜻입니다. 차남 에브라임(אֶפְרָיִם)은 '땅에서 번성하게 하셨다'라는 의미입니다. 사람의 이름에는 부모의 인생관과 삶의 가치가 담겨 있습니다. 요셉은 과거 아버지의 집의 일, 즉 모진 고난의 기억을 잊어버린 만큼 축복을 받았습니다(므낫세). 또한 애굽에서 번성의 축복을 받았습니다(에브라임).

하나님께서 내게 고난을 겪게도 하시지만, 때가 되어 길을 열어주시고 축복하시면 나의 인생에도 반드시 '므낫세의 때'가 옵니다. 다시 말해 하나님이 부어주시고 열어주시면 나의 고난의 기억을 잊게 되는 때가 옵니다. 과거 나의 고난은 생각나지도 않을 만큼 복을 주십니다.

그리고 므낫세의 때가 지나면 '에브라임의 축복'도 주십니다. 단순히 고난받은 과거가 생각이 나지 않을 만큼만이 아닙니다. 내 삶에 더 풍성히 부어주셔서 번성하는 에브라임 때가 올 것입니다.

요셉이 끝까지 견디고 이겼더니 하나님께서 모든 고난을 잊어버릴 만큼 삶을 역전시키시고 더 나아가 더 크게 부어주시고 번성케 하는 축복도 주셨습니다. 중간에 포기한 자는 고생한 기억밖에 없습니다. 그러나 끝까지 견디는 자에게는 므낫세와 에브라임 때의 열매를 경험하게 하실 것입니다.

7년 흉년의 때

애굽 땅에 일곱 해 풍년이 그치고 요셉의 말과 같이 일곱 해 흉년이 들기 시작하매 각국에는 기근이 있으나 애굽 온 땅에는 먹을 것이 있더니 애굽 온 땅이 굶주리매 백성이 바로에게 부르짖어 양식을 구하는지라 바로가 애굽 모든 백성에게 이르되 요셉에게 가서 그가 너희에게 이르는 대로 하라 하니라 온 지면에 기근이 있으매 요셉이 모든 창고를 열고 애굽 백성에게 팔새 애굽 땅에 기근이 심하며 각국 백성도 양식을 사려고 애굽으로 들어와 요셉에게 이르렀으니 기근이 온 세상에 심함이었더라 (창 41:53-57)

요셉의 해석대로 온 세상에 7년의 풍년이 끝나자 7년의 흉년이 들기 시작했습니다. 이 기근은 온 지면에 있었습니다. 이 기근은 가나안 땅까지 영향이 미쳤습니다. 가나안 땅의 기근은 형들로 말미암아 애굽으로 내려가도록 했습니다. 요셉과 형들과의 화해, 더 나아가 야곱의 가족 70명을 애굽 고센 땅으로 이주시키려는 하나님의 섭리였습니다.

여기서 한 가지 우리가 주목해야 할 것은 요셉이 총리가 된 다음에 그의 권력으로 자신을 강간범으로 몰아 3년 동안 감옥살이를 하게 만든 보디발 장군과 그의 아내에게 보복하지 않았다는 것입니다. 요셉은 하나님이 자신에게 주신 권력과 힘으로 사적인 복수를 위해 사용하지 않았습니다. 다시 말해 요셉 안에는 육적 자아가 없었던 것입니다. 이런 일이 어떻게 가능했을까요? 그것은 자신이 겪은 일을 하나님의 섭리 안에서 녹여내었기 때문에 누군가를 미워할 일도, 누군가에게 복수할 일도 없었던 것입니다. 내가 만일 요셉이었으면 나를 억울하게 강간범으로 몰아 감옥에 보낸 보디발의 아내를 가만두었겠습니까?

창세기 42장

형들과 만난 요셉

1. 꿈의 성취: 요셉에게 절한 형들

요셉의 형 열 사람이 애굽에서 곡식을 사려고 내려갔으나 야곱이 요셉의 아우 베냐민은 그의 형들과 함께 보내지 아니하였으니 이는 그의 생각에 재난이 그에게 미칠까 두려워함이었더라 이스라엘의 아들들이 양식 사러 간 자 중에 있으니 가나안 땅에 기근이 있음이라 때에 요셉이 나라의 총리로서 그 땅 모든 백성에게 곡식을 팔더니 요셉의 형들이 와서 그 앞에서 땅에 엎드려 절하매 (창 42:3-6)

가나안 땅에 기근을 맞은 요셉의 형 10명은 애굽에 곡식이 있다는 소식을 듣고 곡식을 사려고 애굽으로 내려갔습니다. 이때 막내 베냐민은 함께 오지 않았습니다. 야곱이 베냐민을 보내지 않은 것은 혹시나 베냐민에게 무슨 일이 생길까 염려했기 때문입니다. 이런 두려움은 예전 요셉 사건 때문임을 추정할 수 있습니다. 만일 그렇다면 요셉의 사건과 형들이 연관되어 있음을 야곱도 감지했을 수 있다는 의미이기도 합니다.

형들이 와서 그 앞에서 땅에 엎드려 절하매

10명의 형들이 요셉에게 와서 엎드려 절을 합니다. 22년 전 요셉의 꿈이 드디어 이루어지고 있습니다. 그 당시 형들은 "그의 꿈이 어떻게 되는지를 우리가 볼 것이니라"(창 37:20)라고 비아냥거렸지만, 하나님은 신실하게 당신의 꿈을 이루셨습니다. 요셉을 위해서가 아닙니다. 하나님 자신을 위해서입니다.

정탐꾼 누명을 씌우다

요셉은 그의 형들을 알아보았으나 그들은 요셉을 알아보지 못하더라 요셉이 그
들에게 대하여 꾼 꿈을 생각하고 그들에게 이르되 너희는 정탐꾼들이라 이 나라
의 틈을 엿보려고 왔느니라 그들이 그에게 이르되 내 주여 아니니이다 당신의
종들은 곡물을 사러 왔나이다 우리는 다 한 사람의 아들들로서 확실한 자들이니
당신의 종들은 정탐꾼이 아니니이다 (창 42:8-11)

요셉은 형들을 알아보았지만, 모른 체했습니다. 그런데 형들은 요셉을
알아보지 못했습니다. 왜 알아보지 못했을까요? 아마도 요셉이 총리의 화
려한 옷으로 치장했기 때문이기도 하고, 또 13년 동안 요셉이 겪은 너무 많
은 고생으로 인해 얼굴을 알아보지 못한 것일 수도 있습니다.

요셉은 형들을 보는 순간 자신이 22년 전에 꾼 꿈을 생각했을 것입니다.
그리고 자신의 꿈을 이루어 주신 하나님께 감사했을 것입니다. 요셉은 형
들이 그동안 얼마나 변화되었는지 시험을 하게 됩니다. 그래서 창세기 45
장에서 정체를 밝히기까지 자신을 숨기고 형들을 테스트합니다.

우리가 이미 살펴본 대로 요셉은 총리의 권력과 힘을 가지고 누군가에
게 보복하지 않았습니다. 요셉은 22년 전 자신을 죽이려고 했고 상인에게
팔아 버린 형들을 만났지만, 결코 그들을 벌하거나 보복하지 않았습니다.
비록 형들의 마음이 얼마나 변했는지 테스트하기 위해 두 번이나 그들을
시험하겠지만, 이 시험은 보복을 위한 것이 아니었습니다. 우리 주변에 은
혜를 원수로 갚는 자들이 얼마나 많습니까? 그러나 요셉은 거꾸로 원수를
은혜로 갚습니다.

첫 번째 테스트는 형들에게 정탐꾼이라는 누명을 씌우는 것입니다. 형들

은 단지 곡물을 사러 왔을 뿐이고 정탐꾼이 아니라고 부인했습니다. 자신들의 막냇동생은 아버지와 함께 있으며, 또 한 동생은 없어졌다고 말합니다. 이때 요셉은 자신의 친동생 베냐민이 보고 싶어서 '너희들이 정탐꾼이 아니라면 베냐민을 애굽으로 데려옴으로써 진실을 증명하라'라고 요구합니다.

막내아우가 오지 않으면 그들이 애굽에서 나가지 못할 것이라고 말합니다. 정말로 동생을 데리고 오는지 진실을 시험하겠다고 하면서 3일 동안 형들을 감옥에 가두게 됩니다. 요셉의 형들이 갇혔던 3일은 요셉이 그동안 겪은 13년의 억울한 세월에 비하면 아무것도 아닙니다.

베냐민을 데려오라

사흘 만에 요셉이 그들에게 이르되 나는 하나님을 경외하노니 너희는 이같이 하여 생명을 보전하라 너희가 확실한 자들이면 너희 형제 중 한 사람만 그 옥에 갇히게 하고 너희는 곡식을 가지고 가서 너희 집안의 굶주림을 구하고 너희 막내아우를 내게로 데리고 오라 그러면 너희 말이 진실함이 되고 너희가 죽지 아니하리라 하니 그들이 그대로 하니라 그들이 서로 말하되 우리가 아우의 일로 말미암아 범죄하였도다 그가 우리에게 애걸할 때에 그 마음의 괴로움을 보고도 듣지 아니하였으므로 이 괴로움이 우리에게 임하도다 르우벤이 그들에게 대답하여 이르되 내가 너희에게 그 아이에 대하여 죄를 짓지 말라고 하지 아니하였더냐 그래도 너희가 듣지 아니하였느니라 그러므로 그의 핏값을 치르게 되었도다 하니 그들 사이에 통역을 세웠으므로 그들은 요셉이 듣는 줄을 알지 못하였더라 요셉이 그들을 떠나가서 울고 다시 돌아와서 그들과 말하다가 그들 중에서 시므온을 끌어내어 그들의 눈 앞에서 결박하고 명하여 곡물을 그 그릇에 채우게 하고 각 사람의 돈은 그의 자루에 도로 넣게 하고 또 길 양식을 그들에게 주게 하니 그대로 행하였더라 (창 42:18-25)

형들이 감옥에 갇힌 지 3일 만에 요셉은 형들에게 형제 중 한 사람만 옥에 남고 나머지는 곡식을 가지고 가서 집안의 굶주림을 해결하라고 말합니다. 이에 눈 앞에서 시므온을 결박한 후 시므온을 살리기 원한다면 다시 올때 막내아우 베냐민을 데리고 올 것을 요구합니다. 형들은 과거에 요셉을 팔아넘긴 이야기를 하면서 요셉을 괴롭게 하고 죄를 지었던 일로 인해 요셉의 핏값을 치르게 되었음을 탄식합니다. 이것을 보면 그동안 요셉의 형들도 22년 전의 일로 인해 그들의 마음에 죄책감이 깊었다는 것을 알 수 있습니다.

이 소리를 요셉이 곁에서 듣게 됩니다. 요셉은 시므온을 인질로 잡아 남아 있게 하고 양식을 담아 보내는데, 그 자루에 곡식과 돈을 넣게 했습니다. 여기서 이상한 점이 있습니다. 왜 요셉은 많은 형제 가운데 시므온을 인질로 선택했는지는 정확히 알 수 없습니다. 다만 분명한 것은, 사람은 자기가 심은 대로 거둔다는 것입니다. 필자의 생각에 22년 전 요셉을 물구덩이에 던져 죽이는 일에 가장 앞장선 게 아닌가 추측해 봅니다. 왜냐하면 장남 르우벤도 있었는데, 다만 22년 전 큰 형인 르우벤은 어떻게 해서든 요셉을 살리려고 했기 때문입니다.

2. 형들의 귀향과 돈 자루

그들이 곡식을 나귀에 싣고 그 곳을 떠났더니 한 사람이 여관에서 나귀에게 먹이를 주려고 자루를 풀고 본즉 그 돈이 자루 아귀에 있는지라 그가 그 형제에게 말하되 내 돈을 도로 넣었도다 보라 자루 속에 있도다 이에 그들이 혼이 나서 떨며 서로 돌아보며 말하되 하나님이 어찌하여 이런 일을 우리에게 행하셨는가 하고 그들이 가나안 땅에 돌아와 그들의 아버지 야곱에게 이르러 그들이 당한 일을 자세히 알리어 아뢰되 (창 42:26-29)

형들은 곡식을 가지고 집으로 가다가 한 여관에서 곡식 자루에 돈이 있음을 발견하고 당황해합니다. 왜냐하면 정탐꾼으로 오해받고 겨우 풀려났는데 다시 도둑으로 누명을 쓰게 될까 염려가 되었기 때문입니다.

야곱의 고통

그들의 아버지 야곱이 그들에게 이르되 너희가 나에게 내 자식들을 잃게 하도다 요셉도 없어졌고 시므온도 없어졌거늘 베냐민을 또 빼앗아 가고자 하니 이는 다 나를 해롭게 함이로다 르우벤이 그의 아버지에게 말하여 이르되 내가 그를 아버지께로 데리고 오지 아니하거든 내 두 아들을 죽이소서 그를 내 손에 맡기소서 내가 그를 아버지께로 데리고 돌아오리이다 야곱이 이르되 내 아들은 너희와 함께 내려가지 못하리니 그의 형은 죽고 그만 남았음이라 만일 너희가 가는 길에서 재난이 그에게 미치면 너희가 내 흰 머리를 슬퍼하며 스올로 내려가게 함이 되리라 (창 42:36-38)

형제들은 아버지의 집에 도착한 후 야곱에게 그동안 애굽에서 겪은 자초지종을 알린 후 시므온이 잡혀 있게 된 사연을 말합니다. 그리고 베냐민을 데려가야 한다고 고하자 야곱은 너무나 고통스러워합니다. 그러면서 베냐민을 결코 보내지 않을 것이라고 합니다. 여기서 야곱이 한 말을 자세히 살펴볼 필요가 있습니다. 야곱은 아들들에게 "내 아들은 너희와 함께 내려가지 못하리니"라고 합니다. '내 아들'은 베냐민을 의미합니다. 베냐민만이 내 아들이라면 이 말을 듣고 있는 다른 아들들은 자기 아들이 아니란 말입니까? 이것은 평소 야곱의 생각을 드러내는 것입니다. 자신이 사랑했던 아내 라헬의 아들인 요셉과 베냐민을 향한 그의 편애를 단적으로 보여 줍니다. 이런 야곱의 편애 때문에 나머지 10명의 아들이 겪은 상처와 고통이 얼마나 컸을까요?

편애는 상처를 남깁니다

야곱은 많은 아들 중에서 유독 자신이 평생 사랑했던 아내 라헬의 아들인 요셉을 편애했습니다. 그로 인해 야곱의 다른 아들들은 많은 상처를 받으면서 자라야 했습니다. 나는 어떻습니까? 나는 나의 자녀들, 양 떼들 가운데 편애적 사랑을 하고 있지 않습니까?

야곱의 마지막 훈련

양식이 떨어지다

그 땅에 기근이 심하고 그들이 애굽에서 가져온 곡식을 다 먹으매 그 아버지가
그들에게 이르되 다시 가서 우리를 위하여 양식을 조금 사오라 (창 43:1-2)

야곱은 시므온이 오랫동안 인질로 잡혀 있음을 알면서도 베냐민을 내어
놓지 않습니다. 그러나 애굽에서 가져온 양식이 바닥이 나자 아들들에게
애굽에 가서 양식을 사 오도록 요구합니다. 이는 베냐민을 데려가지 않는
이상 불가능한 일입니다.

1. 유다의 설득

유다가 아버지에게 말하여 이르되 그 사람이 우리에게 엄히 경고하여 이르되 너
희 아우가 너희와 함께 오지 아니하면 너희가 내 얼굴을 보지 못하리라 하였으
니 아버지께서 우리 아우를 우리와 함께 보내시면 우리가 내려가서 아버지를 위
하여 양식을 사려니와 아버지께서 만일 그를 보내지 아니하시면 우리는 내려
가지 아니하리니 그 사람이 우리에게 말하기를 너희의 아우가 너희와 함께 오
지 아니하면 너희가 내 얼굴을 보지 못하리라 하였음이니이다 이스라엘이 이르
되 너희가 어찌하여 너희에게 또 다른 아우가 있다고 그 사람에게 말하여 나를
괴롭게 하였느냐 그들이 이르되 그 사람이 우리와 우리의 친족에 대하여 자세
히 질문하여 이르기를 너희 아버지가 아직 살아 계시느냐 너희에게 아우가 있느
냐 하기로 그 묻는 말에 따라 그에게 대답한 것이니 그가 너희의 아우를 데리고
내려오라 할 줄을 우리가 어찌 알았으리이까 유다가 그의 아버지 이스라엘에게

이르되 저 아이를 나와 함께 보내시면 우리가 곧 가리니 그러면 우리와 아버지와 우리 어린 아이들이 다 살고 죽지 아니하리이다 내가 그를 위하여 담보가 되오리니 아버지께서 내 손에서 그를 찾으소서 내가 만일 그를 아버지께 데려다가 아버지 앞에 두지 아니하면 내가 영원히 죄를 지리이다 (창 43:3-9)

애굽에서 가져온 곡식이 다 떨어지자 야곱이 다시 양식을 사 오라고 합니다. 그래서 유다가 시므온을 구하기 위해서는 베냐민을 데려가야 한다고 아버지를 설득합니다. 만약에 베냐민에게 문제가 생기면 자신이 담보가 되어 그를 대신하고, 베냐민은 반드시 아버지에게 보낼 것이라고 다짐합니다. 이런 유다의 생명을 건 약속에 야곱의 마음이 움직입니다.

죄인들의 담보물이 되신 예수님

유다가 자신의 생명을 담보로 베냐민을 구할 것이라고 한 것은 예수님이 당신의 생명을 담보로 우리를 구원하실 것을 예표하는 것입니다. 주님께서 죄인을 구원하시기 위해 그의 생명을 담보로 내어주신 것입니다.

야곱의 마지막 내려놓음

네 아우도 데리고 떠나 다시 그 사람에게로 가라 전능하신 하나님께서 그 사람 앞에서 너희에게 은혜를 베푸사 그 사람으로 너희 다른 형제와 베냐민을 돌려보내게 하시기를 원하노라 내가 자식을 잃게 되면 잃으리로다 그 형제들이 예물을 마련하고 갑절의 돈을 자기들의 손에 가지고 베냐민을 데리고 애굽에 내려가서

요셉 앞에 서니라 (창 43:13-15)

야곱의 일생은 자기를 부인하는 싸움의 연속이었습니다. 천사와 씨름 중 뼈가 어긋나면서부터 자신의 자아가 깨지는 경험을 했습니다. 이제 하나님은 야곱에게 마지막으로 자기를 내려놓을 것을 요구하십니다. 야곱은 자신의 우상이었던 베냐민을 하나님 앞에 내려놓아야 하는 상황으로 빠져듭니다.

잃게 되면 잃으리라

너희 손에 갑절의 돈을 가지고 너희 자루 아귀에 도로 넣어져 있던 그 돈을 다시 가지고 가라 혹 잘못이 있었을까 두렵도다 네 아우도 데리고 떠나 다시 그 사람에게로 가라 전능하신 하나님께서 그 사람 앞에서 너희에게 은혜를 베푸사 그 사람으로 너희 다른 형제와 베냐민을 돌려보내게 하시기를 원하노라 내가 자식을 잃게 되면 잃으리로다 (창 43:12-14)

야곱은 "내가 자식을 잃게 되면 잃으리로다"라고 하면서 결국 자기를 내려놓습니다. 야곱의 마지막 내려놓음입니다. 야곱은 총리에게 줄 예물과 갑절의 돈을 준비시켜 아들들을 애굽으로 보냅니다. 이것은 단순한 포기나 체념이 아닙니다. 그가 자신의 마지막 우상을 내려놓는 순간입니다. 이제 그의 삶에서 오직 하나님 한 분만 의지하는 것입니다. 하나님 한 분만 남겨 놓은 것입니다.

하나님께서 은혜를 베푸셔서 다른 형제와 베냐민을 돌려보내시기를 원하지만, "내가 자식을 잃게 되면 잃으리로다"라고 한 것입니다. 마치 다니엘의 세 친구가 "그리 아니하실지라도"의 고백을 드린 것처럼 말입니다.

2. 요셉이 집으로 초청하다

요셉은 베냐민이 그들과 함께 있음을 보고 자기의 청지기에게 이르되 이 사람들을 집으로 인도해 들이고 짐승을 잡고 준비하라 이 사람들이 정오에 나와 함께 먹을 것이니라 청지기가 요셉의 명대로 하여 그 사람들을 요셉의 집으로 인도하니 … 그가 이르되 너희는 안심하라 두려워하지 말라 너희 하나님, 너희 아버지의 하나님이 재물을 너희 자루에 넣어 너희에게 주신 것이니라 너희 돈은 내가 이미 받았느니라 하고 시므온을 그들에게로 이끌어내고 (창 43:16-17, 43:23)

형들이 애굽에 도착하자 요셉이 자신의 집으로 형들을 인도해서 짐승을 잡고 풍성한 대접을 합니다. 시므온도 옥에서 데려와서 음식을 먹게 했습니다. 그리고 곡식 자루에 든 돈 때문에 염려하는 형들에게 요셉의 청지기는 그 재물을 주신 분이 하나님이라고 하면서 그들을 안심시킵니다.

하나님의 꿈이 성취되다

요셉이 집으로 오매 그들이 집으로 들어가서 예물을 그에게 드리고 땅에 엎드려 절하니 (창 43:26)

20여 년 전에 꾼 꿈, 즉 형제들의 볏단이 자신의 볏단을 향해 절하는 꿈이 온전히 이루어지는 장면입니다(창 37장). 하나님이 보이신 것은 반드시 성취됩니다.

베냐민과의 만남

요셉이 눈을 들어 자기 어머니의 아들 자기 동생 베냐민을 보고 이르되 너희가
내게 말하던 너희 작은 동생이 이 아이냐 그가 또 이르되 소자여 하나님이 네게
은혜 베푸시기를 원하노라 요셉이 아우를 사랑하는 마음이 복받쳐 급히 울 곳
을 찾아 안방으로 들어가서 울고 얼굴을 씻고 나와서 그 정을 억제하고 음식을
차리라 하매 그들이 요셉에게 따로 차리고 그 형제들에게 따로 차리고 그와 함
께 먹는 애굽 사람에게도 따로 차리니 애굽 사람은 히브리 사람과 같이 먹으면
부정을 입음이었더라 그들이 요셉 앞에 앉되 그들의 나이에 따라 앉히게 되니
그들이 서로 이상히 여겼더라 요셉이 자기 음식을 그들에게 주되 베냐민에게는
다른 사람보다 다섯 배나 주매 그들이 마시며 요셉과 함께 즐거워하였더라 (창
43:29-34)

그리고 요셉은 자신의 동생 베냐민을 보는 순간 감정을 억제하지 못하
고 다른 곳으로 가서 울다가 왔습니다. 베냐민에게는 음식을 다른 사람보
다 5배나 더 주고 요셉과 함께 마시며 즐거워했습니다.

은잔으로 시험하는 요셉

베냐민의 자루에 은잔을 넣다

요셉이 그의 집 청지기에게 명하여 이르되 양식을 각자의 자루에 운반할 수 있을 만큼 채우고 각자의 돈을 그 자루에 넣고 또 내 잔 곧 은잔을 그 청년의 자루 아귀에 넣고 그 양식 값 돈도 함께 넣으라 하매 그가 요셉의 명령대로 하고 아침이 밝을 때에 사람들과 그들의 나귀들을 보내니라 (창 44:1-3)

요셉은 마지막으로 형들을 테스트합니다. 이번에는 은잔 시험입니다. 요셉은 형들에게 곡식을 주고 돌려보내면서 베냐민 자루에다 은잔을 슬쩍 넣어 둡니다. 왜 그랬을까요? 이는 형들의 마음을 확인하고자 하는 것입니다. 혹시 베냐민을 위해 대신 죽고자 하는 형이 나올까 궁금했습니다. 22년 전에는 자신에 대한 시기와 질투 때문에 동생을 죽이려고 했던 형들입니다. 요셉은 22년이 지난 지금 형들이 얼마나 변화되었는지 알고 싶었습니다. 즉 베냐민을 살리기 위해 희생을 각오하는 형제가 있을지 보고 싶었던 것입니다.

재미있는 것은 저자가 은을 강조하고 있다는 점입니다. 형들은 22년 전에 요셉을 은 20세겔에 팔았습니다. 그런데 요셉이 형들을 대하는 42~45장까지 은이나 돈이라는 단어가 정확히 20번 나옵니다. 이에 대해 나훔 사르나는 원저자가 은 20세겔을 받고 요셉을 팔았던 일을 회상케하기 위해 은이나 돈이라는 단어를 의도적으로 20번이나 쓰고 있다고 주장합니다.[74]

---

74 송병현, 『엑스포지멘터리 창세기』(서울: 국제제자훈련원, 2010), p. 757.

베냐민의 자루에서 발견된 은잔

그들이 각각 급히 자루를 땅에 내려놓고 자루를 각기 푸니 그가 나이 많은 자에게서부터 시작하여 나이 적은 자에게까지 조사하매 그 잔이 베냐민의 자루에서 발견된지라 그들이 옷을 찢고 각기 짐을 나귀에 싣고 성으로 돌아 가니라 유다와 그의 형제들이 요셉의 집에 이르니 요셉이 아직 그 곳에 있는지라 그의 앞에서 땅에 엎드리니 요셉이 그들에게 이르되 너희가 어찌하여 이런 일을 행하였느냐 나 같은 사람이 점을 잘 치는 줄을 너희는 알지 못하였느냐 유다가 말하되 우리가 내 주께 무슨 말을 하오리이까 무슨 설명을 하오리이까 우리가 어떻게 우리의 정직함을 나타내리이까 하나님이 종들의 죄악을 찾아내셨으니 우리와 이 잔이 발견된 자가 다 내 주의 노예가 되겠나이다 (창 44:11-16)

요셉은 그의 청지기를 보내 베냐민의 자루를 점검하게 합니다. 그리고 베냐민의 자루에서 은잔이 발견됩니다. 이때 형들은 자신들의 옷을 찢으며 괴로워했습니다. 22년 전에 요셉의 옷을 찢었던 형들이 이제는 자신들의 옷을 찢고 있습니다. 하나님은 공의의 하나님이십니다.

그들은 요셉의 집으로 돌아갔습니다. 유다와 그의 형제들이 요셉의 집에 와서 요셉에게 엎드렸습니다. '유다와 그의 형제들'이란 표현에서 성경은 유다의 주도권을 부각시키고 있습니다. 이는 앞으로 유다가 형제들을 리드해 나가게 될 지도자임을 부각하는 것입니다. 왜냐하면 유다 지파에서 예수 그리스도가 나와야 하기 때문입니다. 베냐민의 자루에서 은잔이 발견되자 유다가 "하나님이 종들의 죄악을 찾아내셨으니 우리와 이 잔이 발견된 자가 다 내 주의 노예가 되겠나이다"라고 말합니다.

유다의 탄원과 희생

유다가 말하되 우리가 내 주께 무슨 말을 하오리이까 무슨 설명을 하오리이까 우리가 어떻게 우리의 정직함을 나타내리이까 하나님이 종들의 죄악을 찾아내셨으니 우리와 이 잔이 발견된 자가 다 내 주의 노예가 되겠나이다 (창 44:16)

우리가 내 주께 아뢰되 우리에게 아버지가 있으니 노인이요 또 그가 노년에 얻은 아들 청년이 있으니 그의 형은 죽고 그의 어머니가 남긴 것은 그뿐이므로 그의 아버지가 그를 사랑하나이다 하였더니 주께서 또 종들에게 이르시되 그를 내게로 데리고 내려와서 내가 그를 보게 하라 하시기로 우리가 내 주께 말씀드리기를 그 아이는 그의 아버지를 떠나지 못할지니 떠나면 그의 아버지가 죽겠나이다 (창 44:20-22)

우리가 이르되 우리가 내려갈 수 없나이다 우리 막내 아우가 함께 가면 내려가려니와 막내 아우가 우리와 함께 가지 아니하면 그 사람의 얼굴을 볼 수 없음이니이다 주의 종 우리 아버지가 우리에게 이르되 너희도 알거니와 내 아내가 내게 두 아들을 낳았으나 (창44:26-27)

주의 종이 내 아버지에게 아이를 담보하기를 내가 이를 아버지께로 데리고 돌아오지 아니하면 영영히 아버지께 죄짐을 지리이다 하였사오니 이제 주의 종으로 그 아이를 대신하여 머물러 있어 내 주의 종이 되게 하시고 그 아이는 그의 형제들과 함께 올려 보내소서 그 아이가 나와 함께 가지 아니하면 내가 어찌 내 아버지에게로 올라갈 수 있으리이까 두렵건대 재해가 내 아버지에게 미침을 보리이다 (창 44:32-34)

유다의 탄원의 말 중에 유다를 비롯한 요셉의 이복형들의 깊은 상처를 볼 수 있습니다. 유다는 그의 아버지 야곱에 대해 이야기하던 중 야곱이 형제들에게 했던 말을 인용합니다. "너희도 알거니와 내 아내가 내게 두 아들을 낳았으나"

야곱의 말을 자세히 살펴보면 그에게 있어 아내는 오직 라헬뿐인 것처럼 말하고, 아들은 오직 요셉과 베냐민뿐인 것처럼 둘이라고 합니다. 어쩌면 이것이 야곱의 진심일지도 모릅니다. 자기가 사랑했던 라헬의 두 아들을 제외하고는 레아와 실바와 빌하의 소생들에게는 관심도 제대로 주지 않았던 것입니다. 그렇다면 요셉의 이복형들의 상처와 고통은 얼마나 컸겠습니까? 자신들의 어머니는 아버지의 아내 취급도 못 받았고, 자신들 또한 아들 취급을 못 받은 상처와 아픔은 이루 헤아릴 수 없었을 것입니다.

여기서 요셉은 형들의 말을 통해 자기보다 더 큰 상처를 가지고 아파하면서 살아온 형들의 마음을 깨닫게 되었는지도 모릅니다. 우리는 남의 상처와 아픔이 얼마나 크고 고통스러운지에 대해서는 관심이 없습니다. 오직 나의 고통이 이 세상에서 제일 큰 것처럼 아파합니다. 하지만 결코 그렇지 않습니다. 나보다 더 큰 상처와 아픔을 가지고 사는 사람들이 있음을 명심하십시오.

유다는 아버지의 생명과 베냐민의 생명이 하나로 묶여 있기 때문에 베냐민이 정말 잘못된다면 아버지께서 살아 계실 수 없으므로 요셉에게 선처를 호소하고 있습니다. 유다가 탄원하기를, 베냐민은 풀어주되 대신 자신이 종이 될 것을 말합니다. 그리고 베냐민은 그의 형제들과 함께 올라가게 해 달라고 탄원합니다. 어떤 형제도 베냐민 대신 자신이 종이 되겠다고 선뜻 나선 것은 아닙니다. 하지만 유독 유다만은 베냐민을 살릴 수 있다면 자신이 대신 종이 되겠노라고 합니다. 유다는 어마어마한 희생을 각오한 것입니다. 베냐민을 살리기 위해 자신의 생명과 인생을 던진 것입니다.

이것을 보고 요셉의 마음이 녹기 시작합니다. 22년 전에는 자기가 살겠다고 동생 요셉을 팔아넘겼는데, 이제는 동생 베냐민을 살리겠다고 자신이 죽는 자리에 기꺼이 나오는 형들과 유다를 보면서 마음에 감격한 것입니다. 요셉은 22년 동안 자신을 바꾸셨던 하나님께서 요셉이 보이지 않는 시간 동안 형들도 바꾸어 놓으신 것을 확인하게 되었습니다. 하나님께서는 형들 안에서 일하셨던 것입니다.

유다의 희생 속에 보이는 예수님의 대속 사역

우리는 유다의 모습에서 예수 그리스도를 보게 됩니다. 동생 베냐민을 살리기 위해 자신의 생명을 내놓은 유다는 죄인인 우리를 위해 십자가에서 자신의 생명을 내어주신 예수 그리스도의 모형입니다.

시간 속에 일하시는 하나님

하나님은 시간 속에서 일하시는 분입니다. 22년의 세월 속에서 요셉도 형들도 용서와 사랑을 배웠습니다. 그러므로 나도 나 자신과 다른 자들을 기다려줘야 합니다. 그들도 언젠가는 변화 받는 날이 오기 때문입니다.

하나님의 섭리

1. 자신을 밝힌 요셉

요셉이 시종하는 자들 앞에서 그 정을 억제하지 못하여 소리 질러 모든 사람을 자기에게서 물러가라 하고 그 형제들에게 자기를 알리니 그 때에 그와 함께 한 다른 사람이 없었더라 요셉이 큰 소리로 우니 애굽 사람에게 들리며 바로의 궁중에 들리더라 요셉이 그 형들에게 이르되 나는 요셉이라 내 아버지께서 아직 살아 계시니이까 형들이 그 앞에서 놀라서 대답하지 못하더라 요셉이 형들에게 이르되 내게로 가까이 오소서 그들이 가까이 가니 이르되 나는 당신들의 아우 요셉이니 당신들이 애굽에 판 자라 (창 45:1-4)

창세기 45장은 드디어 요셉이 형들 앞에서 자신의 정체를 밝히고 열두 형제가 눈물로 화해하는 장면입니다. 막냇동생 베냐민을 대신해서 그 벌을 자신이 받겠다고 나서는 형들을 보면서 요셉은 자신이 누구인지 밝히게 됩니다. 형들은 마침내 시험을 통과한 것입니다.

요셉은 변화된 형들의 모습을 확인하자 마음에 정을 억제하지 못했습니다. 그래서 형제들에게 자신이 22년 전 형들의 손에 팔려간 요셉임을 밝힙니다. '나는 요셉이라'라고 밝히는 순간 형들은 너무 당황했을 것입니다. 요셉의 첫마디는 "내 아버지께서 아직 살아 계시니이까"였습니다.

하나님의 섭리

당신들이 나를 이 곳에 팔았다고 해서 근심하지 마소서 한탄하지 마소서 하나님이 생명을 구원하시려고 나를 당신들보다 먼저 보내셨나이다 이 땅에 이 년 동안 흉년이 들었으나 아직 오 년은 밭갈이도 못하고 추수도 못할지라 하나님이 큰 구원으로 당신들의 생명을 보존하고 당신들의 후손을 세상에 두시려고 나를 당신들보다 먼저 보내셨나니 그런즉 나를 이리로 보낸 이는 당신들이 아니요 하나님이시라 하나님이 나를 바로에게 아버지로 삼으시고 그 온 집의 주로 삼으시며 애굽 온 땅의 통치자로 삼으셨나이다 (창 45:5-8)

요셉은 자신을 죽이려고 했고 애굽 땅으로 팔아버렸던 형들에 대한 처절한 복수심을 어떻게 녹여내었을까요? 하나님의 섭리를 깨달았기 때문입니다. 요셉은 "당신들이 나를 이 곳에 팔았다고 해서 근심하지 마소서 한탄하지 마소서 하나님이 생명을 구원하시려고 나를 당신들보다 먼저 보내셨나이다"라고 형들을 위로합니다. 또한 "하나님이 큰 구원으로 당신들의 생명을 보존하고 당신들의 후손을 세상에 두시려고 나를 당신들보다 먼저 보내셨나니 그런즉 나를 이리로 보낸 이는 당신들이 아니요 하나님이시라"라고 선포합니다.

요셉이 형들을 용서할 수 있었던 것은 그의 인격이나 기질 때문이 아닙니다. 오직 하나님이 이 모든 상황을 섭리하신 것임을 깨달았기 때문입니다. 비록 형들이 자신을 팔아서 여기까지 왔지만, 형들이 아니라 하나님이 자신을 이곳으로 보내셨음을 알게 된 것입니다. 그리고 하나님이 자신을 이곳으로 보내신 이유가 형들의 생명과 아버지의 가문, 그리고 온 세상 사람들을 살리기 위해서라는 것을 하나님의 섭리 안에서 녹여낸 것입니다.

요셉은 자신 한 사람을 만들기 위해서 형들을 도구로 쓰신 하나님의 섭리를 깨달았습니다. 하나님께서 기근으로 굶어가는 온 세상 백성들의 생명을 구원하고 살려내시는 것이 하나님의 섭리입니다. 하나님이 큰 구원으로 형들의 생명을 보존하고 그들의 후손을 세상에 두시려고 애굽으로 자신을 먼저 보내셨다는 하나님의 섭리를 깨닫게 되자 형들을 용서할 수 있었던 것입니다. 이렇게 요셉은 하나님의 큰 섭리라는 용광로를 깨달았기 때문에 그 안에서 아픔과 상처를 모두 녹여 버릴 수 있었습니다.

고난보다 고난에 대한 해석이 더 중요하다

나는 내게 허락된 모든 환경, 부모, 자녀, 배우자, 사람들, 직장, 학교, 관계, 나의 목회, 나의 기질까지도 하나님의 간섭과 섭리가 있음을 인정합니까? 또한 그 안에서 하나님이 일하고 계심을 믿습니까? 그렇다면 내 삶을 바라보는 눈이 어떠해야 할까요? 고난보다 더 중요한 것은 고난에 대한 해석입니다. 고난을 하나님의 눈과 섭리 안에서 바라보는 눈이 열려야 합니다.

형들과의 입맞춤

당신들은 속히 아버지께로 올라가서 아뢰기를 아버지의 아들 요셉의 말에 하나님이 나를 애굽 전국의 주로 세우셨으니 지체 말고 내게로 내려오사 아버지의 아들들과 아버지의 손자들과 아버지의 양과 소와 모든 소유가 고센 땅에 머물며 나와 가깝게 하소서 흉년이 아직 다섯 해가 있으니 내가 거기서 아버지를 봉양하리이다 아버지와 아버지의 가족과 아버지께 속한 모든 사람에게 부족함이 없도록 하겠나이다 하더라고 전하소서 당신들의 눈과 내 아우 베냐민의 눈이 보는 바 당신들에게 이 말을 하는 것은 내 입이라 당신들은 내가 애굽에서 누리는 영화와 당신들이 본 모든 것을 다 내 아버지께 아뢰고 속히 모시고 내려오소서 하며 자기 아우 베냐민의 목을 안고 우니 베냐민도 요셉의 목을 안고 우니라 요셉이 또 형들과 입맞추며 안고 우니 형들이 그제서야 요셉과 말하니라 (창 45:9-15)

그리고 요셉은 자신이 애굽의 총리가 되었으니 지체하지 말고 아버지를 모시고 내려올 것을 말합니다. 아직도 흉년이 5년이나 남았기 때문에 요셉의 보호 아래 살 것을 말합니다. 요셉은 형들을 용서할 뿐만 아니라 그들을 위해 최선을 다해 살길을 제공합니다.

그리고 나서 요셉은 친동생 베냐민의 목을 서로 안고 울었습니다. 그리고 형들과 입을 맞춥니다. 드디어 평생 동안 하나 되지 못했던 열두 형제가 비로소 화해하는 자리에 이르게 되었습니다. 여기서 우리가 봐야 할 창세기의 큰 그림이 있습니다. 창세기의 초반부인 4장에서는 가인이 아벨을 죽이는 형제간의 살인이 등장합니다. 반면 창세기의 후반부인 45장에서는 형들과 요셉의 화해, 즉 형제간의 화해의 모습이 그려지고 있습니다. 이는 일종의 수미쌍괄식(inclusio) 구조라고 할 수 있습니다. 이렇듯 성경은 아무렇게나 쓰인 것이 아니라 저자의 신학적 의도가 반영된 잘 짜인 구조임을 알 수 있습니다.

2. 바로 왕의 초청

바로는 요셉에게 이르되 네 형들에게 명령하기를 너희는 이렇게 하여 너희 양식을 싣고 가서 가나안 땅에 이르거든 너희 아버지와 너희 가족을 이끌고 내게로 오라 내가 너희에게 애굽의 좋은 땅을 주리니 너희가 나라의 기름진 것을 먹으리라 이제 명령을 받았으니 이렇게 하라 너희는 애굽 땅에서 수레를 가져다가 너희 자녀와 아내를 태우고 너희 아버지를 모셔 오라 또 너희의 기구를 아끼지 말라 온 애굽 땅의 좋은 것이 너희 것임이니라 (창 45:17-20)

바로가 요셉의 친형들이 왔다는 소식을 듣자 요셉의 가족들을 환대하고 요셉의 아버지 야곱을 애굽으로 초청합니다. 바로는 요셉의 형제들에게 수레를 제공해서 아버지를 모셔 올 수 있도록 하고 양식을 제공해 주었습니다. 야곱의 후손들을 통해 이스라엘이라는 민족을 이루고자 하시는 하나님의 계획이 착착 진행됩니다.

야곱에게 요셉의 일을 보고하다

그들이 애굽에서 올라와 가나안 땅으로 들어가서 아버지 야곱에게 이르러 알리어 이르되 요셉이 지금까지 살아 있어 애굽 땅 총리가 되었더이다 야곱이 그들의 말을 믿지 못하여 어리둥절 하더니 그들이 또 요셉이 자기들에게 부탁한 모든 말로 그에게 말하매 그들의 아버지 야곱은 요셉이 자기를 태우려고 보낸 수레를 보고서야 기운이 소생한지라 이스라엘이 이르되 족하도다 내 아들 요셉이 지금까지 살아 있으니 내가 죽기 전에 가서 그를 보리라 하니라 (창 45:25-28)

요셉의 형제들은 바로가 제공해 준 선물을 싣고 가나안 땅 아버지에게로 돌아왔습니다. 그리고 요셉이 살아서 애굽의 총리가 되었다는 소식을 전하자 야곱은 이것을 믿지 못했습니다. 그러자 형들은 요셉이 자기들에게 부탁한 말을 전하고 요셉이 보낸 수레를 보고서야 야곱의 기운이 소생했습니다. 야곱은 죽기 전에 요셉을 보고자 애굽으로 이주할 것을 결정하게 됩니다.

묵상과 삶의 적용

야곱이 "내가 자식을 잃게 되면 잃으리로라"라며 하나님 앞에 자신을 내려놓자 하나님은 베냐민을 다시 돌려보내십니다. 하나님이 무엇인가를 내려놓으라고 하는 것은 마음을 확인하시는 것입니다. 그리고 다시 돌려주십니다. 나는 야곱처럼 하나님께 내려놓아야 할 것이 무엇인지 살펴보십시오.

창세기 46장

야곱 언약

1. 야곱과 맺은 언약(3차)

하나님께서 야곱과 세 번째 언약을 맺으십니다. 하나님은 야곱 인생의
위기 때마다 나타나셔서 그와 언약을 맺으시고 그를 위로하십니다. 언약은
하나님이 하실 일을 반드시 하겠다는 하나님의 의지를 드러냅니다. 130세
라는 노령의 나이에 삶의 기반이 있는 가나안 땅을 떠나서 낯선 이방 땅인
애굽으로 내려가는 야곱에게 하나님은 애굽에 내려가는 것이 하나님의 계
획임을 야곱에게 확신시켜 주십니다.

브엘세바의 제사

이스라엘이 모든 소유를 이끌고 떠나 브엘세바에 이르러 그의 아버지 이삭의 하
나님께 희생제사를 드리니 (창 46:1)

야곱은 모든 소유를 이끌고 애굽으로 내려가는 길에 브엘세바에 도착했
습니다. 브엘세바는 애굽으로 내려가는 길목에 있는 가나안 지역 끝부분의
장소이기도 하지만, 영적인 장소이기도 합니다. 아브라함은 이곳 브엘세바
에서 에셀나무를 심고 영원하신 하나님의 이름을 불렀으며, 이삭은 기근의
때에 이곳 브엘세바에서 하나님을 만나서 제단을 쌓고 여호와의 이름을 불
렀습니다. 그러므로 브엘세바는 하나님이 자신과 자신의 계획을 드러내신
자리라고 할 수 있습니다. 나에게도 이런 브엘세바가 있습니까?

야곱은 브엘세바에서 제사를 드렸습니다. 제사를 드릴 때 밤중에 환상
중에 하나님이 이스라엘에게 나타나셨습니다. 야곱이 가는 마지막 길목인
브엘세바^(맹세의 우물)에서 희생 제사를 드린 것은 의미가 있습니다. 이곳은

오래전 아버지 이삭이 야곱을 에서로 잘못 알고 축복한 곳입니다. 아버지로부터 복을 받은 그곳에서 하나님께 제사를 드림으로써 이 모든 복이 하나님께로부터 온 것과 앞으로 애굽 땅의 삶을 하나님께 의탁하고 있는 것입니다.

야곱아

그 밤에 하나님이 이상 중에 이스라엘에게 나타나 이르시되 야곱아 야곱아 하시는지라 야곱이 이르되 내가 여기 있나이다 하매 하나님이 이르시되 나는 하나님이라 네 아버지의 하나님이니 애굽으로 내려가기를 두려워하지 말라 내가 거기서 너로 큰 민족을 이루게 하리라 (창 46:2-3)

하나님이 그를 야곱으로 부르십니다. 이는 많은 의미를 담고 있습니다. 야곱은 이스라엘이 되었지만, 하나님은 '너의 시작이 어디냐? 네가 야곱, 즉 속이는 자, 남의 뒤꿈치를 잡아 넘어뜨리는 자였음을 잊지 말라'는 것입니다. 다시 말해 야곱이 지금까지, 그리고 앞으로 받을 많은 복이 야곱의 자격 때문이 아님을 다시 한번 되새겨 주고 계십니다.

그런데 야곱이 애굽으로 내려갈 때 두려워했던 것으로 보입니다. 그래서 하나님은 "나는 하나님이라 네 아버지의 하나님이니 애굽으로 내려가기를 두려워하지 말라"고 말씀하십니다.

야곱 언약

하나님이 이르시되 나는 하나님이라 네 아버지의 하나님이니 애굽으로 내려가기를 두려워하지 말라 내가 거기서 너로 큰 민족을 이루게 하리라 내가 너와 함께 애굽으로 내려가겠고 반드시 너를 인도하여 다시 올라올 것이며 요셉이 그의 손으로 네 눈을 감기리라 하셨더라 (창 46:3-4)

하나님은 야곱에게 세 번째로 약속을 하십니다. "거기서 너로 큰 민족을 이루게 하리라"고 하십니다. 실제로 야곱의 후손들이 애굽에 들어갈 때는 작은 가문이 들어갔는데 400년 후 애굽에서 나올 때는 한 민족이 되어 나오게 하셨습니다. 훗날 모세는 가나안 땅에 들어가기 직전 모압 평지에서 야곱에게 하신 하나님의 약속이 실제로 이루어졌음을 이렇게 묘사합니다.

애굽에 내려간 네 조상들이 겨우 칠십 인이었으나 이제는 네 하나님 여호와께서 너를 하늘의 별 같이 많게 하셨느니라 (신 10:22)

또한 하나님은 야곱과 함께 애굽으로 가고 반드시 그를 인도하여 다시 올라올 것이라고 약속하십니다. 이는 출애굽에서 이스라엘 백성과 함께 올라올 것을 예고하는 것입니다. 하나님은 말씀만 하시는 분이 아니라 당신의 말씀을 이루기 위해 직접 행동하시는 분입니다. 또한 하나님은 야곱만 애굽으로 내려보내시는 것이 아니라 하나님 자신이 직접 애굽으로 내려가시고, 400년 후에 이스라엘과 함께 가나안으로 올라오실 것입니다. 그러니 야곱은 두려워할 것이 없습니다. 그리고 요셉이 야곱의 눈을 감길 것을 말씀하셨는데, 실제로 요셉이 야곱의 장례를 치르게 됩니다(창 50장).

2. 애굽으로 내려간 야곱의 가족

레아의 자손들

- 르우벤-하녹, 발루, 헤스론, 갈미
- 시므온-여무엘, 야민, 오핫, 야긴, 스할, 사울
- 레위-게르손, 고핫, 므라리
- 유다-엘, 오난, 셀라, 베레스, 세라
    - 베레스-헤스론, 하물
- 잇사갈-돌라, 부와, 욥, 시므론
- 스불론-세렛, 엘론, 얄르엘
- 디나

실바의 자손들

- 갓-시본, 학기, 수니, 에스본, 에리, 아로디, 아렐리
- 아셀-임나, 이스와, 이스위, 브리아, 그들의 누이 세라
    - 브리아-헤벨, 말기엘

라헬의 자손들

- 요셉-므낫세, 에브라임
- 베냐민-벨라, 베겔, 아스벨, 게라, 나아만, 에히, 로스, 뭅빔, 훕빔, 아릇

빌하의 자손들

- 단-후심
- 납달리-야스엘, 구니, 예셀, 실렘

야곱의 가문 70명이 애굽으로 이주하다

야곱과 함께 애굽에 들어간 자는 야곱의 며느리들 외에 육십육 명이니 이는 다 야곱의 몸에서 태어난 자이며 애굽에서 요셉이 낳은 아들은 두 명이니 야곱의 집 사람으로 애굽에 이른 자가 모두 칠십 명이었더라 (창 46:26-27)

야곱의 후손 70명은 하나님의 섭리 가운데 애굽으로 이주하여 정착하게 됩니다. 성경이 '70'을 강조하는 또 다른 이유가 있습니다. 히브리 사람들에게 '7'은 완전수입니다. 노아 시대에 홍수 심판 후 노아의 세 아들인 셈과 함과 야벳의 후손들이 전 세계에 퍼집니다. 창세기 11장에 나오는 그들의 부족을 전부 세어 보면 70부족입니다. 또한 신약에서 보면 예수님께서 70명의 제자를 전도대로 파송하십니다(눅 10장).

3. 야곱과 요셉이 만나다

요셉이 그의 수레를 갖추고 고센으로 올라가서 그의 아버지 이스라엘을 맞으며 그에게 보이고 그의 목을 어긋맞춰 안고 얼마 동안 울매 이스라엘이 요셉에게 이르되 네가 지금까지 살아 있고 내가 네 얼굴을 보았으니 지금 죽어도 족하도다 (창 46:29-30)

드디어 야곱과 요셉이 만났습니다. 20여 년 만의 만남입니다. 야곱은 요셉을 만난 후 17년을 더 살다가 147세에 죽음을 맞습니다. 죽은 줄만 알았던 아들을 20여 년 만에 만나는 아비의 마음이 어떠하겠습니까? 두 사람의

20여 년 동안의 고난과 고통이 하나님의 섭리 가운데 끝나고 열매를 맺는 장면입니다.

고난은 언젠가 끝이 납니다

지금 내가 겪고 있는 고난과 아픔도 언젠가는 끝날 때가 있습니다. 하나님의 인도와 섭리하심을 믿어야 합니다. 하나님은 나의 고난을 바꾸어 도리어 복이 되게 하실 것입니다.

고센 땅에 이르다

바로가 당신들을 불러서 너희의 직업이 무엇이냐 묻거든 당신들은 이르기를 주의 종들은 어렸을 때부터 지금까지 목축하는 자들이온데 우리와 우리 선조가 다 그러하니이다 하소서 애굽 사람은 다 목축을 가증히 여기나니 당신들이 고센 땅에 살게 되리이다 (창 46:33-34)

야곱의 가족들은 고센 땅에 들어와서 살게 되었습니다. 요셉이 형들 가운데 5명을 택해서 바로에게 들어갈 때 바로가 생업이 무엇이냐고 물으면 목축업이라고 답하도록 했습니다. 왜냐하면 애굽 사람들은 유목민을 비천하게 여겼기 때문에 그들을 정치적 위험 세력으로 보지 않기 때문입니다. 그리고 70명 정도는 애굽이라는 나라에서는 위험이 되지 않는 숫자이기도 합니다. 이 지역은 나일강과 가까워서 물이 풍족하고 목축하기에 적절한 땅입니다.

그들은 이 고센 땅에서 400년을 살면서 70명에서 무려 200만 명 이상의 민족이 되었습니다.

요셉의 통치

1. 바로를 축복하는 야곱

요셉이 자기 아버지 야곱을 인도하여 바로 앞에 서게 하니 야곱이 바로에게 축복하매 바로가 야곱에게 묻되 네 나이가 얼마냐 야곱이 바로에게 아뢰되 내 나그네 길의 세월이 백삼십 년이니이다 내 나이가 얼마 못 되니 우리 조상의 나그네 길의 연조에 미치지 못하나 험악한 세월을 보내었나이다 하고 야곱이 바로에게 축복하고 그 앞에서 나오니라 (창 47:7-10)

창세기 47장은 아버지와 형들을 고센 땅에 잘 안착시킨 후 요셉이 애굽을 어떻게 통치했는지에 대해서 기록하고 있습니다. 요셉이 바로 앞에 아버지 야곱을 인도합니다. 그런데 야곱이 두 번씩이나 축복합니다. 세상의 눈으로 보면 바로가 야곱을 축복해야 하는데, 오히려 야곱이 바로 왕을 축복합니다. 세상을 축복하는 것은 하나님의 백성이지, 세상이 아닙니다. 세상이 하나님의 백성을 축복할 수는 없습니다. 복은 높은 자가 낮은 자를 축복하는 것입니다. 더 높은 차원의 복을 가진 자가 그것을 가지지 못한 자를 축복하는 것입니다.

신자는 이미 세상 최고의 복을 가진 자입니다

교회는 세상이 가지지 못한 하늘의 복과 신령한 복, 즉 복음을 가졌습니다. 그러므로 하나님 백성들은 세상을 복음으로 축복할 수 있는 특권과 책임을 가집니다. 나는 이런 신령한 복을 소유한 자로서 당당히 살아가고 있습니까?

험악한 세월 130년

바로가 요셉에게 "네 나이가 얼마냐"라고 묻자, 야곱이 "내 나그네 길의 세월이 백삼십 년이니이다 … 험악한 세월을 보내었나이다"라고 답했습니다. 야곱이 살았던 험악한 인생은 하나님이 야곱의 자아를 깨뜨리기 위해 130년의 '연단'의 세월이었습니다. 이 험악한 세월과 연단의 훈련이 끝난 시점은 바로 "잃게 되면 잃으리로다" 하고 베냐민을 내려놓았던 때입니다.

험악한 세월의 이유

신자는 예수님을 믿자마자 모든 일이 잘되고 번창하는 삶을 사는 것이 아닙니다. 오히려 하나님의 온전한 사람이 되기 위해 연단의 기간(험악한 세월)을 통과하도록 하십니다. 이런 '험악한 세월'을 겪으면서 하나님의 손길로 우리는 더욱 온전히 빚어지는 것입니다.

라암셋에 거주하다

요셉이 바로의 명령대로 그의 아버지와 그의 형들에게 거주할 곳을 주되 애굽의 좋은 땅 라암셋을 그들에게 주어 소유로 삼게 하고 또 그의 아버지와 그의 형들과 그의 아버지의 온 집에 그 식구를 따라 먹을 것을 주어 봉양하였더라 (창 47:11-12)

라암셋은 '라(Ra; 태양신)가 그를 창조했다'라는 뜻을 가진 고센 땅의 한 지역입니다. 이곳에서 야곱의 후손들은 400년 동안 수백 만의 민족으로 번성하게 됩니다. 애굽의 태양신인 '라'가 아니라 '여호와 하나님'께서 민족을 창조하신 것입니다.

2. 요셉의 통치와 정착

기근이 더욱 심하여 사방에 먹을 것이 없고 애굽 땅과 가나안 땅이 기근으로 황폐하니 요셉이 곡식을 팔아 애굽 땅과 가나안 땅에 있는 돈을 모두 거두어들이고 그 돈을 바로의 궁으로 가져가니 (창 47:13-14)

우리가 어찌 우리의 토지와 함께 주의 목전에 죽으리이까 우리 몸과 우리 토지를 먹을 것을 주고 사소서 우리가 토지와 함께 바로의 종이 되리니 우리에게 종자를 주시면 우리가 살고 죽지 아니하며 토지도 황폐하게 되지 아니하리이다 그러므로 요셉이 애굽의 모든 토지를 다 사서 바로에게 바치니 애굽의 모든 사람들이 기근에 시달려 각기 토지를 팔았음이라 땅이 바로의 소유가 되니라 (창 47:19-20)

요셉이 백성에게 이르되 오늘 내가 바로를 위하여 너희 몸과 너희 토지를 샀노라 여기 종자가 있으니 너희는 그 땅에 뿌리라 추수의 오분의 일을 바로에게 상납하고 오분의 사는 너희가 가져서 토지의 종자로도 삼고 너희의 양식으로도 삼고 너희 가족과 어린 아이의 양식으로도 삼으라 그들이 이르되 주께서 우리를 살리셨사오니 우리가 주께 은혜를 입고 바로의 종이 되겠나이다 요셉이 애굽 토지법을 세우매 그 오분의 일이 바로에게 상납되나 제사장의 토지는 바로의 소유

가 되지 아니하여 오늘날까지 이르니라 (창 47:23-26)

　요셉은 7년의 풍년 때 곡식을 애굽의 각 성에 저장해 두었다가 7년의 흉년이 오자 저장해 놓았던 곡식을 팔고 돈이 떨어진 자들에게는 가축과 토지를 대가로 곡식을 사게 함으로써 이 모든 것들을 바로의 소유가 되게 했습니다. 바로는 자신에게 엄청난 부를 가져다주는 요셉을 더욱 신뢰하게 됩니다. 중요한 것은 요셉이 곡식으로 얻은 모든 돈과 가축과 토지를 바로의 궁으로 가져갔습니다. 바로가 요셉을 신뢰한 것은 그가 정직하고 투명했기 때문입니다.

하나님의 일꾼들은 절대로 정직해야 합니다

하나님의 일꾼들이 세상에서 인정받는 비결은 성실과 정직입니다. 그리스도인들은 누구보다도 자기가 맡은 일에 대해 성실하고 정직해야 합니다. 그래야 세상의 소금과 빛이 될 수 있습니다. 나는 모든 일에 투명한 자입니까?
　그리고 요셉이 토지 정책을 어떻게 했는지도 설명하고 있습니다. 바로의 소작농이 된 사람들에게 요셉은 수확의 1/5을 바로에게 바치게 했고, 4/5는 자신들을 위한 양식으로 허락했습니다. 요셉은 애굽의 경제 시스템을 최초로 세워서 국가의 조세 제도를 확립하는 데 큰 공헌을 했습니다. 이런 실력은 그가 노예살이 10년과 옥살이 3년의 세월 속에서 길러진 것입니다.

야곱 후손들의 번성

이스라엘 족속이 애굽 고센 땅에 거주하며 거기서 생업을 얻어 생육하고 번성하

였더라 (창 47:27)

고센 땅에서 야곱의 후손들은 크게 생육하고 번성했습니다. 이는 하늘의 별보다 바다의 모래보다 후손이 많을 것이라는 하나님과의 언약이 이루어지는 것입니다. 하나님의 약속은 때가 되면 반드시 이루어집니다.

3. 야곱의 유언: 조상의 묘지에 장사하라

야곱이 애굽 땅에 십칠 년을 거주하였으니 그의 나이가 백사십칠 세라 이스라엘이 죽을 날이 가까우매 그의 아들 요셉을 불러 그에게 이르되 이제 내가 네게 은혜를 입었거든 청하노니 네 손을 내 허벅지 아래에 넣고 인애와 성실함으로 내게 행하여 애굽에 나를 장사하지 아니하도록 하라 내가 조상들과 함께 눕거든 너는 나를 애굽에서 메어다가 조상의 묘지에 장사하라 요셉이 이르되 내가 아버지의 말씀대로 행하리이다 야곱이 또 이르되 내게 맹세하라 하매 그가 맹세하니 이스라엘이 침상 머리에서 하나님께 경배하니라 (창 47:28-31)

야곱이 147세가 되어 임종이 가까워지자 요셉을 불렀습니다. 그리고 요셉의 손을 아버지 야곱의 허벅지 아래에 넣고 자신을 애굽에 장사하지 말고 조상의 묘 막벨라굴에 장사할 것을 유언했습니다. 당시의 관례로 허벅지 안쪽은 남자의 생식기 쪽을 의미합니다. 이는 생명을 건 맹세로 생명을 걸고 약속을 지킨다는 의미입니다. 야곱은 자신이 죽고 난 후 애굽이 아닌 가나안 땅에 있는 조상의 묘지인 막벨라굴에 안장해 줄 것을 요구합니다. 왜일까요? 단지 고향을 향한 그리움일까요? 막벨라굴은 아브라함과 이삭이 묻혀 있는 곳입니다. 즉 언약의 조상이 있는 곳이자 약속의 땅입니다.

야곱은 비록 애굽에 살고 있지만, 항상 하나님의 약속이 있는 가나안을 소 망하고 있었던 것입니다.

4대 족장의 신앙 단계

아브라함 단계	이삭 단계	야곱 단계	요셉 단계
은혜로 선택받고 구원받음. 믿음으로 약속받음.	하나님 자녀가 순종함으로 축복받음.	고난: 우리 안의 자아 부수기	고난: 다른 영혼을 살리기 위한 사명적 고난

야곱의 축복

에브라임과 므낫세를 축복하다

이 일 후에 어떤 사람이 요셉에게 말하기를 네 아버지가 병들었다 하므로 그
가 곧 두 아들 므낫세와 에브라임과 함께 이르니 어떤 사람이 야곱에게 말하
되 네 아들 요셉이 네게 왔다 하매 이스라엘이 힘을 내어 침상에 앉아 요셉에
게 이르되 이전에 가나안 땅 루스에서 전능하신 하나님이 내게 나타나사 복을
주시며 내게 이르시되 내가 너로 생육하고 번성하게 하여 네게서 많은 백성이
나게 하고 내가 이 땅을 네 후손에게 주어 영원한 소유가 되게 하리라 하셨느
니라 내가 애굽으로 와서 네게 이르기 전에 애굽에서 네가 낳은 두 아들 에브
라임과 므낫세는 내 것이라 르우벤과 시므온처럼 내 것이 될 것이요 이들 후
의 네 소생은 네 것이 될 것이며 그들의 유산은 그들의 형의 이름으로 함께 받
으리라 (창 48:1-6)

야곱은 하나님께서 이전에 자신에게 나타나서 약속하셨던 말씀을 전합
니다. "내가 너로 생육하고 번성하게 하여 네게서 많은 백성이 나게 하고
내가 이 땅을 네 후손에게 주어 영원한 소유가 되게 하리라"고 하신 약속의
말씀이었습니다.

바뀐 오른손

이스라엘의 눈이 나이로 말미암아 어두워서 보지 못하더라 요셉이 두 아들을 이
끌어 아버지 앞으로 나아가니 이스라엘이 그들에게 입맞추고 그들을 안고 요셉
에게 이르되 내가 네 얼굴을 보리라고는 생각하지 못하였더니 하나님이 내게 네
자손까지도 보게 하셨도다 요셉이 아버지의 무릎 사이에서 두 아들을 물러나게

하고 땅에 엎드려 절하고 오른손으로는 에브라임을 이스라엘의 왼손을 향하게 하고 왼손으로는 므낫세를 이스라엘의 오른손을 향하게 하여 이끌어 그에게 가까이 나아가매 이스라엘이 오른손을 펴서 차남 에브라임의 머리에 얹고 왼손을 펴서 므낫세의 머리에 얹으니 므낫세는 장자라도 팔을 엇바꾸어 얹었더라 (창 48:10-14)

이제 야곱이 요셉의 두 아들 므낫세와 에브라임을 축복합니다. 이스라엘의 눈이 어두우므로 요셉이 오른손에는 장자인 므낫세를, 왼손에는 차자인 에브라임을 향하게 했습니다. 하지만 이스라엘은 손을 엇바꾸어 얹었습니다.

야곱의 축복

그가 요셉을 위하여 축복하여 이르되 내 조부 아브라함과 아버지 이삭이 섬기던 하나님, 나의 출생으로부터 지금까지 나를 기르신 하나님, 나를 모든 환난에서 건지신 여호와의 사자께서 이 아이들에게 복을 주시오며 이들로 내 이름과 내 조상 아브라함과 이삭의 이름으로 칭하게 하시오며 이들이 세상에서 번식되게 하시기를 원하나이다 요셉이 그 아버지가 오른손을 에브라임의 머리에 얹은 것을 보고 기뻐하지 아니하여 아버지의 손을 들어 에브라임의 머리에서 므낫세의 머리로 옮기고자 하여 그의 아버지에게 이르되 아버지여 그리 마옵소서 이는 장자이니 오른손을 그의 머리에 얹으소서 하였으나 그의 아버지가 허락하지 아니하며 이르되 나도 안다 내 아들아 나도 안다 그도 한 족속이 되며 그도 크게 되려니와 그의 아우가 그보다 큰 자가 되고 그의 자손이 여러 민족을 이루리라 하고 그 날에 그들에게 축복하여 이르되 이스라엘이 너로 말미암아 축복하기를 하나님이 네게 에브라임 같고 므낫세 같게 하시리라 하며 에브라임을 므낫세보다 앞세웠더라 이스라엘이 요셉에게 또 이르되 나는 죽으나 하나님이 너희와 함께 계시사 너희를 인도하여 너희 조상의 땅으로 돌아가게 하시려니와 (창 48:15-21)

야곱은 '나의 출생으로부터 지금까지 나를 기르시고 모든 환난에서 건지신 여호와 하나님'이심을 고백합니다.

야곱은 하나님에 대해 자신을 낳으시고 가르시고 모든 환란에서 건지시는 하나님이라고 고백합니다. 그렇습니다. 우리를 낳으신 분은 하나님이십니다. 육신의 부모를 통해 나게 생명을 주신 분이십니다. 그리고 나를 기르신 분이십니다. 내가 잘나서 이 자리까지 온 것이 아닙니다. 하나님이 먹이시고 입히시고 가르치시고 보호하시고 함께하신 것입니다. 또한 하나님은 나를 모든 위기와 어려움 속에서 지키고 이기게 하신 분입니다. 또한 야곱은 하나님에 대해 "내 조부 아브라함과 아버지 이삭이 섬기던 하나님"이라고 묘사합니다. 여기서 '섬기다'를 원문으로 좀 더 정확히 표현하면 '스스로 동행하다'입니다. 그러면 이 문장은 '내 조부 아브라함과 아버지 이삭과 스스로 동행하신 하나님'이라고 번역할 수 있습니다. 그렇습니다. 하나님은 당신의 택한 언약 백성들과 항상 동행하시는 분이십니다.

야곱은 요셉의 아들들에게 축복합니다. 이때 요셉이 아버지의 오른손을 므낫세의 머리로 옮기려고 하자 이스라엘이 허락하지 않고 '내가 다 안다'라고 하면서 작은 자가 더 큰 자가 될 것을 말하면서 에브라임을 오른손으로 축복합니다. 유대인들에게 오른쪽(손)은 영광과 존귀의 자리입니다.

야곱은 하나님의 계획이 차자인 에브라임에게 북 지파의 주도권을 주실 것을 성령의 감동으로 안 것입니다. 북이스라엘은 솔로몬 사후 12지파 중에서 10지파가 독립을 합니다. 남유다는 유다 지파가 주도적 역할을 했고, 북이스라엘 10지파는 에브라임 지파가 주도적 역할을 하게 됩니다. 여호수아도 에브라임 지파입니다.

야곱의 예언

1. 열두 아들을 향한 야곱의 축복과 예언

야곱이 그 아들들을 불러 이르되 너희는 모이라 너희가 후일에 당할 일을 내가 너희에게 이르리라 너희는 모여 들으라 야곱의 아들들아 너희 아버지 이스라엘에게 들을지어다 (창 49:1-2)

야곱은 죽기 전에 마지막으로 열두 아들을 불러서 축복합니다. 열두 아들의 축복 순서는 나이순이 아닙니다. 먼저 레아의 아들들, 그리고 두 첩의 아들들, 마지막으로 라헬의 아들들의 순입니다. 이 순서는 중요합니다. 왜냐면 그동안 라헬의 아들들을 지나치게 편애한 야곱이라면 당연히 요셉과 베냐민을 먼저 축복했을 것입니다. 그러나 야곱은 레아의 아들들을 먼저 축복하고 나이가 가장 어린 요셉과 베냐민을 마지막으로 축복합니다. 이 일은 평생 사랑받지 못하는 아들들이라는 상처와 아픔으로 살아온 그들의 마음이 녹는 계기가 됐을 것입니다. 야곱이 한 축복의 내용은 실제로 이스라엘 12지파의 역사를 살펴보면 정확하게 이루어집니다. 특히 유다를 향한 야곱의 축복이 중요한 이유는 그가 성령의 감동을 받아 장차 오실 메시아의 사역을 예언하고 있다는 점입니다.

이삭도 죽기 전에 두 아들을 축복했던 일이 있습니다. 이삭은 초기에는 영적으로 총명했지만, 나이가 들어서 영적으로 어두워지므로 장자권에 대한 하나님의 계획이 야곱에게 있다는 것을 알면서도 에서를 축복하려고 했습니다. 그러나 야곱은 반대입니다. 그는 오히려 나이가 들면서 영적으로 더 총명했음을 알 수 있습니다. 비록 그의 육신의 눈은 어두웠을지라도 영적인 분별력은 죽을 때까지 또렷했습니다.

르우벤

르우벤아 너는 내 장자요 내 능력이요 내 기력의 시작이라 위풍이 월등하고 권능이 탁월하다마는 물의 끓음 같았은즉 너는 탁월하지 못하리니 네가 아버지의 침상에 올라 더럽혔음이로다 그가 내 침상에 올랐었도다 (창 49:3-4)

야곱은 장남인 르우벤에 대해서 예언을 합니다. 르우벤은 인간적으로 탁월한 자였습니다. 그러나 그는 장자의 역할을 빼앗깁니다. 이는 르우벤에게 능력이 없어서가 아니라 그 능력을 육신의 정욕을 위해서 썼기 때문입니다. 르우벤은 아버지의 첩인 빌하를 범했습니다. 사사 시대의 삼손도 마찬가지입니다. 그도 사사 중에 가장 큰 능력을 받았지만, 육신의 정욕을 이기지 못해 넘어졌습니다. 르우벤은 육신의 정욕이 물이 끓김과 같았습니다. 이것을 다스리지 못하면 하나님께 쓰임 받지 못합니다.

영적 지도자는 자신을 다스리는 자입니다

신자가 육신의 정욕을 다스리지 못하면 하나님께 쓰임 받을 수 없을 뿐만 아니라 받은 축복을 다 빼앗기게 됩니다. 영적 지도자는 자신을 다스릴 줄 아는 자입니다. 자신의 정욕을 다스리지 못하면 영적 지도자가 될 수 없습니다. 나는 육신의 정욕을 다스리고 있습니까?

시므온과 레위

시므온과 레위는 형제요 그들의 칼은 폭력의 도구로다 내 혼아 그들의 모의에 상관하지 말지어다 내 영광아 그들의 집회에 참여하지 말지어다 그들이 그들의 분노대로 사람을 죽이고 그들의 혈기대로 소의 발목 힘줄을 끊었음이로다 그 노 여움이 혹독하니 저주를 받을 것이요 분기가 맹렬하니 저주를 받을 것이라 내가 그들을 야곱 중에서 나누며 이스라엘 중에서 흩으리로다 (창 49:5-7)

야곱은 시므온과 레위에게 그들의 칼이 폭력의 도구라고 선언합니다. 그리고 시므온과 레위가 자신들의 분노대로 사람을 죽이고 혈기대로 소의 발목 힘줄을 끊었기 때문에 저주를 받아 이스라엘 중에서 흩어질 것을 예언합니다. 이것은 역사적으로 이루어집니다. 시므온 지파는 남쪽 유다 지파에 흡수되어 없어지고(수 19:1, 9), 레위 지파는 제사장 지파가 되어 이스라엘 48개 성읍으로 흩어지게 됩니다(수 14:4; 21:41). 예언이 그대로

저주입니까, 축복입니까?

야곱이 르우벤, 시므온, 레위에게 한 유언은 저주처럼 보입니다. 아무리 그래도 자기 자식을 저주하는 유언을 하는 아버지가 어디 있단 말입니까? 다만 성경의 의도를 잘 살펴야 합니다. 르우벤의 인간적인 탁월함을 낮추는 것, 시므온 지파를 예수 그리스도가 나오게 될 유다 지파로 흡수시키는 것(유다 지파는 역사적으로 12지파의 지도적 역할을 함), 레위 지파를 제사장 지파로 삼아 전 국토의 48개 성읍으로 흩어져서 말씀의 사역자로 세우시는 것은 결코 저주가 아닌 세 지파를 향한 축복이고 회복입니다. 진노 중이라도 긍휼을 잊지 않으시는 하나님이심을 아십니까?(합 3:2)

성취되었습니다.

유다

유다야 너는 네 형제의 찬송이 될지라 네 손이 네 원수의 목을 잡을 것이요 네
아버지의 아들들이 네 앞에 절하리로다 유다는 사자 새끼로다 내 아들아 너는
움킨 것을 찢고 올라갔도다 그가 엎드리고 웅크림이 수사자 같고 암사자 같으
니 누가 그를 범할 수 있으랴 규가 유다를 떠나지 아니하며 통치자의 지팡이가
그 발 사이에서 떠나지 아니하기를 실로가 오시기까지 이르리니 그에게 모든 백
성이 복종하리로다 그의 나귀를 포도나무에 매며 그의 암나귀 새끼를 아름다운
포도나무에 맬 것이며 또 그 옷을 포도주에 빨며 그의 복장을 포도즙에 빨리로
다 그의 눈은 포도주로 인하여 붉겠고 그의 이는 우유로 말미암아 희리로다 (창
49:8-12)

야곱은 넷째 아들 유다에 대한 축복의 예언을 쏟아냅니다. 유다는 형제
의 찬송이 될 것이며, 그의 손이 원수의 목을 잡을 것이고 형제들이 그 앞

에 절하게 될 것이라고 합니다. 이는 유다 지파로부터 나오실 메시아에 대한 예언으로 봐야 합니다. 메시아로 오신 예수님은 온 세상의 찬송을 받으실 분이고, 십자가의 죽으심과 부활하심으로 원수 마귀의 목을 꺾으실 분이며, 모든 이들의 경배를 받으실 주님이십니다. 메시아는 젊은 사자처럼 강력한 왕으로 통치하실 것입니다. "규가 유다를 떠나지 아니하며 통치자의 지팡이가 그 발 사이에서 떠나지 아니하기를 실로가 오시기까지 이르리니"라는 예언은 진짜 메시아(실로)가 이 땅에 오시기까지 유다 지파는 이스라엘 지파들 중에서 왕을 배출하는 지파가 될 것을 의미합니다.

또한 "그의 나귀를 포도나무에 매며 그의 암나귀 새끼를 아름다운 포도나무에 맬 것이며"라는 것은 메시아는 이 세상에 풍요와 기쁨을 가져오는 분임을 말합니다. 왜냐면 이스라엘에게 포도나무는 기쁨과 풍요, 번영과 평화를 상징하기 때문입니다. 또한 "그 옷을 포도주에 빨며 그의 복장을 포도즙에 빨리로다"라는 것은 메시아의 옷이 붉은 포도주 즙으로 물든다는 것인데, 이는 마지막 날에 메시아를 대적했던 자들을 심판하시고 정복하실 것을 말하는 것입니다. 이사야도, 사도 요한도 이와 같은 동일한 예언을 했습니다.

> 에돔에서 오는 이 누구며 붉은 옷을 입고 보스라에서 오는 이 누구냐 그의 화려한 의복 큰 능력으로 걷는 이가 누구냐 그는 나이니 공의를 말하는 이요 구원하는 능력을 가진 이니라 (사 63:1)

> 또 그가 피 뿌린 옷을 입었는데 그 이름은 하나님의 말씀이라 칭하더라 하늘에 있는 군대들이 희고 깨끗한 세마포 옷을 입고 백마를 타고 그를 따르더라 그의 입에서 예리한 검이 나오니 그것으로 만국을 치겠고 친히 그들을 철장으로 다스리며 또 친히 하나님 곧 전능하신 이의 맹렬한 진노의 포도주 틀을 밟겠고 그 옷

과 그 다리에 이름을 쓴 것이 있으니 만왕의 왕이요 만주의 주라 하였더라 (계 19:13-16)

유독 유다를 향한 축복 속에 장차 오실 메시아에 대한 예언이 선포되는 이유는 무엇일까요? 비록 그가 많은 허물을 가진 자였지만(창세기 38장 주해를 보라), 그가 한 행동은 메시아의 사역을 예표하고 있기 때문입니다. 유다는 동생 베냐민을 살리기 위해 자신이 대신 종이 되겠다고 하면서 자신을 희생했던 자입니다. 그가 베냐민을 살리기 위해 자신이 죽겠다고 한 것은 예수님께서 죄지은 인간을 살리기 위해 십자가에서 죽기 위해 오신 것과 흡사합니다.

스불론

스불론은 해변에 거주하리니 그 곳은 배 매는 해변이라 그의 경계가 시돈까지리로다 (창 49:13)

잇사갈

잇사갈은 양의 우리 사이에 꿇어앉은 건장한 나귀로다 그는 쉴 곳을 보고 좋게 여기며 토지를 보고 아름답게 여기고 어깨를 내려 짐을 메고 압제 아래에서 섬기리로다 (창 49:14-15)

단

단은 이스라엘의 한 지파 같이 그의 백성을 심판하리로다 단은 길섶의 뱀이

요 샛길의 독사로다 말굽을 물어서 그 탄 자를 뒤로 떨어지게 하리로다 (창
49:16-17)

야곱의 유언 중에 단에 대한 내용이 독특합니다. 단은 뱀, 독사라고 말합
니다. 창세기에서 보면 단이 특별히 잘못한 일은 나오지 않습니다. 그런데
단이 이런 독특한 예언을 듣는 이유는 사사기에서 단 지파가 열두 지파 중
에서 최초로 우상을 섬기는 지파로 소개되기 때문입니다(삿 17장).

또한 단 지파는 분배받은 땅을 포기하고 북쪽 라이스 땅을 점령해서 차
지하여 살게 됩니다. 이 과정에서 미가의 집에서 우상을 섬기는 제사장을
했던 사람을 끌고 올라가서 우상숭배를 공식적으로 하게 됩니다. 그러나
하나님은 언제가 구원의 은혜와 기회를 주시는 분입니다.

요한계시록 7장에서 단 지파가 12지파에서 제외된 것은 우상숭배와 관
련이 있습니다. 단이 '뱀과 독사로서' 말굽을 물어 말 탄 자를 떨어지게 한
다는 것은 바로 이 우상숭배로 인해 이스라엘 민족을 타락시킬 것을 예언
하는 것입니다. 그런데 단 지파가 살 수 있는 유일한 희망은 여호와의 구원
을 기다리는 것임을 알려주고 있습니다.

단 지파에 대한 야곱의 예언을 부정적으로 보지 않고 긍정적으로 볼 수
도 있습니다. 야곱은 단에 대해 두 가지 예언을 합니다. 첫째로 단 지파가
이스라엘을 공의로 심판(재판)하는 지파가 될 것이라는 것이고, 둘째로 단
지파는 뱀과 독사처럼 원수들에게 당하지 않고 물리칠 것이라고 예언합니
다. 뱀은 원래 홀로 사는 짐승입니다. 빅터 매튜스에 의하면 단 지파가 자
신들의 기업을 찾아 요단강 동편 최북단에 정착하여 다른 지파들과 상당히
떨어져 홀로 존재하게 될 것에 대한 예언일 수 있다고 합니다.

갓

갓은 군대의 추격을 받으나 도리어 그 뒤를 추격하리로다 (창 49:19)

아셀

아셀에게서 나는 먹을 것은 기름진 것이라 그가 왕의 수라상을 차리리로다 (창 49:20)

납달리

납달리는 놓인 암사슴이라 아름다운 소리를 발하는도다 (창 49:21)

요셉

요셉은 무성한 가지 곧 샘 곁의 무성한 가지라 그 가지가 담을 넘었도다 활쏘는 자가 그를 학대하며 적개심을 가지고 그를 쏘았으나 요셉의 활은 도리어 굳세며 그의 팔은 힘이 있으니 이는 야곱의 전능자 이스라엘의 반석인 목자의 손을 힘입음이라 네 아버지의 하나님께로 말미암나니 그가 너를 도우실 것이요 전능자로 말미암나니 그가 네게 복을 주실 것이라 위로 하늘의 복과 아래로 깊은 샘의 복과 젖먹이는 복과 태의 복이리로다 네 아버지의 축복이 내 선조의 축복보다 나아서 영원한 산이 한 없음 같이 이 축복이 요셉의 머리로 돌아오며 그 형제 중 뛰어난 자의 정수리로 돌아오리로다 (창 49:22-26)

요셉에 대한 예언이 중요합니다. 이 예언은 요셉의 전 생애를 요약합니다. 요셉의 가지가 무성해서 담을 넘었다는 것은 담을 넘은 가지에 맺혔던 열매를 담장 밖에 있던 이방인과 타인들도 먹게 될 될 것, 즉 이방인의 구원의 통로가 될 것에 대한 예언입니다. 요셉의 인생이 그렇습니다. 요셉을 통해 수많은 생명이 살아났습니다.

요셉이 그렇게 되기까지 그는 생수의 근원인 샘 곁에 있었습니다. 샘은 하나님을 의미합니다. 하나님이 주시는 힘을 가지고 남들을 먹이고 살리는 가지 역할을 감당하기까지 그 과정이 쉽지 않았음을 알려주고 있습니다. 활 쏘는 자가 학대하며 적개심을 가지고 요셉을 쏘았다는 것입니다. 요셉이 당한 13년간의 고난을 말합니다. 요셉이 이 자리에 오기까지 거저 된 것이 아닙니다. 수많은 고난을 견디고 이긴 것입니다.

그런데 문제는 그럴 때일수록 요셉은 더 굳건해지고 팔에 힘이 있었다고 합니다. 이겨냈다는 것입니다. 이유는 야곱의 전능자이자 이스라엘의 반석인 목자의 손을 힘입었기 때문에 이겨냈다는 것입니다. 요셉이 활 쏘는 자의 공격을 이길 수 있었던 것은 스스로 힘이 아니라 전능자이신 하나님을 의지했기 때문입니다.

야곱은 요셉에게 위로 하늘의 복과 아래로 깊은 샘의 복과 젖먹이는 복과 태의 복을 예언합니다. 그리고 야곱의 축복이 자기 선조의 축복보다 크고 나았는데, 그 축복이 요셉에게로 돌아갈 것을 예언하고 있습니다.

베냐민

베냐민은 물어뜯는 이리라 아침에는 빼앗은 것을 먹고 저녁에는 움킨 것을 나누리로다 (창 49:27)

베냐민은 물어 뜯는 이라고 말합니다. 베냐민은 호전적인 지파가 될 것을 예언합니다.

각 사람의 분량대로

이들은 이스라엘의 열두 지파라 이와 같이 그들의 아버지가 그들에게 말하고 그들에게 축복하였으니 곧 그들 각 사람의 분량대로 축복하였더라 (창 49:28)

중요한 것은 야곱이 예언할 때 각 사람의 분량대로 축복했습니다. 이는 각자의 사명과 분량이 다름을 알 수 있습니다. 우리에게도 각자에게 허락하신 사명이 다르기 때문에 나와 남을 비교하지 말아야 합니다. 하나님께서는 우리 사명의 분량대로 축복하시기 때문입니다.

2. 야곱의 죽음

그가 그들에게 명하여 이르되 내가 내 조상들에게로 돌아가리니 나를 헷 사람 에브론의 밭에 있는 굴에 우리 선조와 함께 장사하라 이 굴은 가나안 땅 마므레 앞 막벨라 밭에 있는 것이라 아브라함이 헷 사람 에브론에게서 밭과 함께 사서 그의 매장지를 삼았으므로 아브라함과 그의 아내 사라가 거기 장사되었고 이삭과 그의 아내 리브가도 거기 장사되었으며 나도 레아를 그 곳에 장사하였노라 이 밭과 거기 있는 굴은 헷 사람에게서 산 것이니라 야곱이 아들에게 명하기를 마치고 그 발을 침상에 모으고 숨을 거두니 그의 백성에게로 돌아갔더라 (창 49:29-33)

야곱은 147세로 죽음을 맞게 됩니다. 그는 자신의 소원대로 조상들이 묻혀 있는 가나안 땅의 막벨라굴에 장사를 지내게 됩니다. 파란만장한 삶을 살았던 야곱은 그 사명을 다하고 하나님께로 돌아갔습니다. 야곱을 위해 사람들이 70일을 애곡했다는 것은 그의 죽음을 왕의 죽음처럼 처우하고 있음을 알 수 있습니다. 왜냐면 애굽 왕들의 죽음을 위한 애곡이 72일이기 때문입니다.

또한 야곱의 시신을 애굽이 아닌 가나안의 막벨라굴에 안장한 것은 야곱의 유언 때문입니다. 야곱은 자신의 후손들에게 그들이 살아야 할 곳이 애굽이 아니라 약속의 땅인 가나안임을 가르친 것입니다. 따라서 야곱의 장례에 참여한 수많은 사람들의 행렬이 가나안으로 행하는 장엄한 장면이 연출되었습니다. 이 장면은 훗날 약 200만 명이 넘는 이스라엘 백성들의 행렬이 가나안으로 향하는 장면을 미리 보여 주는 것입니다.

사명을 다한 삶

야곱과 마찬가지로 우리도 우리에게 허락된 삶과 사명을 다하면 보내신 자, 곧 하나님께로 돌아갑니다. 이 땅을 살면서 하나님께 받은 사명을 이루는 일에 최선을 다하고 살아야 합니다. 나는 어떤 삶을 살고 있습니까?

족장들의 영적 쇠퇴[75]

첫 번째 세대	두 번째 세대	세 번째 세대	네 번째 세대
아브라함	이스마엘과 이삭	에서와 야곱	요셉과 11명의 형제
아브라함: 하나님을 신뢰한 믿음 의 사람	이스마엘: 약속의 아들이 아님	에서: 영적이지 못한 적은 믿음	요셉: 믿음을 드러낸 하나님의 사람
	이삭: 하나님을 믿고, 하나님 께 간구함	야곱: 처음에는 타협했지만, 후에는 주께 돌아옴	형제들: 배반, 부도덕, 가나안 족속과 구별되지 않음
아브라함: 하나님께 여러 번 제 단을 쌓음 (창 12:7, 8; 13:4, 18; 22:9)	이삭: 하나님께 한 번 제단을 쌓음 (창 26:25)	야곱: 하나님께 여러 번 제 단을 쌓음 (창 33:20, 35:1, 3, 7)	네 번째 세대는 한 번도 하나님께 제단을 쌓지 않음

---

75 토머스 넬슨 출판사 엮음, 김창환 역, 『손에 잡히는 넬슨 성경개관』(서울: 죠이선교
    회출판부, 2003). p. 21.

창세기 50장

요셉의 죽음

1. 야곱이 막벨라굴에 장사되다

그들이 요단 강 건너편 아닷 타작 마당에 이르러 거기서 크게 울고 애통하며 요셉이 아버지를 위하여 칠 일 동안 애곡하였더니 그 땅 거민 가나안 백성들이 아닷 마당의 애통을 보고 이르되 이는 애굽 사람의 큰 애통이라 하였으므로 그 땅 이름을 아벨미스라임이라 하였으니 곧 요단 강 건너편이더라 야곱의 아들들이 아버지가 그들에게 명령한 대로 그를 위해 따라 행하여 그를 가나안 땅으로 메어다가 마므레 앞 막벨라 밭 굴에 장사하였으니 이는 아브라함이 헷 족속 에브론에게 밭과 함께 사서 매장지를 삼은 곳이더라 (창 50:10-13)

야곱이 죽자 요셉은 70일 동안 아버지의 장례 기간을 보냅니다. 야곱의 죽음을 보고 애굽 사람들이 슬피 울었습니다. 그래서 그 땅 이름을 '아벨 미스라임(אָבֵל מִצְרַיִם: 애굽의 초원)'이라고 불렀습니다. 야곱은 아브라함이 헷 사람 에브론에게 산 매장지 막벨라굴에 묻히게 되었습니다.

2. 요셉을 두려워하는 형들

요셉의 형제들이 그들의 아버지가 죽었음을 보고 말하되 요셉이 혹시 우리를 미워하여 우리가 그에게 행한 모든 악을 다 갚지나 아니할까 하고 요셉에게 말을 전하여 이르되 당신의 아버지가 돌아가시기 전에 명령하여 이르시기를 너희는 이같이 요셉에게 이르라 네 형들이 네게 악을 행하였을지라도 이제 바라건대 그들의 허물과 죄를 용서하라 하셨나니 당신 아버지의 하나님의 종들인 우리 죄를 이제 용서하소서 하매 요셉이 그들이 그에게 하는 말을 들을 때에 울었더라 그의 형들이 또 친

히 와서 요셉의 앞에 엎드려 이르되 우리는 당신의 종들이니이다 (창 50:15-18)

야곱이 죽자 형제들이 요셉을 두려워하는 것을 볼 때 하나님의 용서를 누린다는 것이 정말 어렵다는 것을 보게 됩니다. 아버지인 야곱이 죽어 70일 기간의 장례가 끝나자 형들이 요셉에게 했던 고백은 가슴 아픈 고백입니다. '자신들의 허물과 죄를 용서해 달라'는 것입니다.

다시 말해 형제들은 아버지 야곱이 죽기 전 17년 동안 요셉이 진정으로 자신들을 용서했다는 것을 믿지 못했음을 반증합니다. 요셉이 아버지 때문에 자신들을 살려두었지, 아버지가 죽은 순간 복수를 할 것이라고 생각했던 것입니다. 이들은 17년 동안 요셉의 용서를 단 한 번도 마음에 받아들이지 못하고 늘 불안에 떨고 있었습니다. 그러니 아버지의 장례가 끝나자마자 살려달라고 하는 것입니다.

그러자 요셉은 형들이 하는 말을 듣고 가슴이 아파서 울었습니다. 이때 형들은 요셉 앞에 엎드려서 "우리는 당신의 종들이니이다"라고 했습니다. 요셉이 왜 울었을까요? 형들이 17년 동안 자신의 용서를 진정으로 받아들이지 못한 사실을 알게 되자 너무 가슴이 아팠던 것입니다.

용서를 누리고 있습니까?

신자도 마찬가지입니다. 하나님께서 예수 그리스도 안에서 이루신 죄 사함과 용서를 온전히 믿지 못하고 늘 하나님을 무서워하고 벌주고 책망하는 하나님으로 인식하는 사람들이 많습니다. 나는 어떻습니까? 예수 안에서 이루신 하나님의 용서를 믿고 누리고 있습니까?

요셉의 고백

요셉이 그들에게 이르되 두려워하지 마소서 내가 하나님을 대신하리이까 당신들은 나를 해하려 하였으나 하나님은 그것을 선으로 바꾸사 오늘과 같이 많은 백성의 생명을 구원하게 하시려 하셨나니 당신들은 두려워하지 마소서 내가 당신들과 당신들의 자녀를 기르리이다 하고 그들을 간곡한 말로 위로하였더라 (창 50:19-21)

이때 요셉이 창세기 45장에 했던 말을 17년 만에 다시 하게 됩니다. 45장과 50장 사이는 17년의 세월입니다. "두려워하지 마소서 내가 하나님을 대신하리이까"라는 말을 다시 하는 요셉의 마음은 어떠했을까요?

여기서 우리는 창세기의 큰 그림에 주목할 필요가 있습니다. 창세기의 초반부인 3장에서는 아담이 하나님의 자리를 차지하고자 하는 교만을 드러낸다면 창세기의 마지막 장인 50장에서는 자신이 하나님이 되어 하나님을 대신하는 것에 대해 두려워하고 거절하는 요셉의 겸손함이 부각됩니다. 이는 일종의 수미쌍괄식 구조로 창세기를 앞뒤로 싸고 있는 구조입니다.

하나님의 섭리

요셉은 17년 전에 말했던 하나님의 섭리에 대해서 다시 말함으로 형들을 안심시킵니다. "당신들은 나를 해하려 하였으나 하나님은 그것을 선으로 바꾸사 오늘과 같이 많은 백성의 생명을 구원하게 하시려 하셨나니"라고 설득한 것입니다. 그러므로 두려워하지 말라고 하면서 형들과 형들의 자녀들까지 기르겠다고 간곡한 말로 위로합니다. 요셉의 완전한 용서였습니다. 이는 그의 착한 성품 때문이 아닙니다. 자신과 형들을 위한 하나님의 섭리를 깨달았기 때문입니다.

하나님은 모든 것을 선으로 바꾸시는 분입니다. 형들의 악함을 통해 하나님은 요셉을 향한 당신의 계획을 이루십니다. 또 요셉을 통해 야곱의 가문과 온 세상을 살리시려는 당신의 목적과 계획을 이루기 위해 하나님의 섭리는 인간의 모든 삶의 영역에서 나타납니다. 평범한 일상 속에서, 때로는 울부짖는 고통 가운데, 때로는 도저히 인간의 머리로는 이해할 수 없는 상황 가운데서도 감추어져 있는, 그러나 보이지 않게 일하고 계신 하나님은 여전히 살아 역사하고 계십니다.[76]

로마서에서도 하나님은 모든 것을 협력하여 선을 이루시는 분이라고 말씀합니다(롬 8:28). 여기서 '선'이란 나의 소원을 이루는 것이 아니라 하나님의 뜻이 이루어지는 것입니다(롬 8:29). 로마서에서 말하는 선은 맏아들이신 그리스도의 형상을 이루는 것입니다.

또한 우리도 요셉의 영성을 본받아야 합니다. 우리의 삶의 마지막이 요셉의 성품이 되어야 합니다. 요셉은 용서의 사람, 긍휼의 사람이었습니다.

요셉의 유언과 죽음

요셉이 그의 아버지의 가족과 함께 애굽에 거주하여 백십 세를 살며 에브라임의 자손 삼대를 보았으며 므낫세의 아들 마길의 아들들도 요셉의 슬하에서 양육되었더라 요셉이 그의 형제들에게 이르되 나는 죽을 것이나 하나님이 당신들을 돌보시고 당신들을 이 땅에서 인도하여 내사 아브라함과 이삭과 야곱에게 맹세하

---

76 차준희, 『창세기 다시보기』(서울: 대한기독교서회, 2002). p. 222.

신 땅에 이르게 하시리라 하고 요셉이 또 이스라엘 자손에게 맹세시켜 이르기를 하나님이 반드시 당신들을 돌보시리니 당신들은 여기서 내 해골을 메고 올라가겠다 하라 하였더라 요셉이 백십 세에 죽으매 그들이 그의 몸에 향 재료를 넣고 애굽에서 입관하였더라 (창 50:22-26)

요셉은 110세를 살았습니다. 아마도 형들보다 먼저 죽은 것으로 보입니다. 요셉은 죽는 순간까지 형들에게 자신은 죽지만, 하나님이 형들을 돌보시고 당신들을 이 땅에서 인도하여 내심으로 아브라함과 이삭과 야곱에게 맹세하신 땅에 이르게 하실 것이라고 합니다. 이 말은 출애굽기의 시작을 예고하고 있습니다. 그리고 자신의 유골을 메고 가나안 땅으로 올라갈 것을 강력히 요구합니다. 아버지 야곱도, 아들 요셉도 하나님의 언약이 있는 땅 가나안 땅에 묻히기를 원했습니다.

그리고 요셉은 110세에 죽으므로 애굽에서 입관하게 되었습니다. 그리고 훗날 모세가 이스라엘 백성과 함께 출애굽할 때 요셉의 유골을 메고 가나안 땅 세겜에 그의 뼈를 묻습니다.

요셉은 야곱과 같이 파란만장한 인생을 살았습니다. 그러나 그 수많은 고난의 세월이 헛되지 않았습니다. 그를 통해 부모 형제뿐만 아니라 수많은 사람을 살리는 생명의 통로, 생명의 보호자로서 사명을 감당했기 때문입니다. 요셉은 하나님의 거대한 구속의 역사, 즉 구속사 안에서 자기의 역할이 무엇인지 알았고 그 사명을 다했던 사람입니다.

나에게 부여된 구속사의 사명을 감당하는 삶

우리도 요셉과 같이 하나님의 거대한 구속사 안에서 우리의 삶의 의미와 목적을 깨달아야 합니다. 그리고 우리에게 부여된 그 사명을 감당하다가 하나님이 부르실 때 하나님 품에 가면 됩니다. 내가 죽어서 다른 사람을 살릴 수만 있다면 기꺼이 죽는 자리에 가는 삶입니다. 내가 죽으면 수많은 사람이 살아나게 됩니다. 요셉은 수많은 고난을 통해 원수까지도 용서하고 사랑하는 자가 되었습니다. 원수를 위해 대신 죽어 주신 예수 그리스도를 미리 보여 준 삶입니다. 나는 용서하고 있습니까? 나는 나를 죽이려고 했던 사람들을 사랑하고 대신 죽을 수 있습니까? 본서를 통해 독자들의 삶 속에 하나님의 일하심과 인도하심이 있기를 축복합니다.

창세기 12~50장: 아브라함, 이삭, 야곱, 요셉의 4대 인물

하나님 나라로 본 창세기 2

초판 1쇄 인쇄 2024년 4월 27일
초판 1쇄 발행 2024년 5월 7일

지은이 유석영
펴낸이 유석영

펴낸곳 도서출판 진리의 일꾼
등록 2023년 4월 27일 제2023-000027호
주소 세종특별자치시 시청대로 209 금강르네상스 506호, 507호 (보람동)
전화 010-2308-1042
블로그 blog.naver.com/kingdom106-
이메일 uteacher1@hanmail.net

총판 비전북 031-907-3927

copyright ⓒ 유석영, 2024

ISBN 979-11-984775-4-5 (04230)
세 트 979-11-984775-2-1